普通高等院校实验室安全系列教材

U0653278

高校实验室安全通用教程

GAOXIAO SHIYANSHI ANQUAN
TONGYONG JIAOCHENG

主　编　黄志斌　赵应声
副主编　徐小平　魏永前　金雪明

编　委　（按姓名拼音排序）
　　　　方　亮　黄志斌　金雪明
　　　　吕　凡　魏永前　徐小平
　　　　赵应声　张友九　周正宇

教 学 资 料

南京大学出版社

图书在版编目(CIP)数据

高校实验室安全通用教程/黄志斌,赵应声主编.
一南京:南京大学出版社,2021.7(2024.2重印)
ISBN 978－7－305－24704－0

Ⅰ.①高… Ⅱ.①黄… ②赵… Ⅲ.①高等学校－实
验室管理－安全管理－教材 Ⅳ.①G642.423

中国版本图书馆 CIP 数据核字(2021)第 139877 号

出版发行　南京大学出版社
社　　址　南京市汉口路 22 号　　　　　邮　编　210093
书　　名　**高校实验室安全通用教程**
　　　　　GAOXIAO SHIYANSHI ANQUAN TONGYONG JIAOCHENG
主　　编　黄志斌　赵应声
责任编辑　刘　飞　　　　　　　　编辑热线　025－83592146
照　　排　南京南琳图文制作有限公司
印　　刷　江苏扬中印刷有限公司
开　　本　718×960　1/16　印张 15　字数 250 千
版　　次　2021 年 7 月第 1 版　2024 年 2 月第 3 次印刷
ISBN 978－7－305－24704－0
定　　价　36.00 元

网址:http://www.njupco.com
官方微博:http://weibo.com/njupco
官方微信号:njupress
销售咨询热线:(025)83594756

序

　　高校实验室安全事故特别是人员伤亡事故时有发生,暴露出实验室安全管理仍存在薄弱环节,突出体现在实验室安全责任落实不到位、管理制度执行不严格、宣传教育培训不充分、安全工作保障体系不健全、实验人员安全意识和安全技能欠缺等方面。高校实验室安全工作形势严峻,亟待从根本上加以解决。

　　习近平总书记强调,人命关天,发展决不能以牺牲人的生命为代价,这必须作为一条不可逾越的红线。人民至上,生命至上,安全是一切工作的前提,也是所有工作的基础。安全更是教育事业不断发展、学生成长成才的基本保障。着力解决高校实验室存在各类安全隐患,防范化解重大风险,势在必行,刻不容缓。2019年6月,教育部印发《关于加强高校实验室安全工作的意见》,要求各地各校深入贯彻落实党中央、国务院关于安全工作的系列重要指示和部署,深刻吸取事故教训,切实增强高校实验室安全管理能力和水平,保障校园安全稳定和师生生命安全。各高校应切实强化安全红线意识,牢固树立安全发展理念,弘扬生命至上、安全第一的思想,深刻理解实验室安全的重要性,坚决克服麻痹思想和侥幸心理,做到防范在先,切实解决实验室安全薄弱环节和突出矛盾,为实现高校的高质量发展提供坚强的安全保障。

　　苏州大学组织编写出版的《高校实验室安全通用教程》一书,很好地契合了教育部的相关要求,该书从安全理念、实验室通用安全和技术安全三部分,向读者介绍相关知识,从强化"生命至上、安全第一"的理念加强对读者的生命健康意识教育,并从风险隐患的识别评估和排除,帮助读者学会及时发现和消除隐患,防患未然。通过介绍消防安全、用电安全、设施设备安全以及化学品安全、生物安全、电离辐射安全、机械安全与防护、特种设备安全、实验废弃物的安全处理、安全防护与救援等知识,帮助读者提高安全知识和技能,养成良好的安全习惯。值得一提的是,该书采用数字技术和传统技术相结合的办法,选取了大量针对性、直观性很强的图片、视频、动图、国家标准、文件等资料,读者通过手机扫取书中的二维码便可浏览到相应的信息,直观方便快捷高效。当读者遇到具体的问题时,通过查阅该书的相关章节,能够很快找到解决途径。该书既可作为大学本科生、研究生新生入学进行安全教育的培训教材,也可为在实验室工作的广大高校教师以及科研院所的研究人员作为参考资料使用。该书贴合实际,内容全面,形式新颖,具有很强的专业性、针对性和实用性,期待其能为提高实验室安全整体水平方面发挥出更大的作用。

教育部高等学校

实验室建设与实验教学指导委员会

2021 年 7 月

前　言

随着我国高等教育事业的快速发展和"双一流"高水平大学建设的快速推进,高校实验室承载着更多更重要的任务。高校实验室是人才培养、科学研究、科技创新、社会服务和文化传承的重要基地,是培养学生动手能力、操作技能、创新思维和创造能力不可或缺的实践场所。高校实验室的作用和地位愈加凸现,在实验室中开展教学和科研活动更加频繁,从事实验和研究的人员日益增多,人员结构也越加复杂。随着科学技术的快速发展和创新创造的不断深入,边缘学科、新型交叉学科、多学科协同合作的发展趋势也愈加明显,这是未来科学技术发展的必然趋势,因此,实验室所承载的功能、内容和范围将不再是某个学科的独角戏,而是多学科的交叉融合。目前,高校实验室尽管在数量和硬件质量上有了大幅度的提升,但实验室内部管理尤其是在安全理念和安全管理方面还存在诸多薄弱环节。频繁见诸于网络媒体的高校实验室安全事故,折射出高校实验室人员安全意识缺乏、风险管控措施缺失、隐患排查治理体系缺位等安全管理的弱化、虚化问题。高校实验室安全形势日益严峻,高校实验室安全体系面临重大挑战。为进一步加强高校实验室安全体系建设,预防实验室安全事故的发生,减少事故伤害,编写一本实用的融数字资源的立体化教材,显得尤为迫切。

本书从安全理念、实验室通用安全和技术安全三个部分,向读者介绍相关知识。安全理念部分从强化"生命至上、安全第一"的理念加强对读者的生命健康意识教育,并从风险隐患的辨识、评估和排除,帮助读者学会及时发现和消除隐患,防患未然。通过介绍相关法律法规和安全规范知识,引导读者树立依法依规办事,以养成良好的安全习惯。通用安全部分包含了实验室常见的事故类型、事故预防、消防安全、电气安全等内容。技术安全部分按化学实验室安全、生物安全、机械加工类实验室安全、电离辐射安全与防护、特种设备安全以及实验废弃物的安全处置等分类阐述,具有很强的专业性和针对性。此外,为了便于读者更好的学习和掌握实验室安全知识,本书以嵌入二维码的新形态,融合了大量具有针对性、直观性的图片、视频、动图、线上课程、题库、国家标准及文件等线上资源,读者扫码即可便捷高效地浏览与学习。读者通过阅读本书,能学习安全知识,培养良好的安全意识,掌握安全技能,养成良好的安全操作习惯。当读者遇到具体的问题时,通过查阅本书的相关章节,能够很快找到解决途径。本书既可作为大学本科生、研究生新生入学进行安全教育的培训教材,也可作为在实验室工作的广大高校及科研院所的教师和研究人员参考使用。

参加本书编写的人员均是长期工作在苏州大学实验室管理和实践岗位的技术骨干,具有丰富的教学管理经验和较为扎实的专业基础。本书在编写过程中,阅读和参考了大量关于实验室安全方面的法律法规、国家标准、书籍、文章及境外高校实验室安全手册等,吸纳了众多国内外高校的先进经验和做法,听取了有关学者、专家和安全工作人员的指导意见,在此未详尽列出,只能表示衷心的感谢。

本书的出版得到了苏州大学教务部和材料与化学化工学部的大力支持,在此也表示衷心的感谢。

由于编写的时间较为仓促,加之编者水平有限,书中定有不当之处,敬请各位专家、读者批评指正,我们将根据广大读者的意见和建议对本书做进一步的完善。

编　者

2021 年 7 月

目　录

第1篇　实验室安全理念

第2篇　实验室通用安全

第3篇　实验室技术安全

第1篇　实验室安全理念

第1章　生命至上　安全第一

习近平总书记在党的十九大报告中强调:树立安全发展理念,弘扬生命至上、安全第一的思想,健全公共安全体系,完善安全生产责任制,坚决遏制重特大安全事故,提升防灾减灾救灾能力。这为我们增强安全意识,提升防灾减灾救灾能力,不惜一切代价保护人民生命安全和身体健康提供了根本遵循。

生命至上、安全第一,是人民利益至上的具体表现,是满足人民群众日益增长的美好生活需求的基石,体现出我们社会的价值取向,更是闪耀着珍爱生命的光芒。**"生命至上、安全第一"**的思想理念是习近平新时代中国特色社会主义思想的重要内涵,是指导安全工作的行动指南和理论武装,是一切安全工作的落脚点和着力点。

1.1　珍爱生命,养成安全习惯

2008年5月12日14时28分,四川汶川发生了8.0级地震,伤亡惨重。但就在这场灾难中创造奇迹的绵阳市安县桑枣中学和校长叶志平这两个名字,却被越来越多的人熟知。地震发生时,全校2200名师生按照学校平时的演习要求,熟练、有序地进行疏散,仅用1分36秒全部安全撤离,无一伤亡,创造了奇迹。这得益于校长叶志平平时安全工作抓得紧,师生们长期以来形成的一种安全习惯,当风险来临时,师生们依靠安全习惯保护了自己宝贵的生命,避免了一场灾难。

心理学家威廉·詹姆斯认为:"播下一个行动,收获一种习惯;播下一种习惯,收获一种性格;播下一种性格,收获一种命运"。天灾不可抗拒,人祸可以避免。好的安全习惯可以让人规避风险化为夷,而坏的习惯却可能带来灾难,如习惯性违章。世界著名学者亚里士多德认为:"总以某种固定方式行事,人便能养成习惯"。心理学家研究表明,一个人每天的行为中,大约有95%的行为是习惯性的,只有5%的行为属于非习惯性的。良好安全习惯的养成不是一蹴而就的,行为心理学研究发现：21天以上的重复会形成习惯，90天的重复会形成稳定的习惯。同一个动作，重复21天就会变成习惯性动作，重复90天就会变成稳定的习惯性动作，从而养成良好的习惯。

安全习惯就是经过长期训练形成的保护我们自身不受伤害的思维方式、生活方式、行为方式。良好安全习惯的养成总是在不断克服不良安全习惯的过程中逐步养成的。一种不良习惯不可能一下子就能改掉，一个好习惯也不可能在很短时间内就能培养起来，良好安全习惯养成过程中需要不断总结和反思，持续改进不断提高，最终才能形成良好稳定的安全习惯。安全工作永远在路上，没有终点，一旦出现闪失，就可能付出血的代价，甚至是生命。

生命是人最核心最根本的利益。生命是短暂的、脆弱的，人的生命只有一次，是最为宝贵的，应该好好珍惜。人的生命、人的价值、人的尊严都必须得到全方位悉心的呵护。我们的大学是具有中国特色的社会主义大学，要培养出德智体美劳全面发展的社会主义建设者和接班人。高校要用科学理论培养人、用正确思想引导人，要积极开展生命意识教育，充分用好诸如抗击新冠疫情等多种教育情境和教育素材。作为新时代的大学生，要正确认识生命、珍爱生命、敬畏生命、升华生命；每个学生都要主动认真学习安全知识和健康知识，牢固树立生命至上、安全第一、健康第一的理念，培养自己理性健康的心理和心态；每一名学生要牢固树立社会主义核心价值观，应充分利用高校实验室和教学实践场所的育人功能，在劳动和实验实践中明白事理、养成习惯、升华境界，提高动手能力和实践能力、社会责任感和创新精神，为自己的终身发展奠定坚实基础，从而成为拥护中国共产党领导和我国社会主义制度、立志为中国特色社会主义事业奋斗终身的有用人才。

安全是生命的保障，提高安全意识，把安全放在第一位，生命才会得到更好地保护。学生的安全是高校开展各项工作的根本保证，学会保护自己，才能享受美好的生活。大学生作为一个特殊的群体，必须主动接受安全教育，提高自身的安全意识，丰富自身的安全知识和安全技能，自觉养成良好的安全习惯，这既是高等教育的任务之一和内在要求，也是全面推进提升大学生综合素质和能力的重要组成部分，更是大学生健康成长、适应社会发展的必备条件。安全是一切工作的前提，也是所有工作的基础。每一名学生应学会严格遵守法律法规和各项规章制度，自觉践行法治，牢固树立法律思维方式与法律行为习惯。自觉养成规则意识、程序意识，守纪律讲规矩，知敬畏明底线，学会自主学习，提高严格自律能力和自我防护能力。高校应营造良好的安全氛围,持续提升师生员工安全意识,营造人人关注安全、重视安全的氛围,提升整体安全素质,让安全成为一种习惯,内化于心、固化于制、外化于行,让习惯变得更安全,用优良的安全习惯有效地为大学生健康成长成才保驾护航。

1.2 以案为鉴,消除安全隐患

1.2.1 事故案例及原因分析

案例 1

北京某大学实验室 12·26 爆炸事故

2018 年 12 月 26 日 9 时 34 分,119 指挥中心接到北京某大学东校区 2 号楼起火的报警,经核实,现场为 2 号楼实验室内学生进行垃圾渗滤液污水处理科研实验时,实验现场发生爆炸,事故造成 3 名参与实验的学生死亡▨。

事故原因:在使用搅拌机对镁粉和磷酸搅拌、反应过程中,料斗内产生的氢气被搅拌机转轴处金属摩擦、碰撞产生的火花点燃爆炸,继而引发镁粉粉尘云爆炸,爆炸引起周边镁粉和其他可燃物燃烧,造成现场 3 名学生烧死。事故调查组同时认定,该校有关人员违规开展实验、冒险作业;违规购买、违法储存危险化学品;对实验室和科研项目安全管理不到位。经事故调查组认定,这起事故是一起责任事故。

事故现场

案例 2

上海某高校饮水机投毒案

2013 年 4 月 1 日,上海某高校医学院研究生黄某遭他人投毒后到医院就诊,后于 4 月 16 日经抢救无效死亡▨。

事故原因:经法医鉴定,黄某系因 N,N-二甲基亚硝胺中毒致急性肝坏死引起急性肝功能衰竭,继发多器官功能衰竭死亡。经警方查明,犯罪嫌疑人林某是受害人黄某的室友,林某于案发前一天,从某实验室取出其曾经参与医学动物实验后存放于此处的,内装有剩余剧毒化学品 N,N-二甲基亚硝胺原液的试剂瓶和注射器,并装入一个黄色医疗废弃物袋中带回了寝室,趁无人之机,将试剂瓶和注射器内的 N,N-二甲基亚硝胺原液投入他们所住寝室的饮水机内,后将试剂瓶等物装入黄色医疗废弃物袋,丢弃于宿舍楼外的垃圾桶内。黄某在寝室从该饮水机接水饮用后,出现呕吐等症状,即于当日到医院就诊。

事故处理:上海警方以涉嫌故意杀人罪提请逮捕了犯罪嫌疑人林某。上海市第二中级人民法院以故意杀人罪判处被告人林某死刑,剥夺政治权利终身。2015年 12 月 11 日,林某因故意杀人罪被依法执行死刑。

事故现场

案例 3

北京某大学 12·18 氢气钢瓶爆炸事故

2015 年 12 月 18 日上午 10 点 10 分左右,北京某大学化学系实验楼 231 室发生火灾爆炸事故,共 3 个房间起火,过火面积 80 m²。火灾发生后,楼内师生及周边人员及时组织撤离。有校内学生称,爆炸声音如雷声一般大,随后冒出明火和浓烟。事故造成一名实验人员死亡。

事故原因:警方称,事故系实验所用氢气钢瓶意外爆炸、起火,导致博士后孟某腿伤身亡。据了解,孟某当天所进行的实验是催化加氢实验,爆炸的是一个氢气钢瓶,爆炸点距离孟博士后的操作台两三米处,钢瓶底部爆炸。钢瓶原长度大概 1 m,爆炸后只剩上半部大概 40 cm。钢瓶厚度为 10 mm,可见当时爆炸威力巨大。事故发生后一周,该校化学系将 12 月 18 日设为安全教育日,警醒世人,永远把安全放在第一位。

事故现场

案例 4

上海某大学 9·21 爆炸事故

2016 年 9 月 21 日上午 10 点 30 分左右,位于上海松江大学园区的某大学化学化工与生物工程学院 3 名研究生在实验室进行化学实验时发生爆炸,2 人伤势较重,被送往瑞金医院灼伤科救治,1 人轻伤。据瑞金医院介绍,21 日中午 12 时左右,该院灼伤整形科收治 2 例某大学研究生病例,两人均为男性,一人 23 岁,一人 24 岁,因实验爆炸致化学试剂高锰酸钾等灼伤头、面部和眼睛,另外还有多处玻璃碎片划伤。校方通报称,1 名学生受轻微擦伤,经治疗已复学;另 2 名学生受伤集中在面部,灼伤面积均在 5% 左右,眼部不同程度受伤,其中 1 名学生眼部整体无大碍,另外 1 名学生接受了眼部手术 ▣ 。

事故原因:据悉,该实验室三名研究生进行氧化石墨烯的实验,三人都未穿戴个体防护装备,实验过程是在一个敞口大锥形瓶中放入了浓硫酸,并与石墨烯混合,再加入了一勺高锰酸钾后,随即就发生了爆炸。

事故现场

案例 5

杭州某大学 7·3 一氧化碳中毒事故

2009 年 7 月 3 日中午 12 时 30 分左右,杭州某大学化学系博士研究生袁某某发现博士研究生于某昏厥倒在催化研究所 211 室,便呼喊老师寻求帮助,并于 12 时 45 分拨打 120 急救电话。袁本人随后也晕倒在地。12 时 58 分,120 急救车抵达现场,将于某和袁某某送往医院。13 时 50 分,医院急救中心宣布于某抢救无效死亡。袁某某留院观察治疗,于次日出院。

事故原因:杭州市公安机关在接到学校的报警后,立即对事故展开调查。经初步调查发现,某大学化学系教师莫某某、浙江某高校教师徐某某,于事发当日在化学系催化研究所做实验过程中错将本应接入 307 实验室的一氧化碳气体接至通向 211 室输气管。莫某某、徐某某的行为涉嫌危险物品肇事罪。

事故处理:公安机关进行立案调查,并对两人采取监视居住的强制措施。学校对分管安全工作负责人、化学系主任、化学系分管安全工作负责人、化学系催化研究所所长停职检查,接受调查,并根据事故调查结果及时对相关责任人做出严肃处理。

案例 6

东北某农大实验感染布鲁氏病事件

据官方媒体披露,2010年12月,由于东北某农业大学动物医学学院有关教师,未按国家及黑龙江省实验动物管理规定,从哈尔滨市香坊区某养殖场购入4只山羊,并在以上述4只山羊为实验动物的5次实验(共涉及4名教师、2名实验员、110名学生)前,未按规定对实验山羊进行现场检疫,同时在指导学生实验过程中未能切实按照标准的实验规范,严格要求学生遵守操作规程,进行有效防护。由于上述违规行为,导致2011年3月至5月,学校27名学生及1名教师陆续确诊感染布鲁氏病(简称布病)。布病病原菌主要由患病牲畜传染给人,使其出现发热、关节肌肉疼痛、乏力、多汗等临床表现。少数患者可能出现生殖系统、骨关节系统、循环系统、神经系统等某个系统的损害。后经专家组认定该事故是一起因学校相关责任人在实验教学中违反有关规定造成的重大教学责任事故,学校对事故承担全部责任。该校对事故相关责任人做出了严肃处理:对2名实验指导教师分别给予了降级、记大过处分,调离教师岗位;对2名实验员及1名实验指导教师分别给予了记大过、记过处分;停发相关人员当年度校内津贴和年终一次性奖金,2年内不得晋升专业技术职务,

事故现场

并分别追偿经济责任1万元至5万元;免去了该校动物医学学院院长和院党总支书记职务。

案例 7

天津通报一起严重辐照事故,两名被照人员接受治疗

2016年10月17日,天津市环保局通报了天津滨海某辐照技

术有限公司辐照事故。7 月 7 日,该公司发生 Ⅱ 类辐照加速器辐照事故,两名临时外聘维修人员被辐照,目前两名被辐照人员在北京 307 医院接受治疗。据调查,7 月 7 日 17:00 左右,该公司临时外聘两名电机维修人员对辐照室外电机进行维修,在公司工作人员就餐间歇期间(加速器停运),两名电机维修人员进入辐照室。17:35 该公司操作工郭某某就餐完毕后未进行安全巡检即启动电子加速器,造成两名电机维修人员受照,该公司随即将两名受照人员送往北京 307 医院诊治。

事故现场

事故原因:一是安全生产意识淡薄。该公司知法不守法,操作工郭某某未取得辐射安全培训证书操作加速器,属无证操作;在辐照室不工作、且工作人员都去就餐的情况下未对货物通道门上锁,使辐照室的各项安全措施处于失控和无人值守状态,该公司对安全工作没有引起足够的注视;二是安全制度不落实。该公司虽然制定了安全操作规程,但操作人员启动电子加速器前未对辐照室进行安全巡检,安全制度和操作规程形同虚设。依据相关规定,天津市环保局向该公司下达了停止辐照作业的通知,责令其停止辐照作业。依法向该公司下达《行政处罚决定书》,责令该单位立即改正违法行为,并处人民币 20 万元罚款,吊销该单位《辐射安全许可证》。

案例 8

长沙某大学化工实验楼火灾事故

2011 年 10 月 10 日中午 12 时 59 分,长沙某大学化工学院实验楼四楼发生火灾。此次火灾过火面积约 500 平方米,所幸无人员伤亡。但许多宝贵的资料被烧毁,十余年的科研数据付之一炬,给学校的教学、科研工作带来了无法弥补的损失。这栋四层的楼房建于 1960 年,由于楼房屋顶为纯木质结构,加上四楼实验室有很多有机易燃试剂,火势蔓延十分迅速,顶层基本被烧毁,殃及几个重点实验室。

事故原因:经查明,事故是由于实验台上水龙头漏水,导致实验台下存放的金属钠等危险化学品遇水产生燃烧而引发火灾。

事故现场

1.2.2 以案为鉴,建立红黄牌制度,及时排查消除事故 隐患

海因里希法则认为,每发生 330 起同类型的意外事件,有 300 件未产生人员伤害,29 件造成人员轻伤,1 件导致重伤或死亡。这一法则完全适用于高校实验室安全管理,即在一件重大的事故背后必有 29 件轻度的事故,还有 300 起未遂先兆以及 1000 起事故隐患。通过上述事故案例可以看出,祸患常积于忽微,隐患就在身边。尽管不少事故的发生具有一定的突发性、偶然性,但事后分析,安全事故的发生其实平时就存有隐患,关键时刻暴露出了问题。事故往往萌生于平时被疏忽的细节,潜藏于日常漫不经心的过程中。侥幸心理、思想麻痹、冒险蛮干、责任空转等是安全工作最可怕的隐患,如果置之不理,容易酿成大祸,造成无可挽回的损害。

隐患是指违反安全生产法律、法规、规章、安全技术规范及相关标准、安全管理制度的规定,或者因其他因素在生产经营活动中存在可能导致事故发生的物的危险状态、人的不安全行为和管理上的缺陷。**实验室安全隐患**是指实验场所、设备及设施、装置、工艺和材料等的不安全状态,或者由于人的不安全行为或管理上的缺陷而可能导致人身伤害或者经济损失的潜在危险。有隐患不一定出事故,出事故却一定有隐患。人在隐患没有变成祸患的时候,往往意识不到隐患的存在。只要有隐患存在,触发条件一出现,必然会造成事故。我们每个人身处隐患包围的世界,事故隐患总是与我们的学习、工作和生活相伴而行。所以实验室安全工作,功夫要下在平时,防微杜渐是安全的根本。高校管理部门要加强对隐患的预防和管理,以防止、减少事故的发生,保障师生员工生命财产安全,建立隐患排查治理长效机制。全体师生员工要做到全员参与排查安全隐患,要针对各种实验岗位可能发生的隐患建立安全检查制度,在规定时间、内容和频次对该实验岗位进行检查,及时收集、查找并上报发现的事故隐患,并积极采取措施进行整改,坚决克服松懈麻痹思想,切实增强忧患意识,加强日常安全隐患的排查,及时将隐患扼杀在萌芽状态。因为隐患刚出现的时候,治理起来很容易;等积累到了一定的程度,形成一定的气候,再去治理就难了。可是在现实工作和生活中总有人忽视细节的隐患,而使小隐患变成大隐患。因此排查治理隐患要把更多的注意力集中到细节上去,千万不要忽视小概率事件,不放过可能性小的隐患,再小的概率,一旦发生事故就是百

分之百的损失。无论是不一定，还是不确定，只要有任何可能性，就要彻底根治隐患，让它变成不可能。

实验室安全检查是高校对教学、科研和生产实践活动中实验室技术安全状况进行的实地察看、检测、分析和评估等活动总称。高校通过加强对实验室的安全检查及安全隐患治理、整改、消除工作，可以有效预防和减少实验室安全事故的发生。所谓隐患整改是指利用法律法规、管理、技术等手段，督促落实实验室规章制度，排除事故危险，防止和减少各类实验室安全事故发生的行动。一旦发现隐患，必须立即整改。

每次实验室安全监督检查的反馈意见、整改通知和实验室安全检查结果，都要做到所有隐患整改措施、责任人、时间、经费和支撑保障全部落实，实现"隐患闭环管理"和整改销号。

每一间实验室要认真落实好"每日三查"工作（即入室前、工作时、离开前的自查工作，并完整保留检查记录），确保实验场所、设备及设施、装置、工艺和材料处于安全状态，实验人员的操作、防护和应急行为合理合规，实验室环境良好以及实验室管理规章制度等管理无缺陷。每个院系应建立实验室安全检查及隐患整改档案制度，档案主要包括：（一）有关实验室安全检查及隐患整改的法律、法规、文件、规定、计划、总结；（二）有关实验室安全检查表单、隐患登记表、安全检查会议记录以及隐患上报材料等原始资料；（三）实验室危险有害分布情况，"红牌""黄牌"及"绿牌"实验室分布情况以及动态变更情况；（四）其他应归档的文件、资料。

1.3　培训考核，建立准入机制

我国高等教育事业的快速发展，特别是"双一流"高水平大学建设的不断深入，让高校实验室的作用和地位愈加凸显，实验室工作的师生员工对环境、健康和安全方面的意识和需求日趋加强，越来越渴望能够得到重点关注。随着国际化战略的不断推进，很多国际先进理念被不断引入，对高校实验室的建设、使用和管理有了更新更全的认识，对实验室环境、健康和安全管理提出了更高的要求，那就是如何让实验室功能更齐全、更先进，实验室环境更怡人，实验室管理更高效、水平更高，师生员工更加注重实验室安全和职业健康，有更多的获得感、幸福感和安全感。

　　高校实验室不是简单的大楼加仪器,一流大学的实验室不是简单地配备一流的设备就能够成就。实验室的建设、管理与人才培养质量和科研成果的质量水平密切相关。好的实验室无疑会带来非凡的社会影响力,从而吸引众多科技精英和优秀学生纷至沓来。这既可大大提升大学知名度,又能带动整体相关学科科研的发展。优秀的实验室可以提供良好的工作环境,有利于激发实验人员的工作热情,提高工作效率,取得丰硕的成果。管理不好的实验室很难激发工作人员的工作热情和创新思维,这也在很大程度上损害了科研成果的产出和科研项目的进展,也会造成人才的流失。

　　高校要成为时代潮流的引领者和科技发展的领军者,必须建设好高水平的现代化实验室。高水平的实验室应当有高素质的人员来管理和使用,高素质的人员必须拥有强烈的 **EHS**(环境 Environment、健康 Health、安全 Safety,简称 EHS)意识和扎实的专业知识及丰富的管理知识。专业知识、安全知识和技能是进入实验室学习和工作的每一位师生员工必须具备的素质。高校实验室门类繁多,涉及内容各异,相对复杂。实验室在建设、使用和管理中都要充分考虑 EHS 理念和元素,每个细节都要保证人员和设备的环保、健康和安全。由于现代实验的复杂性和高科技化,除了通用安全之外,不同的实验室所涉及的环境、职业健康和安全问题各有侧重,有的实验室需要使用各种化学试剂、危险物品、剧毒物品、放射性物品、生物样品和制剂、实验动物等,有的需要用到高温、高压、超低温、强磁、真空、微波辐射、高电压和高转速等特殊的实验环境和条件,在高校教学和科研活动过程中,危险化学品安全、实验室的安全使用、实验废弃物(废气、废液、固废、辐射等)的规范处置以及应急处理等环节都存在着一系列环境保护、职业健康和安全方面专业性很强的问题。这些都必须经过专业的教育培训方能使即将进入该实验室学习和工作的人员了解和掌握,确保人员和设备的 EHS 规范。生命至上,安全永远是第一位的。

1.3.1　培训要求

　　安全意识、安全知识和安全技能是生命永远离不开的根本保障。实验室安全教育培训不足,是导致安全监管能力薄弱和安全水平整体不高的原因之一。为切实加强实验室安全管理工作,提高师生员工安全意识、安全技术、安全防护能力,保障实验室工作人员及实验师生员工的生命、财产安全,真正将"生命至上、安全第一"的理念落到实处,高校应当对管理人员和即将进入实验室工作和学习的所有人员进行系统而全面的培训和考核。每年新生(含本科生和研究生)入学以及新教师进校后必须经过专门的安全培训,考核合格后方可进入实验室学习和工作。按照"全员、全程、全面"的原则,凡是要进入实验室(楼)的各类人员(包括各种临时用工、保洁员)均要接受、参加实验室安全教育培训和考核。高校对进入实验室(楼)应当实行准入制,进入实验室前必须进行相应的安全教育培训并考核合格,签订安全承诺书(安全责任状)后,方能进入实验室学习或工作,将"生命至上、安全第一"理念转化为师生员工强烈的自觉行为。

1.3.2 培训内容和方式

根据不同学科专业和实验室技术安全门类,实验室安全教育培训一般可分为通识类、消防安全、电气安全、特种设备安全、化学品安全、生物安全、机械防护安全、建筑与土木安全、辐射安全、环境安全及实验废弃物安全等方面,不同学院、系科、研究所可根据本单位实验室特点有针对性选择适合自己特点的安全技术门类作为教育培训的内容。

对于不同层级的人员,培训内容可以各有侧重。对于二级单位以上的管理人员如单位安全责任人、安全管理人的教育培训,一般主要学习实验室安全相关的法律、法规、方针、政策、标准、制度、安全管理知识、安全技术知识以及其他高校或科研院所实验室安全工作经验教训等内容;对于二级单位所属实验室主任、专职实验室安全管理人员、研究所负责人、兼职实验室安全员、各课题组负责人安全教育培训,一般主要学习有关的法律法规、学校安全管理制度、一般安全技术知识、学校实验室安全管理特点、重大典型事故案例、安全注意事项、职业卫生和职业病的预防等内容;对于一般实验室学习和工作人员(教师、技术人员、研究生和本科生)的教育培训,主要学习学校安全管理制度、实验室日常安全知识、主要设备的性能、操作规程及操作指南、实验室案例管理制度、事故教训、防护用品、防护设施使用方法、安全注意事项等内容。

对于特种设备管理人员的教育培训,必须按《特种设备作业人员监督管理办法》的要求进行,获得有效的上岗证并持证上岗。对于接触管制实验材料人员,剧毒化学品采购、领用、使用及管理人员按《中华人民共和国危险化学品安全管理法》的要求进行教育培训,其他管制材料采购、领用、使用及管理人员需参加学校或地方政府主管部门组织的专项教育培训,获得有效的上岗证并持证上岗。对于从事实验动物操作的实验室人员的教育培训,必须按地方《实验动物从业人员上岗管理暂行办法》和学校有关文件要求进行,获得有效的上岗证并持证上岗。对于从事放射性同位素和射线装置工作的实验室人员的教育培训,必须按《放射性同位素与射线装置安全和防护管理办法》和学校有关文件要求进行,获得有效的上岗证并持证上岗。

对于发生安全事故的实验室人员必须要进行专题教育培训。对实验室违章、违纪或违反操作规程而造成事故或未遂事故的实验室人员应停止工作,并进行安全培训学习;发生实验室重大事故和恶性未遂事故后,学校应组织有关人员进行现场培训学习,吸取事故教训,防止类似事故重复发生。

培训可以采用网络培训,也可通过专家授课形式进行,做到精准施策,务求实效。

1.3.3　考核与准入

考核是检验培训效果的有效手段之一。考核的组织、内容和方式要根据不同对象分类分级分批精准安排。

对于本科生以及各类交流生进入实验室安全教育培训与考核,一般可以由相应实验课程主讲教师组织实施,培训对象如果未掌握与实验项目相适应的安全知识、事故预防能力和应急处置能力,不得进入实验室从事实验工作。

对于研究生、留学生、提前进入科研团队或参加大学生创新项目实践的本科生,以及各类培训人员、合作人员和研修人员,进入实验室的安全教育培训与考核工作一般应当由各单位统一组织,实行"准入制",培训对象如未通过实验室安全教育考试或未掌握与实验项目相对应的安全知识、事故预防能力和应急处置能力,不得进入实验室从事实验工作。

对于实验室安全管理人、实验室主任、实验技术人员以及从事危险性较高实验的相关课题组负责人,培训考核通常由各单位统一组织,实行"准入制"。

凡涉及特种设备、管制类实验材料、致病性病原微生物、实验动物、放射性同位素及射线装置等岗位的人员按照相关规定,教育培训应由学校主管部门统一组织,实行"准入制"和持证上岗。

考核可以通过网络考试、书面考试等方式进行。

考核通过后通常应颁发考核合格证书。考核合格证书有效期一般为一年。有效期满后应重新参加培训和考核。

实验室安全教育培训与考核应当建立档案制度,档案应包括培训内容、培训课时以及考核成绩等,做到有据可循,有案可查,资料完备,真实可靠。

1.4　压实责任,我是安全责任人

安全无小事,安全责任不落实,就有可能导致无法预计的后果和不可挽回的损失。事故案例中血的教训惨痛而深刻,必须牢牢吸取,举一反三,亡羊补牢,警钟长鸣,防患未然。落实好安全责任制,考验着高校各级领导干部的政治责任、政治担当,考验着以人民为中心、以师生为中心发展理念的具体落实。2017年,国务院安委会办公室印发《关于加强基层安全生产网格化监管工作的指导意见》,指出实施基层安全生产网格化监管,使安全生产监管体系延伸到最基层,协助打通安全生产监管"最后一公里"。作为高校重要组成部分的实验室,安全管理也应实行网格化管理,将安全责任落实到每个院系,落实到每个实验室,落实到每个老师和学生,让每个人意识到,我是安全责任人。

制度的生命力在于执行,责任制是安全工作的灵魂。安全监管一刻都不能懈怠,必须紧抓不放。安全工作必须压实安全责任,守住安全底线,要高度重视排查整治隐患,运用"大数据＋网格化＋铁脚板"的做法,更精细地进行排查,特别是留意排查那些校园里容易被忽视的角落和环节,确保不留死角、不留盲区。

高校应牢固树立安全发展和高质量发展理念,体现生命至上的原则,要求全员参与,把安全工作摆到更加重要的位置,坚持全面落实安全责任,坚持预防为主关口前移,坚持最严格的安全管理制度,坚持极端负责的精神,增强责任感和紧迫感,守土有责、守土担责、守土尽责。要采取有力措施,认真排查隐患,防微杜渐,全面落实安全措施。每个人都必须强化安全意识,建立健全自查自纠制度,自觉经常性检查,认真排查隐患,完善应急预案,提高应急处置能力,上下贯通、形成合力、齐抓共管,将安全责任落到实处。

安全知识、安全意识和安全意愿对提升每位师生员工的安全素养都非常重要。安全知识是人们在面对风险时,知道该怎么应对,包括安全规程、安全制度、安全常识等。安全意识是在人们的思想意识中对于安全的认识,包括安全价值观、安全警惕性等。安全意愿是指师生员工履行安全工作职责,实现安全目的的意志和愿望,就是师生员工在学习和工作中要主动地去追求安全,而不是要别人来要求你。

每个人都是自己安全的第一责任人。没有安全知识,你很可能就会稀里糊涂受伤害;没有安全意识,事故就会不请自来。安全知识重要,安全意识更重要。当你有了安全意识,就会主动去学习安全知识。所以安全知识胜于安全设施,安全意识强于安全知识,安全意愿优于安全意识。要通过安全意识养成教育,在学习和工作中让你主动地去追求安全,而不需要别人来要求你,从而让"要我安全"变为"我要安全"。通过教育学习、技能培训和考核,实现"我会安全"。学校和所在学院(系)对安全工作有足够的投入,让所有想安全、会安全的师生,能够安全,达到"我能安全"的要求。通过制定系统的安全规章制度和规范,正向激励,让大家明白"我须安全"。通过规范流程,所有师生只要按照流程安全的要求,按部就班地执行,实现"我才安全"。长期良好的安全习惯,让每个师生都会"我爱安全"。安全是师生员工的生命线,师生员工是安全的第一责任人。切实维护师生生命安全和财产安全,让安全为生命护航,让学校成为最安全的地方。

第 2 章　实验室危险源辨识、风险评估与隐患排查治理

习近平总书记于 2016 年 1 月 6 日关于安全生产发表重要讲话,首次提到了"风险分级管控与隐患排查体系",他强调:"必须遏制重特大事故频发的势头,对易发生重特大事故的行业领域采取风险分级管控、隐患排查治理双重预防性工作机制,推动安全生产关口前移"。双重预防机制的提出,对于帮助企业管理生产安全,从根本上防止隐患发生,降低事故发生率,具有重要的指导意义。高校实验室具有危险源多、范围广、人员流动性强等特点,同时科学研究过程中建立标准化安全操作规程难,部分实验过程和科研产品危险性未知,因此建立实验室风险分级管控和隐患排查治理"双重"预防机制显得尤为重要。

北齐·刘昼《刘子·利害》说:"思难而难不至,忘患而患反生"。意思是说想到危险,危险就不会到来,忘却灾祸,灾祸就一定发生。有了居安思危的意识还不够,还要善于观察,见微知著,远离危险,这样才能将危险拒之于门外,持续提升风险辨识和隐患的治理能力。2017 年,教育部发布《关于加强高校教学实验室安全工作的通知》,第一次全面系统地阐述高校实验室安全工作的重要意义,目标定位准、管理范围广、治理内容全,把国家法律、法规、规章和国家强制性标准作为高校实验室安全工作的底线。

与此同时,教育部组织相关高校制定的基于安全生产标准化的《高校实验室安全检查表》也在实践中得以不断优化。《检查表》充分体现了"目标职责、制度化管理、教育培训、现场管理、风险控制与隐患治理、应急管理、事故管理以及持续改进"的安全标准化理念、思路和要义,其核心也是建立风险识别、风险控制与隐患治理的实验室安全治理体系。

鉴于高校实验室的特点,高校实验室安全管理更应将安全生产标准化创建工作与安全风险辨识、评估、管控,以及隐患排查治理工作有机结合起来,在实验室安全标准化体系的创建、运行过程中深度开展安全风险辨识、评估、管控和隐患排查治理。

2.1 实验室危险源辨识与风险评估

高校实验室安全管理主要包含人、机、料、法、环、测六大要素,而实验室的危险源管理则是基于此六大要素进行的辨识和分析。引入以风险分析为基础的安全管理体系,对六大要素通过风险辨识与评价、系统化管理,有效地控制在实验室活动中事故的发生。

2.1.1 实验室危险源辨识

危险源是指可能导致人身伤害、健康损害或财产损失的根源、状态或行为,或它们的组合。实验室危险源分为两类,第一类危险来自具有能量或产生、释放能量的物理实体,如起重设备、电气设备、压力容器、危险物品等;第二类危险源受决策人员、管理人员以及从业人员的决策行为、管理行为以及使用操作行为的影响,以及物的状态和实验室环境的状态的影响。在分析实验室过程中对人造成伤亡、影响人的身体健康甚至导致疾病的因素时,实验室危险源可称为危险有害因素,分为人的因素、物的因素、环境因素和管理因素四类。

实验室危险源辨识是针对每个实验过程的步骤可能伴随的危险源进行分析,并对每个危险源可能导致的潜在事故类型进行确认,包括以下两方面分析:

(1)确定每进行一项实验室工作内容可能存在的危害类型(第一类危险源及可能导致的后果);

(2)从人、物、环、管等方面,分析导致危害发生的途径及原因(第二类危险源)。

开展实验室危险源辨识应尽可能自下而上地开展,在辨识前要充分的学习相关专业知识和必要的准备,包括相关安全法律法规、标准规范、事故案例等的资料收集和学习,工作表格等的准备等;同时尽可能掌握高校实验室典型并以此为引导,及时对成果进行确认、指导、调整。常用的辨识方法包括但不限于以下几种:

(1)询问、交谈;

(2)查阅有关资料;

(3)现场观察;

(4)获取外部信息;

（5）工作危害分析（JHA）；

（6）安全检查表（SCL）；

（7）危险与可操作性研究（HAZOP）；

（8）事件树分析（ETA）等。

通常情况下，以动态作业活动进行危险源识别可选用"工作危害分析法（JHA）"。鉴于高校实验室与企业有着本质的区别，高校实验室的危险交叉性强，分布广，危险有害因素辨识难度大，通常以静态设备设施为基础单元进行危险源识别而选用"安全检查表法（SCL）"。

安全检查表法是系统安全工程的一种最基础、最简便、广泛应用的系统危险性评价方法。目前，安全检查表在我国不仅用于查找系统中各种潜在的事故隐患，还对各检查项目给予量化，用于进行系统安全评价。安全检查法是由一些对工艺过程、机械设备和作业情况熟悉并富有安全技术、安全管理经验的人员，事先对分析对象进行详尽分析和充分讨论，列出检查项目和检查要点等内容并编制成表。

分析人员从有关渠道（如标准规范、作业指南、经验、教训等）选择合适的安全检查表，如果无法获取相关的安全检查表，分析人员必须运用自己的经验和可靠的参考资料制定检查表。分析者依据现场观察、阅读系统文件、与操作人员交谈以及个人的理解，通过回答安全检查表所列的问题，发现系统的设计和操作等各个方面与标准、规定不符的地方，记下差异，分析差异（危害），提出改正措施建议。

目前，教育部对各高校教学、科研实验室的风险评估与安全检查也是一种广泛使用的检查表法。

教育部《2021 版高校实验室安全检查表》

2.1.2　实验室风险评估

实验室安全风险常用的风险评估方法与工业企业安全生产风险评估方法基本相同，主要包括：安全检查表法、专家评议法、危险指数法、危险性预先分析方法、故障树分析、故障假设分析方法、事件树分析、故障假设分析/检查表分析方法、危险和可操作性研究、故障类型和影响分析、作业条件风险程度评价（MES）以及作业条件危险性评价法（LEC）等。

从高校实验室安全风险的特点出发，为方便推广和使用角度，多采用作业条件危险性评价法（LEC），并结合实验室风险特点，采取以下评估方式：

在具有潜在危险环境中从事实验的危险性，以所评价的环境与某些作为参考环境的对比为基础,将实验过程条件的危险性作为因变量(D),事故或危险事件发生的可能性(L)、暴露于危险环境的频率(E)及危险严重程度(C)作为自变量,确定了它们之间的函数式:

$$D=L \times E \times C$$

实验室安全条件危险性评价法,根据实际经验得出 3 个自变量的各种不同情况的分值,采取对所评价的对象根据情况进行"打分"的办法,然后根据公式计算出其危险性分数值,再按危险性分数值划分的危险程度等级表,查出其危险程度的一种评价方法。

对于事故事件发生的可能性(L),"完全可以预料"为最高分"10分","实际不可能"为最低分值"0.1 分",具体扫码见表 2 - 2 。

对于暴露于危险环境的频繁程度(E)判断准则,"连续暴露"为最高分"10 分","非常罕见地暴露"为最低分"0.5分",具体扫码见表 2 - 3 。

按照发生事故事件偏差产生的后果严重性(C)判别准则,最高分值为"100 分",最低分值为"1 分",具体扫码见表2 - 4 。

- 表 2 - 2
- 表 2 - 3
- 表 2 - 4
- 表 2 - 5

2.1.3 实验室风险分级

将识别的风险按照作业条件风险程度评价(MES)或作业条件危险性评价法(LEC)进行分级,按照红色、橙色、黄色、蓝色四级风险进行划分,具体扫码见表 2 - 5 。

红色:不可容许的(巨大风险),极其危险,必须立即整改,不能继续作业,由学校直接监管;

橙色:高度危险(重大风险),必须制定措施进行控制管理,由学校职能部门和学院(系)协同监管;

黄色:中度(显著)危险,需要控制整改,由学院(系)随时关注;

蓝色:轻度(一般)危险,可以接受(或可容许的)的风险,由实验室负责人随时关注。

2.1.4 实验室风险管控

以风险评估、分析和分级为基础的系统化管理引入安全管理领域,是为进一步科学、规范和精细化管控风险打下基础。风险分级管控是指按照风险不同级别、所需管控资源、管控能力、管控措施复杂及难易程度等因素而确定不同管控层级的风险管控方式。风险分级管控的基本原则:风险越大,管控级别越高;上级负责管控的风险,下级必须负责管控,并逐级落实具体措施。

从技术安全和管理学上对风险进行管控,其中技术安全是从防止事故发生的安全技术和减少事故损失的安全技术两个方面考虑。管理学上包括建立完善的组织体系、健全的制度保障、建立严格实验人员的教育培训与准入机制、科学的检查体系、完善的应急保障体系、形象生动的文化宣贯等。

1. 技术安全上的风险管控

消除危险源、控制能量、采用隔离等是技术安全常采用的安全措施,通过选择合适的工艺、设备设施、物料等,从技术上对风险进行管控。如在生物实验中用无毒的 GelRed 等替代传统的、具有强致癌性的溴化乙锭,消除物料对实验室人员的伤害;在有机合成实验室为了控制大剂量石油醚、乙酸乙酯等危险化学品的使用,购买微量柱层析设备替代传统的柱层析工艺,极大减少了危险化学品的使用量;对于实验过程中产生的"三废",实行分类收集,由具备相应资质的"第三方服务"企业上门直接清运出校园进行规范处置,减少各种危险。

2. 管理学上的风险控制

根据风险评估的结果,确定不可接受的风险,制定并落实所选定的风险控制措施,将重大风险控制在可接受的程度。选择风险控制措施时应考虑可行性、安全性、可靠性。措施应包括:工程技术措施、管理措施、教育培训措施、个体防护措施。将评价结果和控制措施对师生员工进行宣传、培训。

(1) 构建职责分明、合理的实验室安全管理体系是管理学控制的基础。通过组织建设解决"谁来管""管什么""怎么管"的问题,贯彻"以人为本、安全第一、预防为主、综合治理"的方针,遵循"谁使用、谁负责,业务谁主管、安全谁负责"的原则,真正实现全要素各环节的实验室安全保障。

(2) 安全工作能否做好,安全管理制度建设是前提、方向。制定一套完善的安全管理制度,可以确保实验室安全管理工作规范化、制度化,使得实验室安全管理工作有法可依、有章可循。

(3) 加强实验室安全管理工作的根本在于从安全教育、培训方面入手,强化师生的安全意识,切实落实"生命至上、安全第一、预防为主"的指导思想,使保障安全成为一种发自内心的自觉行为。首先,安全教育培训的形式多种多样,如开设实验室安全课程、组织安全培训讲座、安全管理培训班、安全活动月、安全交流论坛、安全宣传海报等。其次,安全教育培训的覆盖面要广,不仅要对从事实验室工作的人员开展教育培训,管理人员也要纳入到培训中来;再者,安全教育培训应具有针对性,对于不同类型的人员培训内容和培训形式应区别对待,哪些人员必须接受哪些安全培训项目、是否强制培训、是否必须通过考试、培训学习时间都应明确。对于新入校的新教工、研究生、本科生等不同类型的人员,根据其不同专业,给予明确的培训和考试要求,并将教育培训作为实验室安全准入条件的重要参考,未经安全培训、未通过考试,不得进入实验室。

(4) 在强化师生的安全意识的同时建设实验室应急能力保障体系,提前制定完善的、可行的、科学的应急预案,尤其是在面对常见的火灾、中毒等安全事故,沉着冷静地对待。学习相关逃生和急救理论知识和技能,遇到紧急情况,能够不慌不乱,有效地应对突发情况。

2.1.5 实验室危险源管理

按照 GB 18218()辨识并确定是否构成重大危险源。重大危险源应登记建档,定期进行检测、评估。对重大危险源设置安全监控报警系统。制定应急预案,配备必要的救援器材装备,每年至少进行一次重大危险源应急救援预案演练。将本单位重大危险源及有关安全措施、应急措施报地方安全生产监督管理部门和有关部门备案。对重大危险源的设备设施,定期检查并记录。构成重大危险源周边的防护距离应满足国家标准或有关规定。

其他危险源(含危险点)的管理。针对高校的实验室的特点,应对高校所有实验室开展以房间为单位的实验室信息统计,统计信息包括实验室基础信息(校区、所属学院、面积、使用性质、责任人等),

· GB 18218
· GB/T 13861—2009

人员信息(教育培训、准入、持证上岗、劳动防护、职业卫生等),实验室危险有害信息(危险化学品、气体钢瓶、实验动物、病原微生物、放射源与放射性同位素等危险物资,高温、冷冻、高压、高电压、高速、射线装置、特种设备等危险性仪器设备,危险性工艺和危险性操作信息)、安全设施设备及安全防护信息。然后根据 GB/T 13861—2009《生产过程危险和有害因素分类代码》()的规定,对危险源进行辨识与风险评估,最后根据风险分析结果确定危险源(点)登记建档,建立台帐,实行分级管理;对各类危险源(点)制定和实施相应的监视与控制措施,并编制各级危险源(点)应急救援预案。

2.2　实验室隐患排查治理

实验室隐患排查治理是指违反安全生产法律、法规、规章、标准、规程和学校实验室安全管理规章制度的规定,或者因其他因素在实验室工作或活动中存在可能导致事故发生的物的危险状态、人的不安全行为和管理上的缺陷,并实现隐患排查、记录、监控、治理、销账、报告的闭环管理的过程。针对风险评价出的隐患项目应下达隐患治理通知并限期治理。实验室应建立隐患治理台账,明确治理措施、负责人、资金来源、治理期限。重大隐患项目应建立档案。学校无力解决的重大事故隐患应采取有效防范措施并报主管部门和政府。学校对不具备整改条件的重大事故隐患,应采取防范措施,制定计划,限期解决或停止实验。

2.2.1　实验室隐患排查的内容

实验室隐患排查应有明确的目的、要求、内容和具体计划,定期或不定期进行安全检查,制订各种检查形式的、符合实验室类型与规模的安全检查表,各级实验室安全检查形成的安全检查表应作为学校有效文件,并在实际应用中不断完善。通常来说,实验室隐患治理排查的内容包括但不限于以下:

(1)对国家和地方政府等上级部门有关的方针、政策、法令、文件和工作部署的执行情况。

(2)学校规章制度、会议精神、文件通知以及工作部署的执行情况。

(3)各单位管理体制、工作机制和安全责任制的落实情况。

(4)实验室工作人员的教育培训、考试考核和持证上岗情况,以及实验室外来人员管理情况。

(5)实验场所、设备及设施、装置、工艺和材料安全状态情况,实验人员操作、防护和应急行为的合规情况以及实验室环境卫生等情况。

(6)隐患整改措施、责任人、时间、经费和支撑保障等落实情况,以及"隐患闭环"和整改销号情况。

（7）应急预案、应急演练、应急物资和应急保障情况，事故报告、调查处理以及责任追究情况。

（8）各类实验室安全档案管理、安全文化宣贯和安全例会开展情况等。

2.2.2 实验室隐患排查的形式

实验室隐患排查的形式应根据目前信息化建设水平，可辅助于信息化与人工智能技术，按照实验室安全职责层级，分别组织安全技术人员、实验室安全负责人、学院（系）及安全管理机构、学校职能部门、校领导等，按相应的《安全检查表》内容逐项检查，并与责任制挂钩。实验室隐患排查的主要形式包括：

（1）实验室使用人或责任人应落实自查制度，坚持"每日三查"（即入室前、工作时、离开前的自查工作，并完整保留检查记录），逐一检查实验室各类危险有害因素的控制情况。

（2）实验室所在学院（系）每周至少开展一次专项安全检查。结合各专业方向的实验室危险特性情况，辨识、分析和评估实验室存在的危险有害因素，制定检查提纲及检查标准，建立针对性、可操作性强的安全检查指标体系，组织相关领域的人员实行专业性安全检查。

（3）实验室所在学院（系）实验室安全检查领导小组，定期开展全面安全检查，形成自查报告。实验室全面隐患排查工作一般理工农医院系每月不少于一次，人文社科院系每学期不少于一次。

（4）学校相关职能部门对全校实验室开展寒暑假大检查、节假日大检查、专项检查、随机抽查、突击检查等。

2.2.3 实验室隐患排查的管理

实验室隐患排查的目的是为实验室安全治理服务，须跟踪排查出来的隐患的整改落实和关闭，实现隐患全过程管理。对各种安全检查所查出的隐患进行原因分析，制定整改措施及整改，对整改情况进行验证。学校职能部门对各级组织机构和人员检查出的问题和整改情况定期进行检查，对账销号。

对隐患实行分类管理，各种实验室安全检查所发现的安全隐患，根据隐患的危害性、发生概率和整改难度，可分为一般安全隐患和重大安全隐患两类：

（1）一般安全隐患，是指危害程度和整改难度较小，发现后能立即整改排除的隐患。

（2）重大安全隐患，是指危害和整改难度较大，应当立即全部或者局部停用，并经过一定时间整改治理方能排除的隐患，或者因外部因素影响致使实验室自身难以排除的隐患。

对于一般安全隐患，采用现场告知整改建议、落实责任人、限期整改的方式；对于重大安全隐患，除现场告知责任人外，须采取包括现场解决、限期整改、逐级通报、曝光、现场纠正会等形式，对所有隐患实行"全封闭"处理。

实验室隐患排查出来的每一个安全隐患，都要做好分级、登记与追踪管理，落实责任人和限期整改，建立隐患管理档案。实验室无法解决的安全隐患，则须上报学校或政府管理部门。

实验室应建立隐患排查档案制度，档案主要包括：

（1）有关实验室安全检查及隐患整改的法律、法规、文件、规定、计划、总结。

（2）有关实验室安全检查表单、隐患登记表、安全检查会议记录以及隐患上报材料等原始资料。

（3）其他应归档的文件、资料。

2.2.4　实验室隐患分级治理

实验室隐患治理是指消除或控制实验室隐患的活动或过程。包括对排查出的事故隐患按照职责分工明确整改责任，制定整改计划、落实整改资金、实施监控治理和复查验收的全过程，通常实验室隐患治理程序如图 2-1（⬚）。

根据风险分级管控原理，同样实验室隐患治理也应根据隐患分类管理的原则进行分级治理。国内部分高校在实践中，结合实验室条件危险性评价法（LEC）和隐患排查分类情

图 2-1

况，对实验室进行"挂牌"区分，设置"绿牌""黄牌"和"红牌"实验室的做法，具有重要的实践和推广意义：

（1）"绿牌"是指排查结果良好、无安全隐患或隐患已立即完成治理的实验室；

（2）"黄牌"是指经排查，存在安全隐患，但已落实整改措施、整改责任人和整改时间，且整改治理期间安全管控措施到位的实验室；

（3）"红牌"是指有未及时整改的重大隐患，或者明知有安全隐患而多次违规操作、玩忽职守和不予以整改的实验室。

列为"黄牌"的实验室,须立即制定整改措施,落实整改责任人、整改完成时间,并保障整改完成必须的一切条件支撑,保证整改完成期间能采取切实可行的防控措施方能继续使用;列为"红牌"的实验室,应在一定范围内通报,对该实验室开具《整改通知书》,并立即停止该实验室的使用,直至整改完成。

实验室隐患治理应建立隐患信息登记制度。隐患信息是指包括隐患名称、位置、状态描述、可能导致后果及其严重程度、治理目标、治理措施、职责划分、治理期限等信息的总称。高校应结合现代化的信息手段,实施实验室隐患治理信息建档管理。

2.2.5　实验室隐患治理的验收与评估

实验室应建立隐患治理的验收与评估制度。高校实验室负责人应对本实验室存在的各类隐患组织制定治理方案、安全保障措施,落实治理的内容并组织实施。同时组织院(系)级实验室管理机构对业务分管范围内的实验室隐患治理工作实施监督、检查,确保按时、按规和保质完成隐患治理工作。学校职能部门对实验室隐患治理工作进行督查、考核,并定期向学校有关部门、领导和最高管理者汇报。

实验室隐患治理的验收程序一般包括:

(1) 实验室隐患治理制度、计划的制定及其实施情况;

(2) 实验室一般隐患的"立知立改"情况和重大隐患的责任人、责任措施和责任时间的落实过程;

(3) 实验室隐患治理"挂牌"督办情况;

(4) 实验室隐患治理整改完成情况;

(5) 实验室隐患治理档案管理情况等。

建立实验室隐患治理工作监督检查和评估考核机制,评估考核作为各单位党政领导班子年度考核的主要内容之一,检查和评估考核内容主要包括:

(1) 实验室负责人对所辖实验室风险地图和风险分级四色分布情况的掌握情况;

(2) 实验室隐患分级治理和有效落实"红牌""黄牌"及"绿牌"实验室的情况和动态管理措施;

(3) 实验室隐患治理工作例会、档案管理和上报情况;

(4) 实验室隐患治理的效果。

第3章 实验室安全规范

3.1 国家安全相关法律、法规、标准

3.1.1 总体国家安全观的内涵

党的十八大以来,国内外形势变化和国家安全事业发展都给我们提出了一个重大时代命题,这就是必须从理论和实践结合上,系统回答作为快速发展中的社会主义大国,如何既解决好大国发展进程中面临的安全共性问题,又同时能处理好中华民族伟大复兴关键阶段面临的特殊安全问题,维护和塑造中国特色国家安全。

习近平总书记直面这一重大时代命题,准确把握我国国家安全形势变化的新特点新趋势,深刻总结古今中外维护国家安全的理论与实践,于2014年4月15日在中央国家安全委员会第一次会议上,以卓越的政治家和战略家的宏大视野和战略思维,高瞻远瞩地提出总体国家安全观。

党的十九大报告指出,坚持总体国家安全观,"必须坚持国家利益至上,以人民安全为宗旨,以政治安全为根本,统筹外部安全和内部安全、国土安全和国民安全、传统安全和非传统安全、自身安全和共同安全,完善国家安全制度体系,加强国家安全能力建设,坚决维护国家主权、安全、发展利益"。总体国家安全观深刻体现了习近平新时代中国特色社会主义思想,对我们应对国内外安全挑战、维护国家安全和社会安定具有十分重要的指导意义。

3.1.2 国家安全生产法律体系框架

国家安全生产法律体系是指我国全部现行的、不同的安全生产法律规范形成的有机联系的统一整体。其基本框架,可从上位法与下位法、普通法与特殊法、综合性法与单行法等三个方面来认识。

从法的不同层级上,可分为上位法与下位法,依次为法律、法规(行

政法规、地方性法规)、规章(部门规章、地方政府规章)、标准(国家标准、行业标准)等。法律是国家安全生产法律体系中的上位法,居于最高层级法律地位和效力,高于其他下位法,国家现行的有关安全生产的法律,主要有《安全生产法》《消防法》《职业病防治法》等;安全生产法规分为行政法规和地方性法规,国家现行的行政法规,如《危险化学品安全管理条例》《安全生产许可证条例》等,地方性法规,如《北京市安全生产条例》《江苏省安全生产条例》等;安全生产规章分为部门规章和地方政府规章,主要区别为由国务院有关部门、地方政府制定发布;法定安全生产标准分为国家标准和行业标准,两者对生产经营单位的安全生产具有同样约束力。

从同一层级的法律效力上,可分为普通法与特殊法。这两类法律规范的调整对象和适用范围各有侧重。普通法适用于安全生产领域中普遍存在的基本问题、共性问题的法律规范,如《安全生产法》所确定的安全生产基本方针原则和基本法律制度普遍适用于生产经营活动的各个领域。对于消防安全、道路安全等特殊安全领域存在的特殊问题,则应适用于《消防法》《道路交通安全法》等特殊法。同一层级的安全生产立法对同一类问题的法律适用上,应当适用特殊法优于普通法的原则。

从法的内容上,可分为综合性法和单行法。综合性法不受法律规范层级的限制,而是将各个层级的综合性法律规范作为整体来看待,适用于安全生产的主要领域或者某一领域的主要方面,如《安全生产法》;单行法的内容只涉及某一领域或某一方面的安全生产问题,如《矿山安全法》,在一定条件下,综合性法与单行法的区分是相对的、可分的。

3.1.3 与实验室安全相关的法律法规及标准

1.《中华人民共和国生物安全法》(自 2021 年 4 月 15 日起施行)

2.《中华人民共和国特种设备安全法》(中华人民共和国主席令第四号)

3.《中华人民共和国放射性污染防治法》(中华人民共和国主席令第六号)

4.《中华人民共和国环境保护法》(中华人民共和国主席令第九号2014 年修订)

5.《中华人民共和国安全生产法》(中华人民共和国主席令第十三号 2014 年修正)

6.《中华人民共和国刑法》(中华人民共和国主席令第二十七号修

正案十)

7.《中华人民共和国固体废物污染环境防治法》(中华人民共和国主席令第五十八号,2020 年 4 月 29 日修订)

8.《中华人民共和国治安管理处罚法》(中华人民共和国主席令第六十七号)

9.《中华人民共和国危险化学品安全法》(2020 年 10 月公开征求意见)

10.《特种设备安全监察条例》(中华人民共和国国务院令第 373 号)

11.《易制毒化学品管理条例》(中华人民共和国国务院令第 445 号)

12.《放射性同位素与射线装置安全和防护条例》(中华人民共和国国务院第 449 号令,2019 年第二次修订)

13.《民用爆炸物品安全管理条例》(中华人民共和国国务院令第 466 号)

14.《国家危险废物名录(2021 年版)》(自 2021 年 1 月 1 日起施行)

15.《放射性废物安全管理条例》(中华人民共和国国务院令第 612 号)

16.《危险化学品安全管理条例》(中华人民共和国国务院令第 645 号)

17.《实验动物管理条例》(中华人民共和国国务院令第 676 号,2017 年 3 月 1 日修订版)

18.《卫生部关于印发〈人间传染的病原微生物名录〉的通知》(卫科教发[2006]15 号)

- 人间传染的病原微生物名录
- 危险化学品目录

19.《危险化学品重大危险源监督管理暂行规定》(国家安全生产监督管理总局令第 40 号)

20.《危险化学品目录(2015 版)》(国家安全生产监督管理总局、中华人民共和国工业和信息化部、中华人民共和国公安部、中华人民共和国环境保护部、中华人民共和国交通运输部、中华人民共和国农业部、中华人民共和国国家卫生和计划生育委员会、中华人民共和国国家质量监督检验检疫总局、国家铁路局、中国民用航空局公告 2015 年第 5 号)

21.《病原微生物实验室生物安全环境管理办法》(中华人民共和国环境保护总局令第 32 号)

22.《放射性同位素与射线装置安全和防护管理办法》(中华人民共和国环境保护部第 18 号令)

23.《质检总局关于修订〈特种设备目录〉的公告》(2014 年第 114 号)

特种设备目录

24.《江苏省安全生产条例》(2016 年修正)

25.《江苏高等学校实验室安全工作规程(试行)》(苏教科[2019]1 号)

26. GB50447—2008 实验动物设施建筑技术规划

27. GB19489—2008 实验室生物安全通用要求

28. GB50346—2011 生物安全实验室建筑技术规范

29. GB16548—2006 病害动物和病害动物产品生物安全处理规程

30. GB/T31190—2014 实验室废弃化学品收集技术规范

31. GB/T27476.1-5—2014 检测实验室要求

32. WS233—2002 微生物和生物医学实验室生物安全通用准则

33. JGJ91—93 科学实验室建筑设计规范

34. T/CSIQ8015—2018 实验室分级评定准则

35. DB11T1191.1—2018 实验室危险化学品安全管理规范　第 1 部分:工业企业

36. DB11T1191.2—2018 实验室危险化学品安全管理规范　第 2 部分:普通高等学校

37. TSG R0006—2014 气瓶安全技术监察规程

38. TSG Z6001—2019 特种设备作业人员考核规则

39. 高等学校实验室安全检查项目表(2021 版)

3.2　高等学校实验室安全工作规程(江苏版为例)

近年来,高校实验室安全事故频发,有些事故影响极大,教训惨重,时刻提醒着高校实验室主管部门、广大师生员工,实验室安全需要警钟长鸣、常抓不懈。江苏省教育厅根据国家安全生产相关文件及有关部门通知精神,于 2019 年 1 月颁布了《江苏高等学校实验室安全工作规程(试行)》(苏教科[2019]1 号　),进一步强调高校实验室安全工作的重要性,在加强实验室安全教育体系建设、完善实验室运行机制、重

视实验室安全教育与宣传、强化实验室危险源管理、规范实验室安全个
人防护与环境保护、注重实验室安全检查与整改、妥善处置实验室安全
事故等方面作出明确规定。

　　在此基础上，江苏省教育厅组织专业人员编
写《高校实验室安全手册》，主要内容包括在实验
室工作中可能遇到的主要危害、事故及其规避与
排除方法，是实验室安全的基础读物，目的是增
强广大师生员工的实验室安全意识，自觉遵守实

- 江苏高等学校实验
室安全工作规程
- 江苏省高校实验室
安全手册

验室的各项规章制度，具备基本的实验室安全知识，规范科学地进行实
验，确保教学科研工作的顺利进行。

3.3　学校实验室安全管理制度

3.3.1　实验室安全管理制度类别

　　高校实验室安全管理制度是各高校依据国家相关法律、法规和相
关文件等要求，结合学校实际情况制定，要求大家共同遵守的具有指导
性、约束性、鞭策性、激励性、规范性、程序性、强制性的规则，是实验室
安全管理的保障和行动指南，可保证实验室安全工作的科学化、规范
化，可充分调动广大师生员工参与实验室安全管理工作的积极性，降低
实验室安全事故的发生概率。

　　实验室安全制度主要包括引导性和保障性制度、具体的操作性制
度、应急预案等。引导性和保障性制度是指从学校层面制定的具有指
导性、执行性的宏观办法和规定，是各项工作、政策和要求得到贯彻和
落实的保障，是下属各二级单位制定对应办法或实施细则的依据，如实
验室安全管理办法、危险化学品管理办法、实验室安全检查制度、实验
室责任追究制度等；操作性制度主要针对某项实验工艺、设备操作、实
验材料使用等，制定细化的、有一定操作性的规范，是引导性制度的具
体化，具有明显的学科特征；应急预案是指为了预防和应对各种突发性
实验室事故的发生，减少事故损害所制定的规定，包括建立应急管理体
系、应急响应措施、应急处置方案等，应急预案必须具有可操作性，加强
演练，持续改进，不断完善。

3.3.2　学校实验室安全管理制度

学校建立的实验室安全管理制度,包括但不限于实验室技术安全管理办法,实验室安全责任制,职业卫生管理制度,新、改、扩建实验室"三同时"制度,实验室安全经费预算制度,危险化学品管理制度,奖励与责任追究制度,实验室隐患排查与治理制度,实验室安全检查制度,实验室安全教育与准入制度,实验室分类分级管理制度,化学、生物、辐射、电气、机械、排污、仪器设备等安全管理规定,个体防护装备、消防器材的配备和使用制度,气瓶、气体管路安全管理制度,实验室突发事件应急预案(包括化学、生物、辐射、电气、机械等不同技术安全门类)等。

3.3.3　学院实验室安全管理制度

各学院(系)根据学校相关管理规定,结合各自学科特点,制定针对性的实验室安全管理制度与实施细则。包括但不限于各类实验室安全管理制度,人员岗位安全责任制度和学生安全守则,安全检查与值班值日制度,个体防护装备、消防器材的配备和使用制度,气瓶、气体管路安全管理制度,奖励与责任追究制度,实验室隐患排查治理制度,实验室安全检查制度;涉及安全隐患的设备(如大型仪器、高温、高速、高压、强磁、辐射、低温等设备)有安全操作规程,并明示;危险性实验、工艺有实验指导书或操作规程(含安全注意事项),并明示;建立危险性实验风险评估与准入机制;有体现学科特色的应急预案等。

3.4　实验室安全操作规程

3.4.1　安全操作规程的重要性

实验室安全操作规程是要求师生员工在日常实验活动中,必须遵照执行的一种保证安全的规定程序。一旦忽视安全操作规程的重要作用,就有可能导致出现各类安全事故,给学校、师生员工带来财产损失和人身伤害,严重的会危及生命安全,造成终身无法弥补的遗憾。

制定和执行实验室安全操作规程具有重要的作用和意义。在对大量的事故案例研究中发现,绝大多数事故的发生都源于人的不安全行为,即相关人员因安全意识不足,对实验工艺、设备、环境等因素的风险、隐患辨识不到位,而违规操作、盲目操作导致事故的发生,因此制定并执行安全操作规程,有利于建立标准的安全操作程序,有效管控安全事故中的人为因素,最终减少安全事故的发生。

3.4.2   如何制定安全操作规程

实验室要以科学性、规范性和系统性为原则,对设备、岗位的安全风险进行评估、调查,分析实验室操作、管理人员实际工作中的需求,制定更合理的规程。

安全操作规程由实验室使用方负责制定,一般包含危险源(点)分析、标准操作规程(含安全注意事项)、现场应急措施等。实验室的操作、管理人员,在安全操作规程编制完成后,交由实验室负责人审核修改、签字存档、发布执行,并将在日后的实际工作中不断修订和完善。

3.4.3   常见安全操作规程种类

为保证实验室人员生命财产安全,应根据实验室物料特性、工艺流程、设备使用等具体要求,制定符合要求的操作规程。对于可能涉及人身安全健康、生产工艺或周围环境有较大影响的设备、装置,如大型仪器、高温、高速、高压、强磁、辐射、低温等设备,应分析其存在的危险源(点),结合具体操作步骤(含安全注意事项)、现场应急措施,制定安全操作规程。除了设备使用以外,对于危险性实验工艺、危险性实验材料使用等环节,也需制定安全操作规程。

1. 设备类安全操作规程

马弗炉安全操作规程、离心机安全操作规程、压力灭菌器安全操作规程、低温储槽安全操作规程、砂轮机安全操作规程、车床安全操作规程、行车安全操作规程、X-射线衍射仪安全操作规程、Co-60治疗机安全操作规程等。

2. 实验工艺类安全操作规程

玻璃封管工艺安全操作规程、重铬酸钾标准法检测 COD 安全操作规程、高温精馏实验安全操作规程、吗啡注射安全操作规程等。

3. 实验材料类安全操作规程

放射性同位素 H-3 安全操作规程、叠氮化钠安全操作规程、液氮安全操作规程、氨气安全操作规程、金属锂处理安全操作规程等。

第2篇 实验室通用安全

第4章 实验室安全事故的类型与预防

实验室安全对每个师生员工都至关重要。由于各类实验室涉及的实验材料种类繁多,各类仪器设备面广量大,稍有不慎就可能发生安全事故。一旦发生意外事故,实验室工作者必须在第一时间进行紧急处置,以避免事故的蔓延或二次事故,尽可能减少对师生人身伤害和学校财产损失。每个高校、学院(系)都应制定切实可行的应急救援预案,各个实验室应根据教学科研实际情况制定详细的应急预案。在实验室工作的每个人员都应掌握一定的急救知识和救援方法,学会自救、互救。

4.1 常见安全事故的类型和成因

实验室安全事故是指因种种不安定因素在实验室引发的,与人们的愿望相违背,使实验操作发生阻碍、失控、暂时或永久停止,并造成人员伤害或财产损失的意外事故。

按照造成事故的原因以及人身伤害优先考虑的原则,实验室安全事故的分类可分为火灾事故、爆炸事故、辐射事故、生物安全事故、化学品毒害事故、机电伤人事故、环境污染事故、设备损坏事故、设备或技术被盗事故、漏水事故、气体泄漏事故等。

4.1.1 火灾事故

火灾事故的发生具有普遍性,几乎所有的实验室都可能发生。据统计,高校实验室火灾事故发生率仅次于学生宿舍火灾,居第二位。实验室火灾事故的类型主要有:

(1) 电气火灾。即由于电气设备使用不当引起的火灾。造成这类事故的主要原因是操作人员用电不慎或操作不当,致使电气设备引发火灾事故;供电线路老化,超负荷运行,导致线路发热,引发火灾;接头接触不良、保险丝选用不当、发热用电器使用时被可燃物覆盖或可燃物靠近发热体所引发的火灾；忘记关电源，或在实验过程中人离开实验室的时间较长，致使设备或电器通电时间过长，温度升高引发火灾；高电压实验室电器设备发生火花或电弧、静电放电产生火花等引发火灾；电气类火灾，如烘箱温度控制器失灵导致烘箱内被烘物品起火引发火灾。

（2）化学药品引发的火灾。即由于化学药品的使用或者保存不当引起的火灾。如危险化学品中的自燃品、遇水燃烧品、遇空气燃烧品、易燃气体、易燃液体、易燃固体、强氧化剂等保存或操作不当均可能引发火灾。

（3）其他火灾。对火源管理不善，违章用火，乱扔烟头，接触易燃物质，引起火灾。

事故案例

4.1.2　爆炸事故

爆炸的定义与分类在本书第 5 章"5.2.1 爆炸的定义与分类"有详细介绍，这里不赘述。

爆炸事故多发生在具有易燃易爆物品和压力容器的实验室。酿成事故的主要原因有：① 违反操作规程，引燃易燃物品，进而导致爆炸；② 易燃气体在空气中泄漏到一定浓度时遇明火发生爆炸；③ 压力气瓶遇高温或强烈碰撞引起爆炸，高压反应锅等压力容器操作不当引发爆炸；④ 粉尘爆炸等。

事故案例

4.1.3　辐射事故

辐射是指以电磁波和粒子向外传递的能量。看不见，摸不着。辐射包括电离辐射和非电离辐射。对于电离辐射来讲，**辐射事故**是指放射源丢失、被盗、失控，或者放射性同位素和射线装置失控导致人员受到意外的异常照射。对于非电离辐射来讲，危害人体机理主要是热效应、非热效应和累积效应；损伤程度与电磁波的波长和功率有关。辐射造成人体的伤害主要有：①短时间大剂量的照射会导致人体组织、器官的损伤或病变；②长时间低剂量的照射有可能产生遗传效应。

事故案例

4.1.4　生物安全事故

实验室生物安全包括操作人员自身的安全，实验室内其他人员的安全，对环境的安全和对实验动物的安全几个方面，其中对环境的安全影响最广泛。**生物安全事故**是指在对动物、植物、微生物等生物体的研究中,由于病原体或者毒素的丢失、泛用、转移而引发的对人类健康和自然环境所可能造成的不安全事故。如微生物实验室管理上的疏漏和意外事故不仅可以导致实验室工作人员的感染,也可造成环境污染和大面积人群感染;各类转基因生物体向环境释放后对生物多样性、生态环境和人体健康可能产生的潜在危害;生化实验室产生的废物甚至比化学实验室的更危险,生物废弃物含有传染性的病菌、病毒、化学污染物及放射性有害物质,对人类健康和环境污染都可能构成极大的危害。因此,生物安全事故具有高度侵袭性、传染性、转移性、致病性和破坏性,对人、动物构成严重威胁。

事故案例

4.1.5　机电伤人和烫/冻伤事故

这类事故多发生在高速旋转或冲击运动的机械实验室,或者是带电作业的电气实验室和一些高温、低温实验室。分为机械伤人事故、电击事故和烫/冻伤事故。

机械伤人事故的基本类型:卷绕和绞缠;卷入和碾压;挤压、剪切和冲撞;飞出物打击;物体坠落打击;切割、戳扎、擦伤和碰撞;跌倒、坠落和磕底等。

电击伤人事故:电击是电流通过人体内部,破坏人的心脏、神经系统、肺部的正常工作造成的伤害。电击事故主要包括以下几种:① 触电。人体触及带电的导线、漏电设备的外壳或其他带电体所导致的电击,称为触电,包括直接接触触电、间接接触触电、跨步电压触电、剩余电荷触电、感应电压触电、静电触电等。② 雷电触电。雷电放电具有电流大、电压高、陡度高、放电时间短、温度高的特点,释放的能量可形成极大的破坏力。③ 电气线路或设备事故。电气线路或设备的故障可能发展成为事故,并可能危及人身安全。

烫/冻伤事故:指实验室高温部件、高温气体、高温液体使用不慎造成的烫伤事故或者液氮等超低温液体和干冰等造成的冻伤事故。

造成机电伤人事故的主要原因:① 操作不当或缺少防护,造成挤压、甩脱和碰撞伤人;② 违反操作规程或因设备设施老化而存在故障和缺陷,造成漏电触电和电弧火花伤人;③ 使用不当造成高温气体、液体或者超低温液体、固体对人的伤害。

事故案例

4.1.6　危险化学品人身伤害事故

很多实验室需要使用各种化学试剂,有些化学试剂是有毒有害甚至是剧毒的。如实验人员在使用化学试剂时不了解其性质,错误操作导致事故发生;化学药品配制、使用不当引起爆炸或者液体飞溅而伤害人体。有些化学药品易燃易爆,或具有腐蚀性,或有毒害性,或者是致癌物质,事故轻者损伤皮肤,重者烧毁皮肤,损伤眼睛和呼吸道,甚至损伤人的内脏和神经等。

某些实验室需要经常使用和接触一些剧毒药品,如果摄入微量剧毒品,将引起人的机体功能发生障碍,可致残甚至危及生命。腐蚀品灼伤事故,如实验室常使用的酸、碱类试剂,对人体有腐蚀作用,使人体细胞受到破坏造成化学灼伤。眼睛灼伤也很常见,大多数有毒有害化学物品接触眼睛,一般都会对眼睛造成伤害,引起眼睛发痒、流泪、发炎疼痛,有灼伤感,甚至引起视力模糊或失明。

纳米级材料目前在很多实验室广泛使用,纳米级材料的毒性和安全性各国正在研究和评估中,它可能会对环境和人体健康带来不利影响,在实验操作中应该加强防范,在不清楚其毒性前按照有毒物质对待处理。

酿成这类事故的主要原因:违反操作规程,将食物带进有毒物的实验室,造成误食中毒;设备设施老化,存在故障或缺陷,造成有毒物质泄漏或有毒气体排放不出,酿成中毒;管理不善,造成有毒物质散落流失。这类事故多发生在具有化学试剂和剧毒物质的实验室和具有毒气排放的实验室。

事故案例

4.1.7　环境污染事故

有毒有害的化学、生物废液、实验废弃物如果不能有效回收和恰当处置则可能会污染环境。**环境污染事故**是指因违规操作、意外因素的影响或不可抗拒的自然灾害等原因使水体、土壤和空气受到有毒有害物质污染,人体健康受到危害,社会经济与人民财产受到损失,造成不良社会影响的突发性事件。包括水体污染事故、大气污染事故、固体废物污染事故、农药与有毒化学品污染事故、放射性污染事故等。这类事故的主要表现:① 实验产生的废液、废弃物不能有效回收和恰当处置则可能污染大气、土壤、地下水等;② 随意倾倒废液或乱扔废弃物不仅会污染环境,而且会伤及无辜。

事故案例

4.1.8 设备损坏事故

设备损坏事故是指在实验室内发生了仪器设备的损坏。仪器设备损坏主要有客观原因和人为原因两大类。客观原因主要是突然停电(线路故障、雷击等)、自然灾害等造成设备损坏;人为原因主要是由于实验人员操作不当,违反操作规程,缺少防护措施或者保护装置,造成设备的损坏,有时还伴有人员伤害。发生设备损坏事故将影响教学和科研工作的顺利进行,给学校造成损失。

4.1.9 设备和技术被盗事故

设备和技术被盗事故是由于实验室人员流动性大,设备和技术管理难度大,实验室管理不到位,实验室人员安全意识淡薄,让犯罪分子有机可乘。特别是像计算机等体积小又有广泛使用功能的设备被盗情况,在高校时有发生,事故不仅造成实验室的财产损失,影响实验室的正常工作,甚至可能造成核心技术和资料的外泄。

4.1.10 漏水事故

漏水事故大多数是因为水龙头年久失修、水管老化爆裂、实验结束后忘记关闭冷凝水、冷凝水软管固定不牢中途脱落、下水道被杂物堵死等,造成实验室地面积水,严重的可能会造成同层楼面多个房间受淹,或者从楼上漏水到楼下甚至影响几层楼面。地面积水有可能会损坏电器设备,会引发漏电、触电事故;遇到遇水燃烧品会引发火灾;漏到楼下的计算机、大型精密仪器上会使这些仪器设备受到损坏。

事故案例

4.1.11 气体泄漏事故

在使用可燃性气体如氢气、天然气、液化石油气时,实验过程中应该一直开启排风扇或通风设备,必要时要开门窗通风,这样即使有气体泄漏也不会大量积累而引发严重事故。工作中如果闻到明显的"煤气臭味",这通常是管道中的燃气(天然气或者液化石油气)发生了泄漏,应及时报告老师,关闭气体阀门,打开实验室门窗通风,仔细查看是否有燃气灯橡皮管破损、脱落或者煤气开关关闭不到位。如果在较密闭的环境中有可燃性气体泄漏,则不能马上开(或关)电器开关,也不能打开排风扇或通风橱开关,以避免产生电火花,应该立即打开门窗通风透气,让气体散逸出去,因为达到一定浓度的混合气体遇到火花会发生爆炸。回火现象很容易引发燃气管道爆炸。实验室使用中的管道燃气突然中断供气,导致燃气管道内形成负压,喷嘴的火焰可能跟随进入管道产生回火,造成管道内部着火,炸毁管道,严重的还会引起大楼损毁事故和火灾事故。

专业实验室和科研实验室中常常使用气体钢瓶,装有多种有毒气体如氯气、氨气、二氧化氮、硫化氢、一氧化碳等,当阀门损坏或者管道连接不牢时可能发生泄漏。因此使用危险气体的实验室应安装气体泄漏报警仪,确保安全。多功能的气体泄漏报警仪根据不同的气体采用不同的探头,可以检测如氢气、氧气、一氧化碳、硫化氢、氨气、氯气、氯化氢、二氧化硫、磷化氢、卤素气体、氰化氢、可燃气等的浓度并具有报警功能。气体检测报警器的安装位置应靠近释放源并符合相关规范要求。

事故案例

4.2　实验室安全装备

4.2.1　通用安全装备

实验室安全的首要任务是**预防事故发生**,但百密难免一疏,实验室中大大小小的安全事故仍时有发生。因此,生命至上、安全第一、预防为主、综合治理是我们在安全工作方面一贯的指导方针。实验室的安全装备是防患于未然的一道重要屏障,安全装备的正确和熟练使用对挽救生命、保护实验室中各类人员的健康和生命财产安全至关重要。对师生员工进行定期、有效的培训,可以保证他们能够正确、有效使用实验室安全装备。

实验室应该配备的实验室通用安全装备有灭火装备、紧急喷淋装置、洗眼器、急救箱等。在开始实验室工作之前,要熟悉实验室配备的主要安全装备以及安放的位置,了解使用安全装备的正确时机、正确使用方法和保养注意事项。

1. 灭火装备

灭火装备是实验室必备的,有多种原因可能导致实验室火灾的发生,如化学品引发的火灾、电气设备过热、违章用火、违章用电等都可能引起火灾。本书第 5 章"5.4 消防安全技术"部分有较为详细的介绍,这里不赘述。

2. 通风系统

在实验过程中,经常会产生各种有毒有害的气体,这些有害气体如不及时排出实验室,会造成室内空气的污染,影响实验室工作人员的健康和安全,影响仪器设备的精度和使用寿命,因此良好的通风系统是实验室不可或缺的重要组成部分。按其动力,通风分为自然通风和机械排风两类;按其范围,通风又分为全面排风和局部排风。实验室除采用良好的自然通风和采光外,常采用机械排风。

(1) 全面通风:为了使实验室内产生的有害气体尽可能不扩散到相邻房间或其他区域,可以在有毒气体集中产生的区域或实验室全面排风,进行全面的空气交换。当有毒有害气体排出整个实验室或区域时,同时有一定量的新鲜空气补充进来,将有害气体的浓度控制在最低范围,直至为零。常用的全面排风设施有顶排风、排风扇等。通常情况下,实验室通风换气的次数每小时不少于 6 次,发生事故后通风换气的次数每小时不少于 12 次。

(2) 局部通风:将有害气体产生后立即就近排出,这种方式能以较小的风量排走大量的有害气体,效果好、速度快、耗能低,是目前实验室普遍采用的排风方式。实验室常用的局部排风设施有各种排风罩、通风橱、药品柜、气瓶柜、手套箱等,目前用得最多的是各种通风柜和手套箱。

对洁净度、温湿度、压力梯度有特定要求的各类功能实验室,应采用独立的新风、回风、排风系统。通风柜的排风系统应独立设置,不宜共用风道,更不能借用消防风道。通风柜的安装位置应便于通风管道的连接。为了防止污染环境或损害风机,无论是局部排风还是全面排风,有害物质都应经过净化、除尘或回收处理后方能向大气排放。

通风柜是实验室中最常用的局部排风设备,是实验室内环境的主要安全设施。其功能强、种类多、使用范围广、排风效果好。目前常用的通风柜有台式和落地式等款型,实验室根据需要配备。通风柜只有在正确使用的前提下才能提供有效保护,因此正确操作很重要。

通风柜有较强的可变性通风量,它设有轻气、中气、重气通风口及导流板。轻气通风口设在通风柜的顶部,中气通风口设在导流板的中部,重气通风口设在导流板的下部与工作台面之间,利用移动玻璃门的进气气流的推动作用,将有害气体强行排入导流板内,在导流板内进行提速排放。通风柜的补气进气口设在前挡板上,当移动门完全封闭时,可起到补气的功能。导流槽设置在背板和导流板的夹层之间,将通风橱内的有毒气体排入导流槽后,进行风速提速作用。

通风柜顶部、底部和导流板后方的狭缝用于排出污染气体,这些位置的狭缝通道需要一直保持无障碍,便于污染气体的排放。工作时尽量关上通风柜移动玻璃视窗,防止柜内受污染的空气流出通风橱而污染实验室空气。通风柜的面风速一般在 $0.35 \sim 0.75 \mathrm{~m/s}$,风速太低不起效果,风速太高会造成气流紊乱,影响正常通风效果。不要让通风柜内的化学反应等处于长时间无人照看的状态,所有危害材料必须用标签清楚、精确地标识。不要在通风柜内同时放置能产生电火花的仪器和可燃化学品,永久性的电器如插座等必须安装在玻璃移门外侧。

通风柜的玻璃门应采用防爆玻璃。通风柜不是储藏柜,有物品堆放会减少空气流通和降低通风橱的抽气效率。通风柜内工作区域应保持清洁,不可将危险化学品长时间存放在通风柜内,危险化学品只能储存在批准的安全柜内。在工作过程中,切不可将头伸进通风柜内。如果有爆炸或爆炸可能性的实验,需要在柜门内设置适当的遮挡物。实验过程中,实验人员必须始终穿戴合适的个体防护装备。

目前考虑到实验室安全和节能效应,实验室通常采用变风量通风系统(Variable Air Volume System,VAV),通风柜在有人操作的情况下,玻璃移门在任何开度,平均面风速能维持在 $0.35 \sim 0.75 \mathrm{~m/s}$。在无人情况下,面风速能维持在 $0.35 \mathrm{~m/s}$,使得经济性和安全性并行。与之相配套的变风量补风系统的补风量应足以保证实验室的压力梯度,其基本要求为:通风柜内的压力<实验室房间压力<实验楼公共走廊压力<室外压力。实验室环境还可根据实验室条件进行相应的压力及温湿度控制,以满足实验人员所需最低温湿度和压力的要求,提高工作效率。

通风系统原理示意图

3. 洗眼器

洗眼器是当发生有毒有害物质(如化学液体等)喷溅到实验室工作人员身体、脸、眼或发生火灾引起工作人员衣物着火时,采用的一种迅速将危害降到最低的有效的安全防护装备。洗眼器通常只是用于紧急情况下,暂时减缓有害物质对身体的进一步侵害,规范和彻底的处理和治疗需要遵从医生的指导。

眼睛对有毒有害的液体化学品的伤害特别敏感。眼球表面很湿润,化学品能在眼睛内溶解和流动。眼球表面分布有丰富的血管和神经,酸溶液、碱溶液、液态化学品一旦接触到眼球,会对眼部组织造成损伤,必须立即冲洗干净,否则可能会导致眼部无法挽回的伤害。因此在有可能会发生眼部伤害的实验场所提前做好预防工作,配备能迅速冲洗眼部的洗眼器。实验室常见的洗眼器有复合式洗眼器、立式洗眼器、壁挂式洗眼器、便携式洗眼器、台式洗眼器等,扫码见图(⬛)。

复合式洗眼器是配备喷淋系统和洗眼系统的紧急救护装备,直接安装在地面上使用。当化学品物质喷溅到实验工作人员服装或者身体上的时候,可以使用复合式洗眼器的喷淋系统进行冲洗,冲洗时间至少大于 15 min;当有害物质喷溅到人的眼部、面部、脖子或者手臂等部位时,可用复合式洗眼器的洗眼系统进行冲洗,冲洗时间至少大于 15 min。

立式洗眼器只有洗眼系统,没有喷淋系统,安装在实验室地面上使用。当有害物质喷溅到实验人员眼部、面部、脖子或者手臂等部位时,可用立式洗眼器的洗眼系统进行冲洗,冲洗时间至少大于 15 min。

壁挂式洗眼器只有洗眼系统,而没有喷淋系统的洗眼器,直接安装在实验室的墙壁上使用。当实验人员眼部、面部、脖子或者手臂等地方受到化学品物质危害时,选择壁挂式洗眼器的洗眼系统进行大水量冲洗。

便携式洗眼器适用于无固定水源或者需要经常变动位置的实验场所,可分为普通型便携式洗眼器和压力式便携式洗眼器。

台式洗眼器可以直接安装在实验桌台面上。台式洗眼器的救护半径范围 5 m,只有洗眼系统,只能够对面部、眼部、脖子和手臂等部位进行冲洗。

根据我国洗眼器国家标准 GB/T 38144.1—2019《眼面部防护应急喷淋和洗眼设备 第 1 部分:技术要求》及 GB/T 38144.2—2019《眼面部防护应急喷淋和洗眼设备 第 2 部分:使用指南》的要求,在洗眼器启动后,冲洗液应在 1 秒或者更短时间内自动喷出。持续使用时间不得少于 15 min,且冲洗液流量应至少为 1.5 L/min。当洗眼喷头同时具备洗眼/洗脸功能时,洗眼液流量应至少为 11.4 L/min,或者水流喷出的高度在 8～10 cm,并持续不少于 15 min。

洗眼器应安装在可能发生危险的实验区域的同一平面上,洗眼器安装的位置应该显眼,标识张贴在较高的醒目位置,将地面、墙或设施用醒目、对比度大的颜色进行标记,或用灯光照亮该区域。洗眼器应安装在急需人员 10 s 内可以到达的地方(一般情况下,人以正常步速行走时,10 s 平均可以走 15 m)。通往洗眼器的通道必须畅通没有障碍,无绊倒危害、与电器设施保持安全距离。洗眼器的供水量需要为两只眼睛同时提供轻柔的、可控制的饮用水至少 15 min。便携式洗眼器需要定期检查水量、更换新鲜水以防止蒸发或微生物生长。洗眼器用水的温度有一定的要求,冷水洗眼可使受伤的眼睛停止分泌泪水,温度高于 23 ℃会加剧化学反应,事实证明水温超过 28 ℃对眼睛有害,因此推荐使用 5～19 ℃水温的饮用水比较合适。

在洗眼器上安装报警系统是一大进步,当地处偏僻或一个人在单独工作时尤其重要。由于使用简单,洗眼器的使用培训通常被忽视,对实验室人员进行急救训练至关重要,培训应该包括如何使用(重点强调冲洗 15 min),什么时候清洗(任何化学品或特定溅出物进入眼睛都得清洗),洗眼器的位置,怎样获取医疗帮助等正确的使用方法。清洗时需要有人帮助把眼睛张开来彻底冲洗等。一般每半年应进行一次急救训练。

洗眼器及操作

4. **紧急喷淋装备**

人体皮肤对腐蚀类化学品等很敏感,许多有毒化学品可以通过皮肤吸收造成人体伤害。无论何时,只要化学品与皮肤接触,就该立刻用大量的水清洗。如果是浓硫酸碰到皮肤,应立即用干布擦去后用水冲洗。有时不需要对全身冲洗,直接用手持式软水管就可以解决问题,这种软水管在受害人失去意识或衣服没有脱去前对皮肤进行冲洗非常有效。**紧急喷淋**可以提供大量的水冲洗全身,适合于身体较大面积被化学品侵害。在使用或储存有大量潜在危害物质的场所、高压材料使用和储存处以及实验室等场所都必须配备紧急喷淋装置。目前实验室配备较为普遍的是复合式洗眼器(配备喷淋系统和洗眼系统扫码见图(　))。

紧急喷淋装置

选择安装地点的最低限度是 10 s 内受伤人员能够到达紧急喷淋装置。紧急喷淋水流覆盖直径为 60 cm 的范围,水流速度须符合 GB/T 38144.1 和 GB/T 38144.2 的要求,即当喷淋器启动后,冲洗液应在 1 s 或者更短时间内自动喷出。喷淋器应以至少 76 L/min 的流量提供冲洗液,保持连续冲洗至少 15 min。水(冲洗液)的温度应在合适的范围内,过低或过高都会伤害使用人。紧急喷淋必须安装在远离确定有危害的区域,避免使用人被危险化学品溅到身上。通往紧急喷淋的通道上不能有障碍、绊倒危害,紧急喷淋装置不能被锁在某房间内,电器设施和电路必须与紧急喷淋保持安全距离。

对紧急喷淋和洗眼设备至少每周进行一次操作检查与维护并记录,及时对管线进行清理、检修和维护。

紧急喷淋装置使用培训内容包括喷淋装置的位置、使用方法、冲洗时间(不低于 15 min)、冲洗后寻求医疗帮助等。紧急喷淋产生的污水应排入废水收集池规范处理。

5. 急救箱

急救箱( ) 是实验室一旦发生事故后第一时间能够给受害人提供有效帮助的安全装备。急救箱具有轻便、易携带、配置全等优点,在紧急情况发生时能发挥重要的作用。

急救箱

急救箱的配置一般包括下列物品:酒精棉、手套、口罩、消毒纱布、绷带、三角巾、安全扣针、胶布、创可贴、保鲜纸、医用剪刀、钳子、手电筒、棉花棒、冰袋、碘酊、碘伏、3%双氧水、饱和硼酸溶液、1%醋酸溶液、5%碳酸氢钠溶液、75%酒精、玉树油、烫伤油膏、万花油、药用蓖麻油、硼酸膏、凡士林等。急救箱中的物品应经常更新,保证其有效。

4.2.2 个体防护装备的种类

个体防护装备(Personal Protective Equipment,PPE)是在工作中从业人员为防御物理、化学、生物等外界因素伤害所穿戴、配备和使用的各种防护用品的总称,也称为个人防护用品、劳动防护用品、劳动保护用品等。个体防护装备在实验室安全管理中具有举足轻重的地位和作用。需要为参加实验活动的所有人员配备个体防护装备,以达到保护实验人员人身安全的目的。

个体防护装备种类很多。实验室个体防护装备主要涉及劳动防护装备和卫生防护装备。按照所涉及的防护部位分类,实验室个体防护装备又可分为头部防护装备、呼吸防护装备、眼面部防护装备、听力防护装备、手部防护装备、足部防护装备、躯体防护装备等七大类,每一大类内又可以分成若干种类,分别具有不同的防护性能。在高校实验室中配备个体防护装备,主要是保护实验人员免受伤害,避免实验室相关的伤害或感染。实验室所用的任何个体防护装备应符合国家有关技术标准的要求;个体防护装备的选择、使用、维护应有明确的书面规定、程序和使用指导;使用前应仔细检查,不使用标志不清、破损或泄漏的个体防护装备;在危害评估的基础上,按不同级别防护要求选择合适的个体防护装备。

1. 头部防护装备

头部防护装备是用来保护人体头部,使其免受冲击、刺穿、挤压、绞碾、擦伤和脏污等伤害的各种防护装备,包括工作帽、安全帽、安全头盔等。

安全帽提供有效防护案例图

2. 呼吸防护装备

呼吸防护装备是防御空气缺氧和空气污染物进入人体呼吸道,从而保护呼吸系统免受伤害的防护装备。正确选择和使用呼吸防护装备是防止实验室恶性事故的重要保障。

根据其工作原理可分为过滤式和隔离式两大类。过滤式呼吸防护装备是根据过滤吸收的原理,利用过滤材料滤除空气中的有毒、有害物质,将受污染的空气转变成清洁空气供人员呼吸的防护装备,如防尘口罩、防毒口罩、过滤式防毒面具等。隔离式呼吸防护装备是根据隔绝的原理,使人员呼吸器官、眼睛和面部与外界受污染空气隔绝,依靠自身携带的气源或靠导气管引入受污染环境以外的洁净空气为气源供气,保障人员的正常呼吸的呼吸防护装备,也称为隔绝式防毒面具、生氧式防毒面具等。

根据供气原理和供气方式,可将呼吸防护装备主要分为自吸式、自给式和动力送风式三种。自吸式呼吸防护装备是指依靠佩戴者自主呼吸克服部件阻力的呼吸防护装备,如普通的防尘口罩、防毒口罩和过滤式防毒面具。自给式呼吸防护装备是指依靠压缩气体钢瓶为气源动力,保障人员正常呼吸的防护装备,如贮气式防毒面具、贮氧式防毒面具。

按照防护部位及气源与呼吸器官连接的方式主要分为口罩式、口具式、面具式三类。口罩式呼吸防护装备主要指通过保护呼吸器官口、鼻来避免有毒、有害物质吸入对人体造成伤害的呼吸防护装备,包括平面式、半立体式和立体式等多种,如普通医用口罩、防尘口罩、防毒口罩等。面具式呼吸防护装备在保护呼吸器官的同时也保护眼睛和面部,如各种过滤式和隔绝式防毒面具。口具式呼吸防护装备通常也称口部呼吸器,与前两者不同之处在于佩戴这类呼吸防护装备时,鼻子要用鼻夹夹住,必须用口呼吸,外界受污染空气经过滤后直接进入口部。

3. 眼面部防护装备

眼面部防护装备是防御电磁辐射、紫外线及有害光线、烟雾、化学物质、金属火花和飞屑、尘粒,抗机械和运动冲击等伤害眼睛、面部和颈部的防护装备,包括太阳镜、安全眼镜、护目镜和面

· 不同防护装备保护效果示意图
· 眼睫毛被明火引燃动图

罩等。在所有易发生潜在眼睛损伤(如紫外线、激光、化学溶液或生物污染物溅射等)和面部损伤的实验室工作时,必须佩戴眼面部防护装备。

在化学类、生物类实验室工作时,不得佩戴隐形眼镜,以防止角膜烧伤等事故的发生。实验室里不能以隐形眼镜、普通眼镜来代替护目镜或安全眼镜。

4. 听力防护装备

听力防护装备是保护听觉、使人耳免受噪声过度刺激的防护装备,包括耳塞、耳罩等护耳器。暴露于高强度的噪音可导致听力下降甚至丧失。当在实验室中的噪音达到 75 dB 或在 8 小时内噪音大于平均水平时,实验人员应该佩戴听力防护装备用来保护人的听觉,减小或免除噪声的危害。

在实验室里,禁止戴着耳机听音乐或外语,以防止实验室发生意外时无法听到。

5. 手部防护装备

实验室工作人员在工作时可能受到各种有害因素的影响,如实验操作过程中可能接触有毒有害物质、各种化学试剂、传染源、被上述物质污染的实验物品或仪器设备、高温或超低温物品、带电设备。手部成为造成大部分实验暴露危险的重要因素,手部防护装备可以在实验人员和危险物之间形成初级保护屏障,是保护手部和前臂免受伤害的防护装备,主要是各种防护手套和袖套等。在实验室工作时应戴好手部防护装备以防止化学品、微生物、放射性物质的伤害和烧伤、冻伤、烫伤、擦伤、电击和实验动物抓伤、咬伤等伤害的发生。在实验室工作中,必须根据实际情况选择和使用合适的手套保护工作人员免受伤害。如果手套被污染,应尽早脱下,妥善处理后丢弃。手套应按照所从事操作的性质,并符合舒适、灵活、握牢、耐磨、耐扎和耐撕的要求,能对所涉及的危险提供足够的防护。实验室工作人员需要接受手套选择、使用前和使用后的佩戴及摘除等方面的培训。手套的规范使用应注意以下几个要点:① 手套的选择:实验室一般使用乳胶、橡胶、聚氯乙烯、聚腈类手套,可以用来防护强酸、强碱、有机溶剂和生物危害物质的伤害。手套的尺寸要适中。对于接触强酸、强碱、高温物体、超低温物体、人体组织、尸体解剖等特殊实验材料时,必须选用合适材质的手套。② 手套的检查:在使用手套前应仔细检查手套是否褪色、破损(穿孔)或有裂缝。③ 手套的使用:在不同实验室佩戴的手套种类和厚度都不一样。

生物实验室根据实验室生物安全不同的级别需佩戴一副或者两副手套,如果外层手套被污染,应立即将外层手套脱下丢弃并按照规范处理,换戴上新手套继续实验。其他实验室在使用中如果手套被撕破、损坏或被污染应立即更换并按规范处置。一次性手套不得重复使用。不得戴着手套离开实验室。④ 避免手套"交叉污染":戴着手套的手避免触摸鼻子、面部、门把手、橱门、开关、电话、键盘、鼠标、仪器和眼镜等,避免触摸不必要的物体表面。手套破损更换新手套时应先对手部进行清洗,去污染后再戴上新的手套。⑤ 戴和脱手套注意要点:在戴手套前,应选择合适的类型和尺寸的手套;在实验室工作中要根据实验室工作内容,尽可能保持戴手套状态。戴手套的手要远离面部。脱手套过程中,用一只手捏起另一近手腕部的手套外缘,将手套从手上脱下并将手套外表面翻转入内;用戴着手套的手拿住该手套;用脱去手套的手指插入另一手套腕部处内面;脱下该手套使其内面向外并形成一个由两个手套组成的袋状;丢弃的手套根据实验内容采取合适的方式规范处置。

- **手套使用后摘除顺序示意图**
- **七步洗手法**

6. 足部防护装备

足部防护装备是保护穿用者的小腿及脚部免受物理、化学和生物等外界因素伤害的防护装备,主要是各种防护鞋、靴。当实验室中存在物理、化学和生物试剂等危险因素的情况下,穿合适的鞋、鞋套或靴套,以保护实验室工作人员的足部免受伤害。禁止在实验室(尤其是化学、生物和机电类实验室)穿凉鞋、拖鞋、高跟鞋、露趾鞋和机织物鞋面的鞋。鞋应该舒适、防滑,推荐使用皮制或合成材料的不渗液体的鞋类。鞋套和靴套使用后应及时脱掉并规范处置,不得继续使用到处走动带来交叉污染。

7. 躯体防护装备

躯体防护装备是保护穿用者躯干部位免受物理、化学和生物等有害因素伤害的防护装备,主要有工作服和各种功能的防护服等。防护服包括实验服、隔离衣、连体衣、围裙以及正压防护服。在实验室中的工作人员应该一直或者持续穿着防护服,清洁的防护服应该放置在专用存放处,污染的实验服应该放置在有标志的防泄漏的容器中,每隔一定的时间应更换防护服以确保清洁,当知道防护服已被危险物质污染后应立即更换,离开实验室区域之前应该脱去防护服。防护服最好能完全扣住。防护服的清洗和消毒必须与其他衣物完全分开,避免其他衣物受到污染。禁止在实验室中穿短袖衬衫、短裤或者裙装。

4.2.3　个体防护装备的配备原则

个体防护装备的配备应遵循以下 3 个原则：

1. 针对性

根据不同的工作环境、不同的职业危害因素以及有害物质及拟防护的具体部位配备适用的个体防护装备。

2. 适用性

个体防护装备具有很强的个体适用性，要根据个体的体型差异、对危害因素的敏感度、工作现场危害因素等配备适合的个体防护装备。

3. 高标准

在配备、使用和管理个体防护装备时，必须执行高标准，以最大限度地保护实验室人员的安全与健康。

4.2.4　个体防护装备的配备步骤

个体防护装备的配备应遵循以下 4 个步骤：

1. 识别危险因素

确认实验室内以及某项实验活动中所存在危险因素的种类，认真、仔细加以分析和识别。

2. 评估危害程度

对实验室现场的危害信息进行分析评估，有针对性地选择适合的个体防护装备。

3. 选择适用的个体防护装备

根据危险因素识别和危害程度评估结果，为每个参与实验室活动的人员（包括外来的访客）选择配备具有相应功能的、适用的个体防护装备。

4. 使用方法的培训

使用个体防护装备的所有人员必须经过使用方法的培训和定期的再培训。培训内容包括个体防护装备的选择、如何正确穿戴、使用、保养、保存以及个体防护装备的优缺点等。

个体防护装备在高校实验室 EHS 管理中具有十分重要的地位和作用，它是保障实验室师生员工生命安全和健康的重要装备，为使个体防护装备发挥其应有的效用，在采购、验收、保管、发放、使用、保养、更新和报废等环节要加强管理，确保其能发挥最大的功效。

4.3　实验室安全标志

　　安全标志和**安全色**是在实验场所中最基本的元素,是师生员工应掌握的最基础的安全知识。当危险发生时能够指示人们尽快逃离或者指示人们采取正确、有效、得力的措施对危害加以遏制。安全色即"传递安全信息含义的颜色",包括红、黄、蓝、绿四种。安全标志中,安全色需要和相应的对比色配合使用,以传达特定的意义。红色表示千万不能这么干;黄色表示要小心点否则容易出事;蓝色表示要按照规矩去做;绿色表示不知道怎么办? 跟着我走吧!

安全标志

　　实验室常用的安全标志主要分为四类:禁止标志、警告标志、指令标志、提示标志(▣)。

4.3.1　实验室中常用禁止标志

　　禁止标志是禁止不安全行为的图形标志。禁止标志的几何图形是带斜杠的圆环,其中圆环与斜杠相连,用红色;图形符号用黑色,背景用白色。化学实验室常用的禁止标志有禁止吸烟、禁止明火、禁止饮用等,扫码查看实验室常用禁止标志(▣)。

4.3.2　实验室中常用警告标志

　　警告标志是提醒人们对周围环境引起注意,以避免可能发生危险的图形标志。警告标志的几何图形是黑色的正三角形、黑色符号和黄色背景。扫码查看实验室中常用的警告标志(▣)。

4.3.3　实验室中常用指令标志

　　指令标志是强制人们必须做出某种动作或采用防范措施的图形标志。指令标志的几何图形是圆形、蓝色背景、白色图形符号。扫码查看实验室中常用指令标志(▣)。

4.3.4　实验室中常用提示标志

　　提示标志是向人们提供某种信息(如标明安全设施或场所等)的图形标志。提示标志的几何图形是方形、绿色背景、白色图形符号及文字。实验室常用的提示标志有紧急出口、疏散通道方向、灭火器、火警电话等,扫码查看实验室中常用的提示标志(▣)。

4.3.5 安全标志设置规范

(1)安全标志应设置在与安全有关的明显地方,并保证人们有足够的时间注意其所表示的内容。

(2)设立于某一特定位置的安全标志应被牢固地安装,保证其自身不会产生危险,所有的标志均应具有坚实的结构。

(3)当安全标志被置于墙壁或其他现存的结构上时,背景色应与标志上的主色形成对比色。

(4)对于显示的信息已经无用的安全标志,应立即由设置处卸下。

(5)为了有效地发挥标志的作用,应对其定期检查,定期清洗,发现有变形、损坏、变色、图形符号脱落、亮度老化的情况,应及时更换。

4.4 "四不伤害"原则

为保证大家的人身安全,在学习、实验、工作和生活中,应切实遵守**"不伤害自己、不伤害他人、不被他人伤害、保护他人不受伤害"**的"四不伤害"原则。

1. 不伤害自己

安全是实验室正常运行的基础,也是家庭幸福和美好生活的源泉。不伤害自己,就是要提高自我保护意识,不能由于一时疏忽、失误而使自己受到伤害。它取决于自己的安全意识、安全知识、对工作任务的熟悉程度、岗位技能、工作态度、工作方法、精神状态、作业行为等多方面因素。要想做到不伤害自己,在工作前应思考下列问题:我是否了解这项工作任务?我的责任是什么?我是否具备完成这项工作的技能?这项工作有什么不安全因素,有可能出现什么差错?万一出现故障我该怎么办?我该如何防止失误?

在实验室工作时,应做到以下几方面:

(1)保持正确的工作态度及良好的身体心理状态,保护自己的责任主要靠自己。

(2)掌握自己操作的设备或活动中的危险因素及控制方法,遵守安全规则,使用必要的防护用品,不违章作业。

（3）任何活动或设备都可能是危险的，确认无伤害威胁后再实施，三思而后行。

（4）杜绝侥幸、自大、省事、想当然心理，莫以患小而为之。

（5）积极参加安全教育培训，提高识别和处理危险的能力。

（6）虚心接受他人对自己不安全行为的纠正。

2. 不伤害他人

他人生命与你的一样宝贵，不应该被忽视，保护同事、同学是你应尽的义务。我不伤害他人，就是我的行为或后果，不能给他人造成伤害。在多人作业时，由于自己不遵守操作规程，对作业现场周围观察不够以及自己操作失误等原因，自己的行为可能对现场周围的人员造成伤害。要想做到我不伤害他人，我们应做到以下几个方面：

（1）你的活动随时会影响他人安全，尊重他人生命，不制造安全隐患。

（2）对不熟悉的活动、设备、环境要多听、多看、多问，必要的沟通协商后再做。

（3）操作设备尤其是启动、维修、清洁、保养时，要确保他人在免受影响的区域。

（4）你所知道可能造成的危险及时告知受影响人员，加以消除或予以标识。

（5）对所接受到的安全规定/标志/指令，认真理解后执行。

（6）管理者对危害行为的默许纵容是对他人最严重的威胁，做好安全表率是其职责。

3. 不被他人伤害

人的生命是脆弱的，变化的环境蕴含多种可能失控的风险，你的生命安全不应该由他人来随意伤害。我不被他人伤害，即每个人都要加强自我防范意识，工作中要避免他人的错误操作或其他隐患对自己造成伤害。要想做到不被他人伤害，应做到以下几个方面：

（1）提高自我防护意识，保持警惕，及时发现并报告危险。

（2）你的安全知识及经验与同事、同学共享，帮助他人提高事故预防技能。

（3）不忽视已标识的潜在危险并远离之，除非得到充足防护及安全许可。

（4）纠正他人可能危害自己的不安全行为，不伤害生命比不伤害情面更重要。

（5）冷静处理所遭遇的突发事件,正确应用所学安全技能。

（6）拒绝他人的违章指挥,即使是你的主管所发出的,不被伤害是你的权利。

4. 保护他人不受伤害

任何组织中的每个成员都是团队中的一员,要担负起关心爱护他人的责任和义务,不仅自己要注意安全,也要保护团队的其他人员不受伤害,这是每个成员对集体中其他成员的承诺。要想做到我保护他人不受伤害,应做到以下几个方面:

（1）任何人发现任何事故隐患都要主动告知或提示他人。

（2）提示他人遵守各项规章制度和安全操作规范。

（3）提出安全建议,互相交流,向他人传递有用的信息。

（4）视安全为集体的荣誉,为团队贡献安全知识,与他人分享经验。

（5）关注他人身体、精神状况等异常变化。

（6）一旦发生事故,在保护自己的同时,要主动帮助身边的人摆脱困境。

第5章　实验室消防安全

火灾是最经常、最普遍的灾害之一,任何学校、任何部位都可能发生。高校实验室是人员密集、建筑密布的场所,它集教学、科研、学习、工作、生活及生产于一体,是国家培养高层次人才、进行科学研究的主要场所。近年来,随着高校办学规模和办学水平的不断提升,在校学生和教职员工的数量相应增加,人员密集程度加大。据公安部门的统计数据,近年来全国发生的校园火灾数量惊人,造成群死群伤的案例不在少数,带来的直接经济损失的数额巨大,对师生的生命和财产安全构成重大威胁。俗话说"贼偷一半,火烧精光",消防工作的重要性愈加显现。日常学习和生活中,要做好预防火灾的各项工作,防消结合,重在预防。而一旦发生火灾,能够及时、有效地进行扑救和逃生,减少火灾造成的危害。

5.1　燃烧的基本知识

5.1.1　燃烧及其特性

燃烧是指可燃物与助燃物相互作用发生的放热反应。燃烧的三个典型特征是发光、发热和生成新物质。

1. 燃烧的三个必要条件

燃烧的发生必须具有可燃物、助燃物(氧化剂)和点火源(温度)三种条件:

(1) 可燃物

凡是能和空气中氧气或其他氧化剂起燃烧反应的物质都被定义为可燃物,例如固态存在的煤、木材、纸张、蚊帐、衣物、棉被等,液体如汽油、柴油、酒精、甲醇、苯和油漆等,气体如氢气、一氧化碳、煤气、天然气(沼气)、液化气等。

（2）助燃物（氧化剂）

凡是能帮助和支持可燃物燃烧的物质均为助燃物，即能与可燃物发生燃烧反应的物质。常见的助燃物有空气、氧气、氯气和氯酸钾等氧化剂。

（3）点火源（温度）

凡供给可燃物和助燃物发生燃烧反应的能源，统一被称作点火源。例如明火、撞击、摩擦和化学反应等。

但是，具备这三种条件，燃烧也不一定发生，因为燃烧反应与温度、压力、可燃物和助燃物的浓度都有关系，存在一定的极限值。例如氢气在空气中的浓度小于 4% 的体积分数就不能点燃；一般可燃物在空气中氧气浓度小于 14% 时，也不会发生燃烧。

2. 燃烧的类型

燃烧按其形成的条件和瞬间发生的特点以及燃烧的现象，可分为闪燃、阴燃、自燃、点燃四种类型。

（1）闪燃及闪点

液体表面都有一定的蒸气存在，由于蒸气压的大小取决于液体的本身性质和所处的温度，所以蒸气的浓度也由液体的温度所决定。**闪燃**是指易燃或可燃液体表面挥发出来的蒸气与空气混合后，遇火源发生一闪即灭的燃烧现象。发生闪燃现象的最低温度称为**闪点**。可燃液体的温度高于其闪点时，随时有被点燃的危险。

闪点这个概念主要适用于可燃液体。某些可燃固体如樟脑和萘等，也能蒸发或升华为蒸气，因此也有闪点。由于闪燃往往是着火的先兆，所以物质的闪点越低，越容易着火，火灾的危险性也越大。扫码查看常见物质的闪点（⬚）。

- 常见物质的闪点
- 部分可燃物质的自燃点

（2）阴燃

阴燃是指一些固体可燃物在空气不流通，加热温度低或可燃物含水多等条件下发生的只冒烟无火焰的燃烧现象。阴燃是一种没有明火的缓慢燃烧现象，它是可燃固体由于供氧不足而形成的一种缓慢氧化反应。阴燃属于火灾的初起阶段，由于没有明火，只是冒烟，一般不会引人注意，一旦遇到合适条件，就会迅速转化为明火，造成更大危害。

（3）自燃及自燃点

自燃指可燃物在没有外来明火源的作用下，靠受热或自身发热导致热量积聚达到一定的温度时而自行发生的燃烧现象。在规定条件下,可燃物在空气中发生自燃的最低温度,叫作**自燃点**。当温度达到自燃点时,可燃物与空气接触不需要明火的作用就能发生燃烧。物质的自燃点越低,发生火灾的危险性就越大。扫码查看部分可燃物质的自燃点(▨)。

　　自燃分为受热自燃和自热自燃两种类型。受热自燃是当有空气或氧气存在时,可燃物虽未与明火直接接触,但在外部热源的作用下,由于传热而导致可燃物的温度上升,达到自燃点而着火燃烧。自热自燃是某些物质在没有外部热源作用下,由于物质内部发生的物理、化学或生化反应而产生热量,这些热量在适当的条件下会逐渐聚集,致使物质温度升高,达到自燃点而着火燃烧。

　　受热自燃和自热自燃的区别在于热的来源不同。受热自燃的热源来源于外部,而自热自燃的热源来自物质本身的热效应。自热自燃有以下几种类型:由于氧化热积蓄引起的自燃、由于分解发热而引起的自燃、由于聚合热或发酵热引起的自燃、由于化学品混合接触而引起的自燃等。受热自燃的火焰是由外而内,自热自燃的火焰大都是由内而外。因自热自燃不需要外部热源,在常温或低温下也能发生自燃,所以其火灾危险性更大。

　　(4) 点燃和燃点

　　点燃指可燃物在空气中受到外界火源直接作用,移去火源后仍能持续燃烧的现象。可燃物开始起火持续燃烧的最低温度称为**燃点**。和闪点相同,物质的燃点越低,越容易着火,火灾的危险性也越大。扫码查看一些常见物质的燃点(▨)。

常见物质的燃点

　　3. 燃烧的产物与危害

　　燃烧产物主要是可燃物发生燃烧时产生的气体、烟雾等物质。燃烧产物的组成取决于可燃物的组成和燃烧条件。按照燃烧的完全程度,分为完全燃烧产物和不完全燃烧产物。可燃物燃烧后的产物不能继续燃烧的称为完全燃烧产物。可燃物燃烧后的产物还能继续燃烧的称为不完全燃烧产物。绝大多数的可燃物的燃烧产物包括二氧化碳、一氧化碳、水蒸气、硫氧化物、氮氧化物、氰化氢等。一些有机物在不同的条件下燃烧,会生成醇类、酮类、醛类、醚类等化合物以及其他复杂化合物。

　　燃烧产物的主要成分是烟气,烟气对人体最大的危害是烧伤、窒息和吸入有毒气体中毒。燃烧产生的高温烟气可导致人体循环系统受损甚至衰竭,呼吸道黏膜充血起水泡,组织坏死,导致肺水肿而窒息死亡。大量事实表明,火灾死亡人数中,八成以上是因为吸入了有毒气体而窒息死亡。有些不完全燃烧产物还能与空气形成爆炸性混合物而造成二次灾害。

5.2 爆炸的基本知识

5.2.1 爆炸的定义与分类

1. 爆炸的定义

爆炸是指一种物质从一种状态转化为另一种状态,并在瞬间以机械功的形式放出大量能量的过程。爆炸现象一般具有以下特征:① 爆炸过程瞬间完成;② 爆炸点附近的瞬间压力急剧升高;③ 发出响声;④ 周围介质发生震动或物质遭到破坏。

2. 爆炸的分类

按照物质发生爆炸的原因和性质不同,可将爆炸分为物理爆炸、化学爆炸、核爆炸三类。在高校实验室中,常见的爆炸事故主要是物理爆炸和化学爆炸,故核爆炸在此不作讨论。

(1) 物理爆炸

由于物质的物理变化(如温度、压力、体积等变化)引起的爆炸称为物理爆炸。这种爆炸是物质因状态或压力发生突变等物理变化而形成的。例如:容器内液体过热、汽化而引起的爆炸,锅炉爆炸,压缩气体、液化气体超压引起的爆炸等都属于物理爆炸。物理爆炸前后,物质的化学成分及性质均无变化。

· 物理爆炸动图
· 化学爆炸动图

(2) 化学爆炸

化学爆炸是由于物质发生高速放热的化学反应,产生大量气体并急剧膨胀做功而形成的爆炸现象。化学爆炸前后,物质的性质和成分均发生根本的变化。化学爆炸必须同时具备以下三种条件:① 存在易燃易爆气体或蒸气,且达到爆炸极限;② 存在助燃物;③ 存在点火源。

化学爆炸按爆炸时所发生化学变化的不同可分为简单分解爆炸、复杂分解爆炸和爆炸性混合物爆炸三类。

爆炸性混合物可以是气态、液态、固态或是多相系统。

按引起爆炸反应的相分类，分为不凝相爆炸（气相爆炸）与凝相爆炸。不凝相爆炸包括混合气体爆炸、粉尘爆炸、气体的分解爆炸、喷雾爆炸。凝相爆炸又分为固相爆炸与液相爆炸。固相爆炸包括爆炸性物质的爆炸、固体物质混合引起的爆炸和电流过载所引起的电缆爆炸等。液相爆炸包括聚合爆炸以及不同液体混合引起的爆炸。

另外，根据爆炸传播速度，又可分为轻爆、爆炸和爆轰。

① 轻爆：爆炸传播速度数量级 0.1～10 m/s 的过程。

② 爆炸（狭义）：爆炸传播速度数量级 10～1 000 m/s 的过程。

③ 爆轰：爆炸传播速度大于 1 000 m/s 的过程。这里"爆轰"的定义包含了燃烧过程中的爆轰。

3. 爆炸极限及影响因素

（1）爆炸极限

可燃物质（可燃气体、蒸气、粉尘或纤维）与空气（氧气或氧化剂）均匀混合形成爆炸性混合物，其浓度达到一定的范围时，遇到明火或一定的引爆能量立即发生爆炸，这个浓度范围称为**爆炸极限**（或爆炸浓度极限）。形成爆炸性混合物的最低浓度称为爆炸浓度下限，最高浓度称为爆炸浓度上限，爆炸浓度的上限、下限之间称为爆炸浓度范围。可燃性混合物有一个发生燃烧和爆炸的浓度范围，即有一个最低浓度和最高浓度，混合物中的可燃物只有在其之间才会有燃爆危险。

可燃物质的爆炸极限受诸多因素的影响。如可燃气体的爆炸极限受温度、压力、氧含量、能量等影响，可燃粉尘的爆炸极限受分散度、湿度、温度和惰性粉尘等影响。

气体混合物的爆炸极限一般用可燃气体或蒸气在混合物中的体积分数来表示。一些气体和液体的爆炸极限可扫码查看（　　）。

· 常见物质的爆炸极限
· 常见粉尘爆炸极限

粉尘在空气中达到一定的浓度，遇到明火，火焰瞬间传播于整个混合粉尘空间，化学反应速度极快，同时释放大量的热，形成很高的温度和很大的压力，系统的能量转化为机械功以及光和热的辐射，发生爆炸，具有很强的破坏力。影响粉尘爆炸的因素主要有以下几个方面：① 粉尘的物理和化学性质。粉尘的燃烧热越大、氧化速率越快、挥发性越强、越容易带电荷，就越容易引起爆炸。② 粉尘颗粒大小。一般粉尘颗粒越小，爆炸下限越低；粉尘颗粒越干燥，燃点越低，危险性也越大。③ 粉尘的悬浮性。粉尘悬浮的时间越长，危险性也越大。④ 粉尘的浓度。粉尘与可燃物一样，其爆炸也有一定的浓度范围。扫码可见常见粉尘的爆炸极限(⬚)。

（2）影响爆炸极限的因素

爆炸极限是在一定条件下测得的数据,并不是固定不变的。它随着外界条件如温度、压力、含氧量、惰性介质含量、火源强度和火焰传播方向等因素变化而变化。

① 起始温度　爆炸性气体化合物的起始温度越高,则爆炸极限范围越宽,即下限降低而上限增高,使爆炸的危险性增加。

② 压力　在增加压力的情况下,爆炸极限的变化不大。一般压力增加,爆炸上限随着压力增加显著增加。爆炸极限范围扩大,爆炸危险性增加。

③ 惰性介质　若爆炸性混合物中加入惰性气体,可使爆炸上限显著降低,爆炸极限范围缩小。当惰性气体增加到一定浓度时,可使混合物不燃不爆。因为惰性气体的增加,降低了氧气的相对含量,从而降低了爆炸上限。

④ 容器　容器的大小对爆炸极限有影响。容器直径越小,爆炸极限范围越窄,发生爆炸的危险性减小。当容器的直径小到一定程度时,这种器壁会使火焰无法继续而熄灭。

⑤ 点火能源　爆炸性混合物的点火能源,如电火花的能量,炽热表面的面积,火源与混合物接触时间长短等,对爆炸极限都有一定影响。随着点火能量的加大,爆炸范围变宽,燃烧爆炸的危险性增加。

⑥ 含氧量　当爆炸性混合气体中氧气含量增加时,爆炸极限范围变宽,爆炸危险性增加。如氢气在空气中的爆炸极限是 $4.0\% \sim 75\%$,在纯氧中的爆炸极限是 $4.0\% \sim 94\%$。如果减少空气中的含氧量,低于氢气的极限含氧量,氢气就不会发生燃烧爆炸。

⑦ 火焰传播方向（点火位置）　当在爆炸极限测试管中进行爆炸极限测定时,可发现在垂直测试管中于下部点火,火焰由下向上传播时,爆炸下限值最小,上限值最大;当于上部点火时,火焰向下传播,爆炸下限值最大,上限值最小;在水平管中测试时,爆炸上下限值介于前两者之间。

扫码查看常见的易爆混合物(⬚)。

• 常见的易爆混合物

实验室爆炸事故多发生在具有易燃易爆物品和压力容器的实验室。酿成事故的主要原因:① 违反操作规程,引燃易燃物品,进而导致爆炸。② 易燃气体在空气中泄漏到一定浓度时遇明火发生爆炸。

③ 回火现象引发的燃气管道爆炸。管径在 150 mm 以下的燃气管道，一般可直接关闭闸阀熄火；管径在 150 mm 以上的燃气管道着火时，不可直接关闭闸阀熄火，应采取逐渐降低气压，通入大量水蒸气或氮气灭火的措施，气体压力不得低于 50～100 Pa。严禁突然关闭闸阀或水封，以防燃气管道内形成负压，喷嘴的火焰跟随进入管道产生回火，造成管道内部着火，炸毁管道，引起大楼损毁事故和火灾事故。当着火管道被烧红时，不得用水骤然冷却。④ 压力气瓶遇高温或强烈碰撞引起爆炸，高压反应锅等压力容器操作不当引发爆炸等。⑤ 粉尘爆炸。

管道燃气回火示意图

5.2.2　防爆基本措施

防止可燃物化学爆炸全部技术措施的实质，是制止化学爆炸三个基本条件的同时存在。具体说来，防爆措施主要包括下列几个方面：

（1）室内保持良好的通风，防止爆炸混合物的形成，也就是设法使混合气浓度低于爆炸下限。

（2）保持系统密封，防止可燃物泄漏。

（3）严格控制火源，严禁一切可能会产生火花的违规行为。

（4）安装监控系统和报警装置。

（5）掌握各种可燃物发生爆炸的机理是属热爆炸还是链反应爆炸，以便采取相应的防爆、熄爆措施。

（6）安装泄压装置使其在燃烧开始时就能及时泄压降温，以减弱爆炸的破坏作用，或阻止爆炸的发生。

（7）采用隔爆装置等措施切断爆炸的传播途径。

（8）爆炸初期，压力升高速度还不太快时，采用抑爆装置迅速向设备内加入抑爆剂制止爆炸的继续发展。

5.3　火灾的分类和特点

5.3.1　火灾的分类

根据《火灾分类》GB/T 4968—2008 的规定，火灾根据可燃物的类型和燃烧特性，分为 A、B、C、D、E、F 六类。

A 类火灾:指固体物质火灾。这种物质通常具有有机物质性质,一般在燃烧时能产生灼热的余烬。如木材、煤、棉、毛、麻、纸张等火灾。

B 类火灾:指液体或可熔化的固体物质火灾。如煤油、柴油、原油、甲醇、乙醇、沥青、石蜡等火灾。

C 类火灾:指气体火灾。如煤气、天然气、甲烷、乙烷、丙烷、氢气等火灾。

D 类火灾:指金属火灾。如钾、钠、镁、铝镁合金等火灾。

E 类火灾:带电火灾。物体带电燃烧的火灾。

F 类火灾:烹饪器具内的烹饪物(如动植物油脂)火灾。

5.3.2 火灾发展的四个阶段

火灾从初起到熄灭,可分为四个阶段:**初起阶段**、**发展阶段**、**猛烈阶段**和**熄灭阶段**,具体见图 5-1。

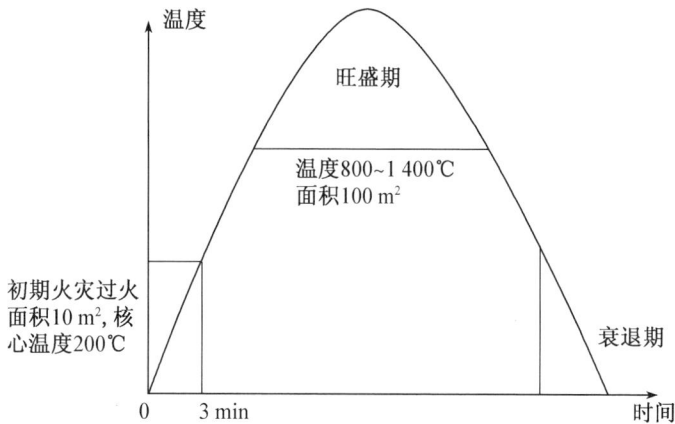

图 5-1 火灾发展各阶段情况示意

① 初起阶段:指物质在起火后的十几分钟内,此时燃烧面积还不大,烟气流动速度还比较缓慢,火焰辐射出的能量还不多,周围物品和结构开始受热,温度上升不快,但呈上升趋势。初起阶段是灭火的最有利时机,也是人员安全疏散的最有利时段。因此,应设法把火灾及时控制、消灭在初起阶段。

② 发展阶段:指由于燃烧强度增大,导致气体对流增强、燃烧面积扩大、燃烧速度加快的阶段。在此阶段需要投入较多的力量和灭火器材才能将火扑灭。

③ 猛烈阶段:指由于燃烧面积扩大,大量的热释放出来,空间温度急剧上升,使周围的可燃物全部卷入燃烧,火灾达到猛烈程度的阶段,也是火灾最难扑救的阶段。

④ 熄灭阶段:指火势被控制住以后,由于灭火剂的作用或因燃烧材料已经烧至殆尽,火势逐渐减弱直至熄灭的阶段。

大量的火灾表明,在火灾的初起阶级如果能有效扑灭,成功率在95%左右。当火势很小且没有蔓延,可以在 30 秒或更短的时间内扑灭时,可以选择合适的灭火器材扑灭。如果 3 分钟还没有将火扑灭,应尽快撤离现场逃生。高校职能部门或院系每年至少安排一次关于灭火器材正确使用的培训,让大家熟悉掌握并了解如何扑灭初起之火,如何在保证扑火人员生命安全的前提下控制灾害的发展。每年组织一到两次疏散逃生演习是非常必要的。

5.3.3　化学品发生火灾的特点

火灾是人类共同的敌人,一旦发生火灾,都会造成难以挽回的财产损失,有的会危害人的健康甚至夺去生命。化学品一旦发生火灾,造成的后果一般都比较严重。化学品火灾一般具有以下特点:

(1) 燃烧猛烈,蔓延迅速,易发生爆炸。各种危险化学品如易燃液体、气体或固体,发生火灾时,火势异常猛烈,短时间内就可能形成大面积火灾;瓶装、罐(桶)装的易燃、可燃液体在受热的条件下,有发生爆炸的可能;易燃液体的蒸气、可燃气体、可燃粉尘等,在一定条件下都可发生爆炸。

(2) 火情复杂多变,灭火剂选择难度大。危险化学品种类繁多,各具特性,在灭火和疏散物资时,如果不慎使性质相异的物品混杂、接触或错误使用忌用的灭火剂,都将造成火情突变。不同的火源和可燃物发生火灾后带来的损失和扑救的方法不同。

(3) 产生有毒气体,易发生化学性灼伤,扑救难度大。着火后,不少危险化学品在燃烧和受热条件下,可发生分解,蒸发出有毒、有腐蚀性的气体。具有强氧化性的罐(桶)装酸、碱,容器破裂后,遇某些有机物能发生燃烧或爆炸,遇某些无机物能发生剧烈的反应,产生有腐蚀性的气体或毒气等。

5.4 消防安全技术

消防安全的首要任务是预防发生火灾事故。预防为主、防消结合,是消防工作一贯的指导方针。消防安全技术是防患于未然的重要保障,消防器材的正确和熟练使用对挽救生命、保护人员健康和财产安全至关重要。对师生员工进行定期、有效的培训可以保证他们能够正确、有效地使用消防器材。

在校园的每个角落都不同程度地存在消防安全隐患,有的存在燃烧和爆炸的危险。为了保证教学和科研工作的顺利开展,我们必须对有燃烧和爆炸的危险物质加强管理,采用相应的消防安全技术措施,防止火灾和爆炸事故的发生。如果一旦发生,也要具备一定的减少造成危害的救援措施,把损失降到最低限度。

5.4.1 防火防爆技术

防火防爆技术是消防安全技术的重要内容之一。安全第一,预防为主,消除可能引起燃烧和爆炸的危险因素,这是最根本的解决办法。使易燃易爆品不处于危险状态,或消除一切火源和安全隐患,就可以预防火灾或爆炸的发生。

1. 防止可燃可爆系统的形成

(1)控制可燃物和助燃物

① 控制教学、科研及生产实践过程中可燃物和助燃物的用量,尽量少用或不用易燃易爆物。通过技术或工艺路线改进,使用非易燃易爆的试剂和溶剂。一般低沸点溶剂比高沸点溶剂更具易燃易爆的危险性,例如乙醚。相反沸点高的溶剂不易形成爆炸浓度,例如沸点在110 ℃ 以上的液体,在常温通常不会形成爆炸浓度。

② 加强密闭。为了防止易燃气体、蒸气和粉尘与空气混合,形成易爆混合物,应该设法使室内储存易燃易爆品的容器封闭保存。对于实验室微量、正在进行的、有可能产生压力反应不能密闭的,尾气少量要通入下水道,大量的要加以吸收或回收,消除安全隐患。

③ 做好通风除尘。室内易燃易爆品完全密封保存和反应是有困难的,总会有部分蒸气、气体或粉尘泄漏。所以,必须做好通风和除尘工作,通过通风换气,使易燃、易爆和有毒物质的浓度不超过最高允许浓度。

通风分为自然通风和机械通风,前者是依靠外界风力和室内空气进行自然交换,而后者是依靠机械造成的室内外压力差,使空气流动进行交换,例如鼓风机、脱排油烟机、通风橱和排气扇等。两者都可以从室内排出污染空气,使室内空气中易燃易爆物的含量不超过最高允许浓度。

④ 惰性化。在可燃气体、蒸气和粉尘与空气的化合物中充入惰性气体,降低氧气、可燃物的体积分数,从而使化合物气体达不到最低燃烧或爆炸极限,这就是惰性化原理。

⑤ 实时监测空气中易燃易爆物的含量。实时监测室内易燃易爆物的含量是否达到爆炸极限,是保证安全的重要手段之一。在可能泄漏可燃或易爆品区域设立报警仪是一项基本防爆措施。

(2) 控制点火源

校园内的**点火源**一般有以下几个方面:明火、高温表面、摩擦、碰撞、电气火花、静电火花等。

① 明火:是指敞开的火焰和火星等。敞开的火焰具有很高的温度和热量,是引起火灾的主要着火源。明火主要有炉灶火、点燃的酒精灯、煤气灯、酒精喷灯、烟头、火柴、打火机、蜡烛、工作中的电炉等。在易燃易爆场所不得使用酒精灯、煤气灯、喷灯、火柴、打火机、蜡烛、电吹风、电炉,禁止在办公室、库房、实验室内吸烟,严格禁止吸游烟。

② 高温表面:高温表面的温度如果超过可燃物的燃点,当可燃物接触到该表面时有可能着火。常见的高温表面有通电的白炽灯泡、电炉、电吹风等。

③ 摩擦与撞击:摩擦与撞击往往会引起火花,从而造成安全事故。因此有易燃易爆品的场所,应该采取措施防止火花的发生。

a. 机器上的轴承等转动部分,应该保持良好的润滑并及时加油,例如实验室的加工机械、水泵和通风的电机最好采用有色金属或塑料制造的轴瓦。

b. 凡是撞击或摩擦的部分都应该采用不同的金属制成,例如实验室用的锤子、扳手等。

c. 含有易燃易爆品的实验室、库房,不能穿带钉子或带金属鞋掌的鞋。

d. 硝酸铵、氯酸钾和高氯酸铵等易爆品,不要大量储存,少量使用也要轻拿轻放,避免撞击。

④ 防止电气火花。用电设备由于线路短路、超负荷或通风不畅,温度急剧上升,超过设备允许的温度,不仅能使绝缘材料、可燃物、可燃

灰尘燃烧,而且能使金属熔化,酿成火灾。为了防止电火花引起的火灾,在易燃易爆品场所,应该选用合格的电气设施,最好是防爆电器,并建立经常性检查和维修制度,防止线路老化、短路等,保证电气设备正常运行。

⑤ 消除静电。静电也会产生火花,往往会酿成火灾事故。其中人体的静电防止主要有以下几个方面:

a. 进入实验室或易燃易爆品库房不能穿易产生静电的化纤类服装,最好穿防静电服装,例如实验服、防护服、静电鞋和手套。

b. 长发最好盘起,防止头发与衣服摩擦产生静电。

c. 人体接地,房间入口处设有裸露的金属接地物,例如接地的金属门、扶手、支架等,人体接触到这类物质即可以导出人体内的静电。

d. 安全操作,进入存放易燃易爆品的实验室或库房,最好不要做产生人体静电的动作,例如不要脱衣服、不梳头等。

2. 控制火灾和爆炸的蔓延

一旦发生火灾和爆炸事故,要尽一切可能将其控制在一定的范围之内,并及时采取扑救措施,防止火灾和爆炸的蔓延,实验室一般可以采用以下办法:

(1) 实验室不要放置大量的易燃易爆品,少量存储也要规范合理放置,例如固液分开、氧化剂和还原剂分开、酸碱分开放置等。存放化学试剂的冰箱应有防爆功能。

(2) 实验室常用设施不能为易燃品,例如窗帘、实验台面、实验柜、药品柜和通风橱等。

(3) 实验室的通风橱应具有防爆功能,具有危险性的实验可以在通风橱内操作。一旦发生安全事故,可以控制在通风橱内,防止进一步蔓延。

(4) 实验室必须配备足量消防器材,例如灭火毯、灭火器、消防沙桶等。

(5) 实验室人员要具备很强的安全意识,熟练掌握相关安全知识和技能,会熟练使用消防器材。一旦火势失控,在安全撤离时关闭相应的防火门,防止火势蔓延扩散。

5.4.2 灭火基本方法

物质的燃烧必须同时具备三个要素:可燃物、助燃物和点火源。灭火就要反其道而行之,即设法消除这三个要素的其中一个,火就可以被熄灭。因此,灭火的基本方法:

（1）隔离法：将正在燃烧的可燃物与其他可燃物分开，中断可燃物的供给，造成缺少可燃物而停止燃烧。例如，关闭液体管道的阀门、迅速转移燃烧物附近的有机溶剂、拆除与燃烧物毗连的可燃物等，都是隔离的很好办法。

（2）窒息法：减少助燃物，阻止空气流入燃烧区域或用不助燃的惰性物质冲淡空气，使燃烧物得不到足够的氧气而熄灭。实际应用时，如用石棉毯、湿麻袋或灭火毯以及干燥的黄沙等不燃烧或难燃烧物质覆盖在着火物体表面，或封闭着火物品的空洞，都可以窒息燃烧源。但必须注意，因为炸药等爆炸性物质不需要外界供给氧气，即可发生燃烧和爆炸，所以窒息法对炸药不起作用。沙土不可用来扑灭爆炸或易爆物发生的火灾，以防止沙子因爆炸迸射出来而造成人员伤害。

（3）冷却法：将冷灭火剂直接喷射到燃烧物表面，以降低燃烧物的温度，使其温度降低到该物质的燃点以下，燃烧亦可停止。或者将灭火剂喷洒到火源附近的可燃物上，防止辐射热影响而起火。例如用水或干冰等灭火剂喷到燃烧的物质上可以起到冷却作用，但在实验室灭火要注意燃烧的物质或附近不能具有和水（用水灭火）或二氧化碳（用干冰灭火）起反应的物质。

（4）化学抑制灭火法：将化学灭火剂喷至燃烧物表面或者喷入燃烧区域，使燃烧过程中的游离基（自由基）消失，抑制或终止使燃烧得以继续或扩展的链式反应，从而使燃烧停止。

5.4.3　灭火剂的选择

灭火剂的种类很多，但常用的有以下几种：

（1）水：水是最常见的灭火剂，主要作用是冷却降温，也有隔离和窒息作用。水作为灭火剂方便易得，成本低廉。但水不能用于液体有机物火灾、遇水易放出可燃或助燃气体发生的火灾以及电气火灾。

（2）二氧化碳和其他惰性气体：加压的二氧化碳气体从钢瓶中喷出即形成雪花状的固体（干冰），干冰的沸点是$-78.5\ ℃$；液态氮气的沸点是$-196\ ℃$，能起到冷却及冲淡燃烧区空气中含氧量的作用。另外，二氧化碳的密度比空气大，也能起到隔离和窒息作用。二氧化碳适用于液体或可熔化固体燃烧、可燃气体燃烧、电器引起的火灾等。但它的射程短，灭火距离小于 2 米，有风时效果不佳。切不可用于钠、钾、镁等金属及其过氧化物引发的火灾。

二氧化碳
灭火示意

(3) 卤代烷灭火剂：代表性的物质是四氯化碳，是不可燃液体，沸点较低，遇到燃烧的物质能迅速蒸发，吸收热量使燃烧物的温度降低。四氯化碳气体的密度较大，笼罩在燃烧区，使其与空气隔绝，可使燃烧停止。但卤代烷对环境具有破坏作用，一般不使用。

(4) 化学干粉：化学干粉灭火剂是一种干燥的、易于流动的微细固体粉末，由具有灭火作用的基料（如碳酸氢钠、磷酸盐等，占 90% 以上）和防潮剂、流动促进剂、结块防止剂等添加剂组成。它依靠压缩氮气的压力被喷射到燃烧物表面，起到覆盖隔离和窒息的作用。化学干粉适用于扑救固体有机物燃烧、液体或可熔化固体燃烧、可燃气体燃烧等。因为灭火剂是碳酸氢钠等盐类，残余物有适度的腐蚀性，需要立即清理。

(5) 泡沫灭火剂：泡沫灭火剂分为化学泡沫和机械性泡沫。化学泡沫是由化学药剂混合后，发生化学反应产生泡沫，其气泡内主要为二氧化碳。化学泡沫的灭火原理主要是泡沫覆盖了燃烧物的表面，起到覆盖隔离和窒息的作用。机械性泡沫是由发泡液经过水流的机械作用相互混合而产生，它的灭火原理同化学泡沫。泡沫灭火器适用于固体物质、油类制品等引起的火灾等，一般不适用于电器和遇水燃烧或产生可燃气体等物质引起的火灾。

(6) 黄沙和土等覆盖物：这些物质同样起到覆盖隔离和窒息的作用。沙土可以用来扑灭一切不能用水扑救的火灾，沙土必须保持干燥，沙土不可用来扑灭爆炸或易爆物发生的火灾，以防止沙子因爆炸进射出来而造成人员伤害。

(7) 灭火毯：在火灾初起阶段，将灭火毯直接覆盖住火源，并采取积极的灭火方式，直至着火物熄灭。也可在火灾发生时，将灭火毯披盖在身体上，迅速逃离火场。灭火毯应放置在方便易取之处，如有损坏或污损须及时更换。

(8) 水系灭火剂：是新发展起来的一种由增稠剂、稳定剂、阻燃剂、发泡剂等多种成分组成的灭火剂，与传统灭火剂相比，具有环保、高效、多功能、抗复燃能力强、不造成次生污染，不含消耗臭氧层物质，对人体无毒、无害。水系灭火剂既能灭 A 类火（可燃性固体火灾）、B 类火（可燃性油类火灾）、C 类火（可燃气体火灾），又能灭 E 类火（带电火灾），但不能用来灭 D 类火（金属火灾）。

(9) 洁净气体灭火器，是区别于卤代烷 1211 灭火器而言的，它所灌装的灭火剂能自然消散，不留残留物同时不会破坏臭氧层。现在常用的洁净气体灭火器有六氟丙烷、IG541（50％氮气、40％二氧化碳、10％惰性气体）等，主要都是通过降低氧气浓度和冷却燃烧物质灭火。洁净气体灭火器多用于计算机数据库、博物馆、图书馆等场所。

　　实验室应在适当的位置配备足量合适的灭火器材，每个人必须让自己熟悉这个位置，学会使用灭火器材，不得随意移动灭火器材的位置。灭火器材必须保证完好有效，通常应该放在房间进出口边、有特别易燃的装备或操作的区域。

5.4.4　几种常见的灭火器

　　灭火器是一种轻便可携式灭火工具，由筒体、器头、喷嘴等部件组成，借助驱动压力可将所充装的灭火剂喷出，是常见的防火设施，一般存放在公众场所或有可能发生火灾的地方，是实验室必备的。不同种类的灭火器内充装的成分不一样，是专为不同的火灾起因而设计的，因此使用时必须注意以免产生相反的效果及引起危险。

　　灭火器的种类很多，按其移动方式可分为手提式和推车式；按驱动灭火剂的动力来源可分为储气瓶式、储压式、化学反应式等。常用的几种灭火器的构造如图5-2所示。

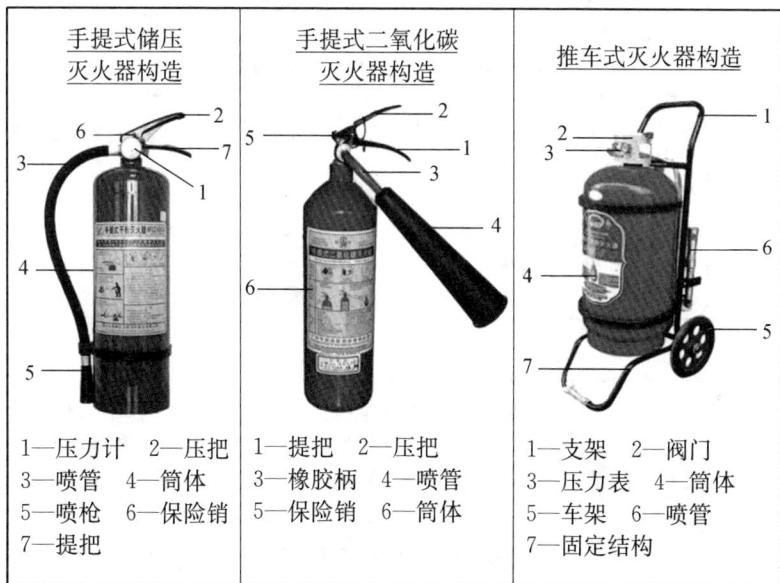

手提式储压
灭火器构造

手提式二氧化碳
灭火器构造

推车式灭火器构造

1—压力计　2—压把
3—喷管　4—筒体
5—喷枪　6—保险销
7—提把

1—提把　2—压把
3—橡胶柄　4—喷管
5—保险销　6—筒体

1—支架　2—阀门
3—压力表　4—筒体
5—车架　6—喷管
7—固定结构

图5-2　常见灭火器构造

1. 干粉灭火器

干粉灭火器是利用二氧化碳或氮气气体作动力,将瓶内的干粉喷出灭火的。干粉是一种干燥的、易于流动的微细固体粉末,由能灭火的基料和防潮剂、流动促进剂、结块防止剂等添加剂组成。

使用方法:灭火时,可手提或肩扛灭火器快速奔赴火场,在距燃烧处 5 米左右,放下灭火器。如在室外,应选择在上风方向喷射。使用的干粉灭火器若是外挂式储压式的,操作者应一手紧握喷枪、另一手提起储气瓶上的开启提环。如果储气瓶的开启是手轮式的,则向逆时针方向旋开,并旋到最高位置,随即提起灭火器。当干粉喷出后,迅速对准火焰的根部扫射。使用的干粉灭火器若是内置式储气瓶的或者是储压式的,操作者应先将开启把上的保险销拔下,然后握住喷射软管前端喷嘴部,另一只手将开启压把压下,打开灭火器进行灭火。有喷射软管的灭火器或储压式灭火器在使用时,一手应始终压下压把,不能放开,否则会中断喷射。

灭火器使用的操作步骤如图 5-3 所示。

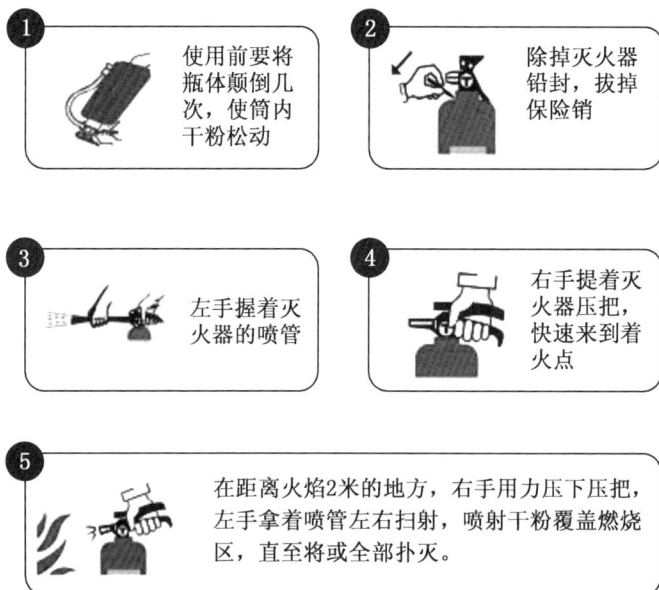

① 使用前要将瓶体颠倒几次,使筒内干粉松动

② 除掉灭火器铅封,拔掉保险销

③ 左手握着灭火器的喷管

④ 右手提着灭火器压把,快速来到着火点

⑤ 在距离火焰2米的地方,右手用力压下压把,左手拿着喷管左右扫射,喷射干粉覆盖燃烧区,直至将或全部扑灭。

图 5-3 灭火器使用步骤

注意事项:使用磷酸铵盐干粉灭火器扑救固体可燃物火灾时,应对准燃烧最猛烈处喷射,并上下、左右扫射。如条件许可,使用者可提着灭火器沿着燃烧物的四周边走边喷,使干粉灭火剂均匀地喷在燃烧物的表面,直至将火焰全部扑灭。

推车式干粉灭火器的使用方法与手提式干粉灭火器的使用相同。

灭火器使用

2. 二氧化碳灭火器

使用方法:灭火时只要将灭火器提到或扛到火场,在距燃烧物 5 米左右,拔出灭火器保险销,一手握住喇叭筒根部的手柄,另一只手紧握启闭阀的压把。对没有喷射软管的二氧化碳灭火器,应把喇叭筒往上扳 70~90 度。使用时,不能直接用手抓住喇叭筒外壁或金属连线管,防止手被冻伤。灭火时,当可燃液体呈流淌状燃烧时,使用者将二氧化碳灭火剂的喷流由近而远向火焰喷射。如果可燃液体在容器内燃烧时,使用者应将喇叭筒提起,从容器的一侧上部向燃烧的容器中喷射。但不能将二氧化碳射流直接冲击可燃液面,以防止将可燃液体冲出容器而扩大火势,造成灭火困难。

注意事项:使用二氧化碳灭火器时,在室外使用的,应选择在上风方向喷射,并且手要放在钢瓶的木柄上,防止冻伤。在室内窄小空间使用的,灭火后操作者应迅速离开,以防窒息。

推车式二氧化碳灭火器一般由两人操作,使用时两人一起将灭火器推或拉到燃烧处,在离燃烧物 10 米左右停下,一人快速取下喇叭筒并展开喷射软管后,握住喇叭筒根部的手柄,另一人快速按逆时针方向旋动手轮,并开到最大位置。灭火方法与手提式的方法一样。

3. 水系灭火器

水系灭火器可扑救可燃固体(A 类)、可燃油类(B 类)、可燃气类(C 类)、及 1000 V 以下带电设备的初起火灾。

使用方法:灭火器使用时,先拔下保险销,靠近起火点,将喷嘴对准火焰按下压把,灭火剂即可喷出。将灭火剂均匀地覆盖在整个火区,灭火后再持续喷射片刻,以免复燃。

注意事项:(1) 不得在超过 1000 V 的供电线路中使用;(2) 带电灭火时与带电物体喷射距离应大于 1 米;(3) 灭火后须停电清理现场。未停电时身体任何部位不得接触灭火剂泡沫液。

灭火器的报废年限,自灭火器从出厂日期算起,达到如下年限的,必须报废:

① 手提式化学泡沫灭火器——5 年;

② 手提式酸碱灭火器——5 年;

③ 手提式清水灭火器——6 年；

④ 手提式干粉灭火器(贮气瓶式)——8 年；

⑤ 手提贮压式干粉灭火器——10 年；

⑥ 手提式 1211 灭火器——10 年；

⑦ 手提式二氧化碳灭火器——12 年；

⑧ 推车式化学泡沫灭火器——8 年；

⑨ 推车式干粉灭火器(贮气瓶式)——10 年；

⑩ 推车贮压式干粉灭火器——12 年；

⑪ 推车式 1211 灭火器——10 年；

⑫ 推车式二氧化碳灭火器——12 年。

5.5 消防设施

《中华人民共和国消防法》中明确指出：**消防设施**是指火灾自动报警系统、自动灭火系统、消火栓系统、防烟排烟系统以及应急广播和应急照明、安全疏散设施等。

5.5.1 火灾自动报警系统

火灾自动报警系统主要由探测器(触发器件)、控制器、警报装置(声光、区域显示器)和辅助装置(CRT 图形显示)等部分组成。它能在火灾初期,将燃烧产生的烟雾、热量、火焰等物理量,通过火灾探测器变成电信号,传输到火灾报警控制器,发出火灾警报并显示出火灾发生的部位、时间等,使人们能够及时发现火灾,并采取有效措施,扑灭初期火灾,最大限度地减少因火灾造成的生命和财产的损失。

· 火灾自动报警系统示例
· 火灾自动报警及联动控制系统
· 火灾探测器

1. 火灾探测器

火灾探测器是火灾自动报警系统的"感觉器官",能对火灾的特征物理量(如温度、烟雾、气体浓度和光辐射等)响应,并立即向火灾报警控制器发送报警信号。

火灾探测器可以分为:感烟式、感温式、感光式、复合式等( )。

(1)感烟式火灾探测器 常见的感烟式火灾探测器又分为光电式、电离式和吸气式三种。

（2）感温式火灾探测器　感温式火灾探测器温感是利用热敏元件来探测火灾的。在火灾初始阶段，一方面有大量烟雾产生，另一方面物质在燃烧过程中释放出大量的热，使周围环境温度急剧上升。探测器中的热敏元件发生物理变化，从而将温度信号转变成电信号，并进行报警处理。感温式火灾探测器可分为定温式、差温式及差定温式三种。

（3）感光式火灾探测器　感光式火灾探测器又称火焰探测器，它是利用对扩散火焰燃烧的光强度和火焰的闪烁频率响应的一种火灾探测器。根据火焰的光特性，现使用的火焰探测器又分为紫外火焰探测器和红外火焰探测器。

（4）复合式火灾探测器　指能对两种或两种以上火灾的特征物理量响应的探测器，它有感烟感温式、感烟感光式、感温感光式等几种形式。

2. 火灾报警控制器

火灾报警控制器是在火灾自动报警系统中，用来接收、显示和传递火灾报警信号，并能发出控制信号和具有其他辅助功能的控制指示设备。火灾报警控制器具有为火灾探测器供电、接收、显示和传输火灾报警信号，并能对自动消防设备发出控制信号的完整功能，是火灾自动报警系统中的核心组成部分。

火灾报警控制器按其用途不同，可分为区域火灾报警控制器、集中火灾报警控制器和通用火灾报警控制器三种基本类型（▧）。

（1）区域火灾报警控制器的主要特点是控制器直接连接火灾探测器，处理各种报警信号，是组成自动报警系统最常用的设备之一。

（2）集中火灾报警控制器的主要特点是一般不与火灾探测器相连，而与区域火灾报警控制器相连，处理区域火灾报警控制器送来的信号，常使用在较大型系统中。

（3）通用火灾报警控制器的主要特点是它兼有区域、集中两级火灾报警控制器的特点。通过设置或修改某些参数即可作区域级使用，连接探测器；又可作集中级使用，连接区域火灾报警控制器。

・火灾报警控制器
・火灾警报装置

3. 火灾警报装置

在火灾自动报警系统中，用以发出区别于环境声、光的火灾警报信号的装置称为火灾警报装置。它以声、光的方式向报警区域发出火灾警报信号，以警示人们采取安全疏散、灭火救灾措施。常见的如警铃、讯响器及火灾显示盘等（）。

（1）警铃是一种火灾警报装置，用于将火灾报警信号进行声音中继的一种电气设备，警铃大部分安装于建筑物的公共空间部分，如走廊、大厅等。

（2）讯响器是消防警铃的替代元件，是一种将电能转化为声音讯号（声波）的电器元件。并可使用于有轻微腐蚀性气体及尘埃的环境中。

5.5.2　消火栓系统

消火栓系统由室外消火栓设施和室内消火栓设施构成。室外消火栓设施主要由蓄水池、加压送水装置（水泵）等构成；室内消火栓设备由消火栓箱、消防水枪、消防水带、室内消火栓、消防管道等组成（）。

消火栓系统

（1）消火栓箱　遇有火警时，根据箱门的开启方式，按下门上的弹簧锁，销子自动退出，拉开箱门后，取下水枪并拉转水带盘，拉出水带，同时把水带接口与消火栓接口连接上，拔动箱体内壁的电源开关，把室内消火栓手轮顺开启方向旋开，即能进行喷水灭火。

（2）消防水枪　消防水枪是灭火的射水工具，用其与水带连接会喷射密集充实的水流。它由管牙接口、枪体和喷嘴等主要零部件组成。

（3）消防水带　消防水带是消防现场输水用的软管。消防水带按材料可分为有衬里消防水带和无衬里消防水带两种。无衬里的水带承受压力低、阻力大、容易漏水、易霉腐，寿命短，适合于建筑物内火场铺设。有衬里的水带承受压力高、耐磨损、耐霉腐、不易渗漏、阻力小，经久耐用，也可任意弯曲折叠，随意搬动，使用方便，适用于外部火场铺设。

（4）室内消防栓　通常安装在消火栓箱内，与消防水带和水枪等器材配套使用，通过管道与室外消防设施相连，使用时可直接连接水带。

（5）水带接扣　用于水带与水枪之间的连接，以便输送水进行灭火。它由本体、密封圈座、橡胶密封圈和挡圈等零部件组成，密封圈座上有沟槽，用于扎水带。

（6）管牙接口　用于水带和消火栓之间的连接，内螺纹固定接口装在消火栓上。

（7）消火栓按钮　消火栓按钮安装在消火栓箱中。当发现火情必须使用消火栓的情况下，手动按下按钮，向消防中心送出报警信号，若自动灭火系统的主机设置在自动时，将直接启动消火栓泵。

5.5.3　自动灭火系统

自动灭火系统分为自动喷水灭火系统和气体自动灭火系统两大类。

（1）自动喷水灭火系统

自动喷水灭火系统属于固定式灭火系统，是目前世界上较为广泛采用的一种固定式消防设施，它具有价格低廉、灭火效率高等特点。能在火灾发生后，自动进行喷水灭火，同时发出警报。在一些发达国家的消防规范中，几乎所有的建筑都要求使用自动喷水灭火系统。在我国，随着建筑业的快速发展及消防法规的逐步完善，自动喷水灭火系统也得到了广泛的应用。自动喷水灭火系统又分为采用闭式洒水喷头的闭式系统和采用开式洒水喷头的开式系统。

- 火灾自动报警系统与各系统关联示意图
- 消防自动喷淋
- 气体灭火系统分类
- 不同形式的气体灭火系统示意图
- 气体灭火系统示意图
- 气体灭火器组成示意图
- 感应式气体灭火系统原理示意动图

（2）气体自动灭火系统

气体自动灭火系统是以气体为灭火介质的灭火系统，根据灭火机理和采用的灭火剂不同主要分为二氧化碳灭火系统、卤代烷 1301 和 1211 灭火系统、气溶胶灭火系统、七氟丙烷灭火系统以及混合气体灭火系统等几种。

5.5.4　其他消防设施

（1）防火卷帘门

防火卷帘门是一种适用于建筑物较大洞口处的防火、隔热设施，能有效地阻止火势蔓延，是现代建筑中不可缺少的防火设施。当卷帘门附近的感烟探测器报警时，将卷帘门降至中位（距地面 1.8 m），人员疏散逃离；当火势蔓延至卷帘门附近时，卷帘门附近的感温探测器报警，将卷帘门降到底，完成防火分区之间的隔离。在卷帘门两侧分别安装手动开关，利用此开关可现场控制卷帘门的升降。发生火灾时，若有人困在卷帘门的内侧，可以按"上升"键，此时卷帘门可提起，用于人员撤离。

（2）手动火灾报警按钮

手动火灾报警按钮主要安装在经常有人出入的公共场所中明显和便于操作的部位。当有人发现有火情的情况下，手动按下按钮，向报警控制器送出报警信号。手动火灾报警按钮比探头报警更紧急，一般不需要确认。因此，手动报警按钮要求更可靠、更确切，处理火灾要求更快。

5.6 火场逃生与自救

5.6.1 消防安全"四懂四会"

1. 消防安全"四懂"

（1）**懂本岗位发生火灾危险性**：具体内容为电源；可燃、易燃品；火源。

（2）**懂预防火灾的措施**：加强对可燃物质的管理；管理和控制好各种火源；加强电气设备及其线路的管理；易燃易爆场所应有足够的、适用的消防设施，并要经常检查，做到会用、有效。

（3）**懂灭火方法**：冷却灭火方法、隔离灭火方法、窒息灭火方法、抑制灭火方法。

（4）**懂逃生方法**：自救逃生时要熟悉周围环境，要迅速撤离火场。

① 紧急疏散时要保证通道不堵塞，确保逃生路线畅通。

② 紧急疏散时要听从指挥，保证有秩序地尽快撤离。

③ 当发生意外时，要大声呼喊他人，不要拖延时间，以便及时得救，也不要贪婪财物。

④ 要学会自我保护，尽量保持低姿势匍匐前进，用湿毛巾捂住嘴鼻。

⑤ 保持镇定，就地取材，用窗帘、床单自制绳索，安全逃生。

⑥ 逃生时要直奔通道，不要进入电梯，防止被关在电梯内。

⑦ 当烟火封住逃生的道路时，要关闭门窗，用湿毛巾塞住门窗缝隙，防止烟雾侵入房间。

⑧ 当身上的衣物着火时，不要惊慌乱跑，要就地打滚，将火苗压住。

⑨ 当没有办法逃生时，要及时向外界呼喊求救，以便迅速地逃离

困境。

2. 消防安全"四会"

（1）**会报警**：大声呼喊报警，使用手动报警设备报警，如使用专用电话、手动报警按钮、消火栓按键击碎等；拨打 119 火警电话，向当地公安消防机构报警。

（2）**会使用消防器材**：各种手提式灭火器的操作方法简称为一拔（拔掉保险销）；二握（握住喷管喷头）；三压（压下握把）；四准（对准火焰根部即可）。

（3）**会扑救初期火灾**：在扑救初起火灾时，必须遵循"先控制后消灭、救人第一、先重点后一般"的原则。

（4）**会组织人员疏散逃生**：按疏散预案组织人员疏散；酌情通报情况，防止混乱；分组实施引导。

5.6.2　发生火灾后的自救与逃生

火灾发生后，如果被大火围困，最重要的是要保持头脑清醒，千万不能慌乱，应根据火势情况采取最佳的自救方案，争取时间尽快脱离危险区域。以达到减少损失，避免不必要的伤亡。

1. 学会扑救初起火灾

初起火灾一般着火面积较小，是火灾最容易扑灭的阶段，应保持沉着冷静，了解和判断火灾的类型是属于 A、B、C、D、E、F 六类火灾中的哪一类火灾。根据火灾类型选用合适的灭火器材消灭初起之火，不正确的选择和使用灭火器材往往会适得其反。

A 类初起火灾，黄沙、泥土、湿衣物、湿棉被、水桶、水瓶等都可以使用。扑救 A 类火灾应选用水型、泡沫、干粉、卤代烷等灭火器。

B 类初起火灾，因为燃烧物本身就是液体，为了防止它流淌开来，就不宜使用水来扑灭，可以用黄沙、泥土等覆盖，实现窒息灭火。扑救 B 类火灾应选用干粉、泡沫、卤代烷、二氧化碳等灭火器，扑救水溶性 B 类火灾不得选用化学泡沫灭火器。

C 类初起火灾，首先要确定气源能否切断，如能切断气源或者气源的压力较小（标准大气压的一半以下），可以用湿衣服、湿棉被将气源捂住，使其与氧气隔离。如果不能切断气源，请不要轻易灭火。扑救 C 类火灾应选用干粉、卤代烷、二氧化碳型灭火器。

D 类初起火灾，必须要确认燃烧的金属是否具有强氧化性，比如钠、锂等。它们在普通环境下，就能与空气中的水分发生剧烈发应，放出氢气和大量的热能,直至发生爆炸。所以当遇到该类火灾时,万万不能使用含水的物质灭火,只能用干燥的黄沙、石灰、干粉等将其覆盖,火势控制后,及时收集燃烧物,放入密闭空间。扑救 D 类火灾应选用专用干粉灭火器。

E 类初起火灾,不能用水来扑灭,以免引发触电事故和造成更大的财产损失。扑救带电设备火灾应选用卤代烷、二氧化碳、干粉灭火器。

F 类初起火灾,如果燃烧物还在烹饪器具以内或者面积不大,那就用锅盖、湿棉被等扑灭,如果燃烧物分散或者流淌到四周了,那就用黄沙、泥土等灭火。

当使用手提式灭火器时,首先要根据着火物的类型来正确选择(如果不清楚身边灭火器的适用范围,可以阅读瓶体上的标识)。灭火时不能将灭火器横卧或颠倒,将灭火器提至距着火物 5～6 m 处,选择上风方向,去掉铅封,拔出保险销。一只手紧握着喷射软管前端,将喷嘴对准燃烧物,另一只手压下压把不松手(干粉灭火器是一只手托住瓶底,另一只手压下压把不松手。二氧化碳灭火器使用时要记得带手套,防止冻伤)。

当灭火器不能控制或扑灭火情时,应使用室内消火栓进行灭火。室内消火栓与室内消防给水系统相连,通常安置在消火栓箱内,与消防水带和水枪等器材配套使用。当火灾发生时,应该迅速打开消火栓箱门,紧急时可以将箱门上的玻璃击碎。按下箱内的消防水泵启泵按钮,使消防水泵启动给管道加压。拿出水带和水枪,将水带在地面上拉直,同时将水带的一头与消火栓接口相连,另外一端与水枪相接。之后一个人旋开消火栓出水,另外一个人两手握住水枪,对准着火点喷水灭火。

2. 学会如何正确报火警

在发生火灾时,除了要学会利用灭火器材扑灭初起火灾,准确及时报火警,让消防队及时地赶到火场是减少火灾损失、扑灭火灾的重中之重。任何人都不得阻挡他人报火警,不得谎报火警。这里讲的报火警,即是拨打 119 电话。当拨打 119 时,要注意如下几点:

(1) 要准确说出发生火灾的地点和着火楼层及部位。

(2) 简明扼要地说明着火物性质、火势情况、有无人员被困(如果楼内有使用危险化学品的也应向消防队说明)。

(3) 留下自己的姓名和联系方式。报警以后,应该派人到路口去引导消防队到达火场,同时疏通消防车道。

3. 学会扑救火灾的基本方法

根据火场的不同情况,可以因地制宜地采取堵截、快攻、排烟、隔离等基本方法。

(1)堵截:当火势较大人员不能接近时,应该根据火场的现场状况,在火灾蔓延的方向上,关闭防火门、防火卷帘等,并且多配置水枪遏制火情的发展。

(2)快攻:灭火人员能够接近着火点时,应该快速地利用灭火器材灭火,控制火情。

(3)排烟:在门窗上破拆孔洞,将高温浓烟雾排出,引导火势向楼外蔓延,能够减少楼内火情的扩散速度。

(4)隔离:当火势比较复杂(着火点分散、多个防火分区着火且使用用途不同等)或是着火面积已经很大,应该根据情况,将火场分割成数个区域,分别部署灭火人员,利于火灾的扑灭。

火灾扑灭后,应积极配合消防部门火灾原因认定和损失确认工作,协助消防部门保护火灾现场,完成火灾的事后处理工作。按照"四不放过"原则进行事故处理。

4. 学会逃生与自救

火灾发生后,现场工作人员应立即组织和引导人员疏散。疏散时,要做到快速有序不慌张,防止不必要的事故发生。

火灾发生以后被困人员能否顺利疏散到楼外安全地带或是被消防官兵解救,不仅与建筑物的耐火等级、高度、消防设施配备和运行情况有关,楼内人员是否掌握基本的逃生知识和技巧也起到了至关重要的作用。

应急科普

火灾逃生的基本方法

·视频演示

① 熟悉自己生活和工作的环境。

在自己的日常生活中,为了自身的安全,一定要留意一下安全出口、楼梯和疏散走道的位置,以防万一,防范于未然。

② 掌握灭火器材的使用方法，扑灭初起火灾，利人利己。

当发生火灾时，如果你正好在起火点的周围且火势不大，应该迅速地利用周边的简易灭火器材、灭火器、灭火毯和消防栓将火情控制或者扑灭，万不可被小火惊吓，弃火场不顾，任凭其发展蔓延。

③ 千万别慌张，保持头脑冷静。

突然遇到火灾，一定不要慌张，使自己的头脑清醒保持冷静，然后迅速观察现场情况，选择逃生的路线和方法，撤离到安全地带。千万不能盲目地跟着人流跑。

④ 生命第一，莫贪财物。

在危急时刻，人的生命总是第一位的。逃生时应该从快从简，不把关乎性命的那几分钟浪费在寻找和搬运贵重物品上。已经撤离到安全地带的人员，切不可因为财物的原因再返回火场，视性命为儿戏。

⑤ 用好防护工具，不要乘坐电梯。

逃生时不要"赤手空拳"，至少要携带一条湿毛巾或湿衣服（如果有简易防毒面具更好），以防火灾产生的高温有毒烟雾。当遇到上述浓烟时，因为烟气多是飘于通道的上部，应该用毛巾捂住口鼻，弯腰匍匐前进。逃生时，万万不可乘坐电梯。当火灾发生时，电梯的供电和机械系统是不可靠的，极有可能被活活困死在电梯中。

⑥ 被火上身，勿拍勿跑。

如果在逃生过程中，身上着火了，不要用手拍或者惊慌失措地乱跑。应该立即脱掉着火的衣物或者立马就地打滚，把小火压灭。

⑦ 大火堵门，固守待变。

如果逃生时，发觉房门已经温度高得烫手了，那说明火势已经蔓延到门外了。此时，万不可打开房门，让火焰和浓烟进入房间；应该用湿毛巾、湿衣服堵住门缝，防止烟雾进入，然后用水不停地将整个门泼湿延长它的耐火时间。如果情况允许，可以用被单、衣服等卷成绳子状挂在窗口，凭此转移到下一个楼层。

⑧ 积极求援，勿轻易跳楼。

如果被困在楼内无法逃离，应该尽量呆在阳台和窗口等易于被救援者发现的位置。用衣服、手电筒、发光物品（如手机屏）向窗外快速挥动并大声呼喊，引起救援者的注意。当火势已经近在咫尺，危急生命时，楼层不高或者楼下已经有救生气垫时，也可以选择跳楼逃生。但跳楼时,要选择往水池、绿化或有救生气垫等方向跳;并且在着地时,要抱紧头部,全身蜷缩在一起,以减少损伤。

5.7　实验室火灾的预防

严格执行操作规程是做好实验室消防安全工作的最基本最可靠的手段。实验室首先要根据各类实验性质,在积累经验的基础上,建立科学的实验安全操作规程。实验人员应熟悉所使用物质的性质、影响因素与正确处理事故的方法;了解仪器结构、性能、安全操作条件与防护要求,严格按规程操作。实验中要修改规程时,必须经小量实验的科学论证,否则不可改动。实验室火灾的预防要做到:

1. 安全用电

(1)电器设备安装:要按照电器规程安装和使用电器设备,不要乱接乱拉电线,照明灯具要远离可燃物。严禁使用铜丝、铁丝代替保险丝,否则遇到漏电、短路、超负荷等情况不能及时熔断,将导致线路、电器发热起火或烧毁。

(2)电源插座:使用电源插座要注意选择质量合格的产品,最好选择带有漏电保护装置的产品;不能用裸线头代替插头,插头要插实插牢;防止超负荷、接触电阻过大,造成短路或打火引发火灾。

(3)仪器设备:要放在通风干燥的地方,避免震动、冲击、碰撞、温度骤热或湿热条件下引起电线短路;大功率仪器避免与周围物品距离太近;注意接线与电器功率的配套;设置短路、漏电保护装置。

2. 安全使用燃气

(1)在燃气管道或设备上,不要吊挂重物,严禁把电器设备的接地线路连接在管道上。

(2)不在燃气具和管道周围堆放易燃易爆物品。

(3)要定期对燃气具、管道进行检测,用毛刷蘸肥皂水在燃气管道和灶具的开关阀门、管道接头处、调压器等处涂抹,检查燃气是否泄漏,一旦发现燃气泄漏,要及时关闭燃气管道阀门,迅速通知燃气管理部门前来检修。

(4)在停止使用或外出时,应注意关掉室内燃气管道总阀门或燃气罐阀门。

3. 安全使用实验试剂和药品

实验室应有安全员专人管理,在使用易燃易爆化学危险品时,要随用随取,注意登记,强化管理;使用时要有安全使用措施,配备相应的灭火器材;使用完后的废液及时处理;未用完的易燃易爆品应根据相关要求进行管理。

第6章 实验室电气安全

电气安全是实验室通用安全的重要方面,通常包括配电系统安全、电器设备安全等。用电安全总体要求要做到设备电气绝缘良好,设备与人员、设备与设备之间保证安全距离,线路与插座的电容量与设备功率相适应等。实验室中的仪器设备都应有规范的用电安全措施。实验室用电安全的主要事故是触电事故和电气火灾,轻则造成仪器设备损坏,重则造成火灾,甚至人身伤亡。因此了解电气安全的规律和特点是实验室的工作和学习人员必须了解和掌握的基本知识和技能。相关国家电气安全标准可参照国家标准公开系统。

6.1 电气事故类型及危害

电气事故是指外部电能作用于人体或电能失去控制后造成的意外事件,即与电能直接关联的意外灾害。电气事故按发生危害的形式,可以分为对人体的危害、对物体的危害等;按发生事故时的电路状况,可以分为短路事故、断线事故、接地事故、漏电事故等;按照造成事故的基本原因,可以分为触电事故、电气火灾、静电事故、电磁场辐射等,尤其以触电事故和电气火灾最为常见。电气事故具有危险源识别难、事故危害大、涉及领域广等特点,掌握基本的电气安全知识和防护技术,是预防电气事故的首要要求。

6.1.1 触电事故

触电事故是最常见的一种电气事故,人体触及带电体,并且构成电流的闭合回路时,就会有电流通过人体,对人体造成伤害。触电事故伤害主要有电击和电伤两种( )。

(1)**电击**:指电流通过人体内部,直接对内部器官、组织造成伤害。电流通过人体的不同器官会形成不同程度的伤害,最危险的形式有通过心脏会引起心室颤动致使心脏停止跳动(血液循环停止)而死亡、通过中枢神经系统会导致中枢神经系统失调(遏制呼吸)而死亡、通过胸肌引起胸肌收缩导致窒息而死亡、通过头部会使人立即昏迷、通过人体脊髓会引起人体肢体瘫痪等。电击的另一种形式是高压电击穿空气与人体形成电流回路引发电击伤害。

(2)**电伤**:指电流的热效应、化学效应或机械效应对人体造成的局部伤害,包括①电灼伤:指由于电流的热效应和电弧对皮肤烧伤;②电烙印:指由于电流化学效应和机械效应产生的皮肤肿块、硬化等伤害;③金属溅伤:指由于电弧使金属高温熔化、蒸发并飞溅渗透到皮肤表层引起的皮肤粗糙、硬化等伤害。

触电是一种非常复杂的过程,一般电击和电伤往往同时发生,但绝大多数触电事故都是由于遭电击引起的。正确认识电流、电阻和电压对人体的触电事故影响,有助于在日常生活和工作环境中有效预防触电事故。

1. 电流强度对人体的伤害

通过人体的电流越大,人的生理反应越明显,事故的危害越大。按照不同电流强度通过人体时的生理反应,可将电流分为以下三类。

(1)感觉电流:人体能感觉到的最小电流称为感觉电流。工频(交流电)平均感觉电流成年男性约为 1.1 mA,成年女性约为 0.7 mA,直流感觉电流均为 5 mA,相对来说女性对电流更敏感。

(2)摆脱电流:触电后人体能自主摆脱电源的最大电流。工频(交流电)平均摆脱电流成年男性约为 16 mA,成年女性约为 10 mA,直流摆脱电流均为 50 mA。摆脱电流值与个体生理特征、电极形状、电极尺寸等因素有关。

(3)致命电流:人体发生触电后,在较短时间内危及生命的最小电流,也称为室颤电流。实验证明(工频交流)电流大于 30 mA(或直流超过 80 mA)时,心脏就有发生心室颤动的危险,因此 30 mA 也是作为致命电流的一个阀值。一般(工频交流电的)漏电保护器的电流漏电脱钩器电流也是定为 30 mA。

电流通过人体的持续时间越长,对人体的伤害越大。人体心脏每收缩和扩张一次,中间有一时间间隙。在这段间隙时间内,心脏对电流特别敏感,即使电流很小,也会引起心室颤动,因此触电时间超过 1s,就相当危险。这种情况下,及时脱离电源是唯一的救援形式。

· 触电事故
· 猴子触电掉落

2. 人体电阻

人体的电阻主要由人体体内电阻和皮肤表面电阻组成,其中体内电阻与外界条件无关,一般为 500 Ω 左右,皮肤表面电阻在正常环境条件下相对稳定,一般为 1000~2000 Ω,但随着环境变化,例如电流路径、接触电压、电流持续时间、皮肤干燥程度、接触面积等,电阻会有明显变化。例如皮肤沾水、有汗、损伤、表面沾有导电性粉尘等都会使人体电阻降低。接触压力增加、接触面积增大也会使人体阻抗降低。

3. 电流通过人体的途径

电流总是从电阻最小的途径通过,因此触电形式的不同,电流通过人体的主要途径也不同,其危害程度和造成人体伤害的情况也不同。从手到胸部,电流途径较短,是最危险的形式。从脚到脚的电流是危险性较小的途径。

4. 安全电流、电压

通过科学实验和事故分析,一般把摆脱电流认为是安全电流,工频(交流)电流为 10 mA,直流为 50 mA。由于人体阻抗的变化区间相对稳定,因此通常认为低于 40 V 的工频(交流)电压为安全电压,安全电压等级一般分为 42 V、36 V、24 V、12 V、6 V,超过 24 V 时应有安全措施。直流电比交流电的危险性小,而高频率的高压交流电比低频率的低压交流电的危险程度要小。但即使是低压直流电,也曾经发生过烧伤的案例。

5. 人体触电方式

人体触电一般分为直接接触触电(单相触电、两相触电)、跨步电压触电和接触电压触电等几种形式。

- 电击起火
- 铅笔芯放电
- 电线过载起火
- 电吹风起火
- 潮湿环境漏电导致触电
- 电弧放电动图

6.1.2　电气火灾

电气火灾和爆炸事故的发生主要涉及电气设备的设计、制造及安装、使用等阶段。引发的原因主要集中于安装和使用过程,特别是由于使用过程中产生的电流热量、电火花或电弧等诱发的事故偏多( )。

1. 电气设备过热

在使用电气设备的过程中,电流通过导体时,由于导体电阻的存在,就会消耗部分电能,并转化为热能,这部分热量会使导体温度升高,当温度超过电气设备及周围材料的允许温度并达到燃点时就可能引发火灾。

常规设备的过热事故是由于下列原因引起的。

（1）电路短路。线路发生短路时，电流将急剧增加，使设备温度在短时间内迅速升高达到可燃物的燃点引发火灾，尤其是连接部分接触电阻值相对较大处更容易发生温度积累。引起电路短路的原因绝大部分是由于绝缘损坏。

（2）过负荷。由于供电线路和设备设计或选用不合理，当导线中通过的电流量超过设计的安全载流量时，导致导线的温度不断升高，引起线路过负荷。过负荷不只会加快导线绝缘层老化变质，甚至严重情况下会引起导线的绝缘层发生燃烧，并引燃导线附近的可燃物，从而造成火灾。

（3）接触不良。众所周知，导线与导线、导线与开关、导线与电气设备等连接处都有接头，在接头的接触面上形成的电阻称为接触电阻。如果接头处理良好，接触电阻较小，则接头处发热量就很小。但如果接触不良，导致接触电阻增大，接头就会过热，在该处的局部范围内产生极大的热量，进而诱发火灾。

（4）漏电。所谓漏电，就是线路的某一个地方因为外界环境的变化（如潮湿、高温、碰压、划破、摩擦、腐蚀等）使导线等绝缘能力下降，导致导线与导线之间、导线与大地之间有一部分电流通过。当漏电发生时，漏泄的电流如果遇到电阻较大的部位，会产生局部高温。此外，漏电点产生的漏电火花附近如果有可燃物，也会导致可燃物火灾。

2. 电火花和电弧

电火花是电极间击穿放电时产生的强烈流注，可以看成是不稳定的、持续时间很短的电弧。大量电火花可以汇集成电弧，电弧的温度可高达数千度，例如 2~20 A 的电弧电路可以产生 2000~4000 ℃的局部高温。不仅能直接引起可燃物燃烧，还能使金属熔化、飞溅，构成二次火源。在有可燃、爆炸危险的场所，如有堆积可燃物品、粉尘、可燃气体等场所，电火花和电弧都是十分危险的因素。电弧除了可以引发火灾外，还可能对人体产生电弧灼伤。

6.1.3　静电危害

摩擦可以产生静电，是人们早已认识到的物理现象。当两种不同的物质相互摩擦时，自由电子在物体之间会发生转移现象，呈现电性，失去电子的物质带上正电，得到电子的物质带负电。除了摩擦产生静电外，静电的起电方式还包括感应静电、电荷转移静电等。

静电的能量虽然不大,但因其电压很高而容易放电,如果所在场所有易燃物质,又有由易燃物质形成的爆炸性混合物以及爆炸性粉尘等,即可能由静电火花引起爆炸或火灾。爆炸和火灾是静电的最大危害。

除此以外,静电放电可以造成瞬间冲击性的电击。带静电所引起的电击一般不能达到使人致命的界限,但不能排除由静电电击导致严重后果的可能性。例如人体可能因静电电击而坠落或摔倒,造成二次事故。

静电火灾

6.1.4　电磁场危害

电气设备在运行过程中都会产生电磁辐射。不同波长的电磁波与物质的作用并不相同,当它们照射生物机体时,可引起生物组织不同程度的生物物理和生物化学的变化。电磁辐射危害人体的机理主要是致热效应、非致热效应。

致热效应是指人体在高强度的电磁波下,吸收辐射能量,在体内转化为热量,产生生物反应。在电磁场作用下,由于射频电磁场方向变化很快,使得人体内的极性分子迅速发生偶极子的取向作用,产生热量。在取向过程中,偶极子与周围分子发生碰撞摩擦而产生大量的热。此外,当电磁场的频率很高时,机体内的电解质溶液中的离子将在其平衡位置振动,也将电能转化为热能。由于人体70%以上是水,水分子受到电磁波辐射后相互摩擦,引起机体升温,从而影响到体内器官的正常工作。

非致热效应是不引起体温变化,在低强度作用下,人体出现神经衰弱及心血管系统机能紊乱。在一定强度的交变电磁场作用下,人会产生头晕、头痛、乏力、记忆力衰退、睡眠不好等症状,有时会出现多汗、食欲减退、心悸、脱发、视力减退以及心血管系统方面的异常。

高频、微波电磁场除了对人体有危害外,还会产生高频干扰,影响通信、测量、计算等电子设备正常工作,诱发相关事故。有时还会因电磁场的感应产生火花放电,造成火灾或爆炸等严重事故。

6.2　实验室电气事故防范与应急救援

6.2.1　触电事故防范

发生实验室触电事故主要有以下几种情况:① 缺乏安全用电知

识。对于导电和非导电物体认识不清楚,例如随意使用潮湿的手去触碰带电的电器。② 用电设备安装不合格。对于电子仪器设备,在安装调试中应该将此类设备的金属外壳接地。如果不接地,一旦设备漏电,当人碰触其外壳时,就会造成触电。③ 用电设备未开展及时的检查、维护和修理。例如塑料线老化漏电,使用已经老化或破损的旧电线等,这些都很容易引起人身触电。同时还应采用以下安全措施。

(1)绝缘。通过绝缘材料隔离带电导体,使人体不能直接触碰导体。绝缘材料又称介电材料或电介质,其导电能力很小,绝缘材料本身具有足够的抗电强度,但并非绝对不导电。绝缘材料的主要功能是对带电的或不同的导体进行隔离,使电流按照规定的线路流动。通常来说仅仅采用涂漆、漆包等工艺作为绝缘防护是不够的,还要有其他的安全措施,例如对某些仪器或导线采用双重绝缘的办法,在导线与设备接口处增加绝缘层,以达到防护的目的。

(2)屏蔽防护。屏护是一种对触电危险因素进行隔离的手段,即采用遮拦、护罩、护盖、箱闸等,把危险带电体同外界隔离开来,以防止人体触及或接近带电体所引起的电击事故。需要注意金属材料制作的屏护装置,应妥善接地或接零。屏护还有防止电弧伤人,防止弧光短路或便利检修工作的作用。

(3)间隔。在间隔方面主要做到空间距离、空间环境以及电气间隔,主要是指带电体与地面之间、带电体与其他设备之间、带电体与带电体之间必要的安全距离。间距的作用是防止人体触及或接近带电体造成直接触电事故,也可以避免其他物体碰撞或过分接近带电体造成间接触电事故。

(4)自动断开电源。指在实验室当中出现不正常情况时,能在规定时间内自动断开电源,例如采用漏电保护器,一般规定其动作电流不超过 30 mA,动作切断电源时间低于 0.1 s。

(5)环境情况。环境是指温度和湿度。对于电气设备而言,设备本身的温度以及所处环境的温度和湿度对设备的影响很大,应确保电气设备中散热系统各部件(如散热风扇等)的可靠性和散热通道的畅通。

(6)定期检查导电线路。当电气设备线路中存在过多的中间接头,线与线之间会有松动,或者扭折拉扯而断,引发触电隐患。尤其是突然断电会导致设备的损坏或损毁,因此必须做好线路维护,保持畅通。另外弱电系统中线路很多,要注意线路分类,避免相互干扰。

6.2.2 触电事故应急救援

当触电事故不可避免地发生了,第一时间进行现场急救是十分关键的,如果处理及时、准确,并能迅速进行抢救,很多触电者的心脏虽然停止跳动,呼吸已经停止,但仍然可以抢救回来。

一般来说,脱离低压电源遵循"拉、切、挑、拽、垫"等方法。

(1)触电事故发生后,首先应迅速查看配电系统。如果实验室总配电箱上的总漏电保护没有跳闸,救护人员应做好自身防止静电措施,以手动方式立即扳下闸刀断电。也可以用带有绝缘或者干燥木柄斧头、干木棍、塑料棍等绝缘物切断电源,对于多芯绞合的导线也应该分相切断,以避免短路伤害人。

(2)当电线搭落在触电者身上或被压在身下时,用木棒等绝缘物作为工具挑开触电者,也可用干燥的衣服、手套、绳索拽开触电者。如果触电者由于痉挛手指紧握导线或者导线绕在身上,则救援者可以先用干燥木板或橡胶绝缘垫塞进触电者身下,使其与大地绝缘然后再用其他办法将电源线路切断。

(3)如果触电者倒地或俯卧在仪器上,不要试图关闭仪器上的开关或拔掉仪器后方墙面上的众多插头,因为此时仪器可能整体带电,施救者身体会接触到仪器外壳而导致触电;也不要试图移动触电者的身体,而应迅速采取上述描述的断电措施。

(4)进行现场急救。当触电者脱离电源后,往往昏迷,呼吸停止或不规则,心搏停止或减弱。如果神志清醒,呼吸正常,皮肤也未有灼伤,可将其安排到空气清新处休息,令其平躺,不要行走。如果触电者情况较为严重,大致可以按下列三种情况处理:

① 对伤势不重、神志清醒,但有点心慌、四肢发麻、全身无力,或者触电过程中曾一度昏迷,但已经清醒过来的触电者,此时应让其安静休息,并注意观察。也可请医生前来诊治,或送医院救治。

② 对伤势较重、已失去知觉,但心脏仍在跳动,有呼吸的触电者,应让其舒适、安静地平躺。为让空气流通良好,边上不要围观。解开其衣服领口以及裤带,以便于其呼吸。

③ 对伤势较重,呼吸或脉搏停止,甚至呼吸和脉搏都已经停止(所谓的"假死状态"),则应立即拨打急救电话120,并立即采用人工呼吸和胸外心脏按压法进行心脏复苏抢救。心肺复苏法对于抢救触电者生命来讲,至关重要。现场抢救中,不要随意移动伤员。移动伤员或将其

送医院时,应继续抢救,呼吸心跳停止者要继续人工呼吸和胸外心脏按压,在医院医务人员未接替前救治不能中止。

心肺复苏法详见本书第7章7.5.7部分,此处不再赘述。

6.2.3　电气火灾防范

对于火灾发生时,往往还有以下情况需要注意:(1)用电设备着火或引起火灾后可能并未与电源断开,仍然带电。(2)有些电气设备(如机械泵、电动机启动装置等)本身充油,火灾发生时,可能喷油甚至爆炸,造成火灾蔓延,扩大火灾范围。(3)火灾发生时室内存有易爆易燃化学药品和气体钢瓶等压力设备,容易造成火灾进一步蔓延,甚至引起次生灾害等。对于电气火灾,应坚持预防为主,对电气环境中的任何一环都要保持警惕。建议做到以下几个方面。

(1)实验室规划。在实验室设计、施工、改造以及设备购置等各个阶段,都需要严格把关,符合规范,例如电气线路本身应有足够的耐压和绝缘水平,以防止绝缘击穿而造成短路或者电流负载过大引起的火灾。

(2)设备合理运行,正确操作。平时做到巡检认真,以设备、线路、关键点为主要对象,做到人走电断停止运行。选用质量合格的设备,按照各设备的操作规程正确操作,做好设备维护保养。

(3)电气设备远离可燃物品是防止电气火灾的非常有效方法,例如在配电箱下面应该严禁放置危化品。

(4)在实验室中应配备火灾监控系统和灭火应急处理系统。

6.2.4　电气火灾应急救援

(1)当发生电气火灾时,若尚未停电,则应在第一时间切断电源,这是防止扩大火灾范围和避免发生触电事故的重要措施。切断电源时应注意以下两点:

① 必须使用可靠的绝缘工具进行切断电源,以防操作过程中发生触电事故。

② 切断电源时要考虑负载,应先尽可能消除负载,再切断电源。

(2)防止触电。在灭火过程中,为了防止发生次生触电事故,应该注意灭火者自身绝缘保护,例如佩戴橡胶手套。灭火者在保持安全距离的同时,注意消防灭火器等不得与有电部分接触或者过于接近有电部分。

（3）含油设备的灭火。在扑灭含油设备时,应使用干黄沙、二氧化碳、干粉灭火器,不得使用水、泡沫灭火器灭火。

（4）实验室灭火。实验室发生火灾时,应首先弄清楚室内有无人员和易燃易爆危化品。如果有,应立即组织人员疏散,并将危化品抢运出实验室,必要时进行降温处理。与此同时,组织专业人员进行灭火。如果火势难以控制,应立即拨打报警电话。

6.2.5　静电危害防范

虽然一般产生静电的电量很小,但很小的静电量在一定条件下可能会形成很高的静电电压,引起爆炸、火灾等静电危害。因此,在某些实验中必须消除静电影响。

（1）设备接地。实验室电气设备都有可能积累电荷,虽然许多液体和粉末是电的不良导体,但运动的液体、粉末和管壁（或容器壁）摩擦很容易积累静电,因此必须接地。静电接地分直接接地和高阻接地两种。前者是金属性接地,用来清除静电导体上的静电,这是普遍采取的安全防范方法。后者是带有兆欧级电阻的接地,用来清除静电不良导体或静电绝缘体上的静电。其次,在有可燃性气体蒸气或悬浮粉尘等有爆炸危险的实验室,采用导电性良好的地面（地板、地毯、涂料等）,其导电覆盖层可以使地板上的人或物体所带的电荷能很快地泄露到大地中,以防止出现过高的静电电压。

（2）增湿。在温度较高时,绝缘体表面形成的水膜能溶解电解质,也就是说,水膜能使绝缘体表面电阻大大降低,有助于静电泄露。通常采取向实验室喷送温度较高的高湿度空气,或者挂湿布条、地面洒水等方法以消除静电影响。

（3）添加抗静电剂。抗静电剂一般是指具有较好导电性或较强吸湿性的化学药剂。在容易产生静电的材料中,加入少量的抗静电剂,就能降低材料的体积电阻率或表面电阻率,有利于静电的消除。

（4）屏蔽。所谓屏蔽是用封闭或几乎封闭的金属壳将绝缘体包围起来并接地。通过屏蔽,既可防止绝缘体与其他导体放电,也能抑制静电产生。通常屏蔽层可用金属膜、金属网等导电材料或金属丝绕制而成。

（5）静电中和器。静电中和器又称静电消除器,它能产生电子和离子。因此,带电体上的电荷将得到相反电荷的中和,从而消除静电的危险。

6.2.6 电磁场危害防范

预防或减少电磁辐射的伤害，其根本出发点是消除或减弱人体所在位置的电磁强度，其主要措施包括屏蔽和吸收。**屏蔽**是根据电磁波的趋肤效应将电磁能量限制在规定的空间，阻止向被保护区域扩散的技术。通常采用板状、片状或网状的金属组成的外壳来进行屏蔽。此外，还可利用反射、吸收等减少辐射源的泄漏来加强防护。一般而言，只要离开辐射源一定的距离，就会明显地减小辐射。**吸收**是指利用某些特定材料的谐振特性，利用材料和自由空间的阻抗匹配将电磁辐射能量吸收掉以降低其强度，达到吸收辐射能量的目的，多用在微波设备的调试上。

6.3 高校实验室常用电气设备使用错误及注意事项

6.3.1 电气插头插座、接线板与导线

电气插头插座、接线板与导线常见的使用错误有：(1)易燃物品压住插座或一些粉尘落入插座孔，造成短路。(2)用导线的裸线头代替插头直接插入插座，往往造成短路或产生强烈的火花而引发火灾。(3)乱拉各种线路，导线容易受到挤压损伤而造成短路，进而引起触电或火灾事故。(4)使用劣质的电气插头插座、接线板和导线。(5)接线板与接线板之间进行串接，导致严重过负荷。(6)插头插座与用电设备功率不匹配。

需要注意事项：

(1)实验室电容量、插头插座与用电设备功率需匹配，不得私自改装。

(2)电源插座固定，无松动脱落现象。

(3)实验室严禁私自乱拉乱接电线电缆，不使用老化的电线电缆。

(4)实验室和电气设备配备空气开关和漏电保护器，且满足负荷和分断要求。实验室不存在电线接头松动、绝缘破损现象，无裸露连接线。

(5)配电箱或配电柜附近不被其他物品遮挡，配电箱、开关、插座

等周围不得堆积易燃易爆危化品。

（6）禁止多个接线板串接供电，插座、插头、接线板必须是符合国家质量认证的合格产品；插座、插头、接线板不存在烧焦变形、破损现象。

（7）电源插座一般不得安装在水槽边。若确有需要，应增设防护挡板或防护罩。易产生积水的实验室，不安装地面插座。地面上的线缆应采取盖板或护套措施。

（8）大功率仪器（包括空调等）、高温加热仪器应使用专用插座（不可使用接线板），用电负荷应满足要求。

案例展示

6.3.2 电热设备

烘箱、电炉、电加热板、电烙铁、干燥箱等都是具有加热功能的电热设备，加热用的电阻丝是螺旋形的镍铬合金或其他加热材料，在使用时必须注意安全，否则容易引发安全隐患。使用中应注意以下几个问题：

（1）电热设备应放在没有易燃、易爆性气体和粉尘及有良好通风条件的专门房间内，设备周围不能有可燃物品和其他杂物。

（2）因为电热设备的功率一般都比较大，电热设备应有专用线路和插座。如将它接在截面积过小的导线上或使用老化的导线，容易发生危险。

（3）电热设备接通后不能无人看管，要有人值守。特别是具有高温、高功率和高负荷特性且需长时间通电、甚至过夜的电热设备，必须进行过夜实验审批备案，必须安排人员值守或监控有效到位。利用上述设备开展危险性实验，必须双人在场且一人必须为教师。应建立巡检，做好台账，记录规范完整。要定期检查电热设备的使用情况，如控温器件是否正常，隔热材料是否破损，电源线是否过热、老化等。

（4）不要在温度范围的最高限值长时间使用电热设备。

（5）如果加热设备中用的加热丝已坏，更换的新加热丝一定要和原来的功率一致。

（6）不可将未预热的器皿放入高温电炉内。

（7）电热烘箱一般用来烘干玻璃仪器和加热过程中不分解、无腐蚀性的试剂或样品。挥发性易燃物或刚用乙醇、丙酮淋洗过的样品、仪器等不可放入烘箱加热，以免发生着火或爆炸。

（8）电烘箱门关好即可，不能上锁。

（9）实验室加热设备不得超过其使用年限。

6.3.3 电冰箱

电冰箱在实验室的使用越来越普遍,由于电冰箱导致的电气安全事故也非常多。冰箱使用过程中应重视以下几个方面:

(1) 保存化学试剂的冰箱应安装内部电器保护装置和防爆装置,应使用防爆冰箱,并在冰箱门上显眼位置张贴"防爆冰箱"标志。

(2) 不能将食物放入保存化学试剂的冰箱内。

(3) 冰箱内保存的化学试剂,应有永久性标签并注明试剂名称、物主、日期等。化学试剂应该放在气密性好,最好充满氮气的玻璃容器中。

(4) 不能将剧毒、易挥发或易爆化学试剂存放在冰箱中。

(5) 不能在冰箱内进行蒸发重结晶,因为溶剂的蒸气可能会腐蚀冰箱内部器件。

(6) 应该定期擦洗冰箱,清理药品。

(7) 冰箱不超期"服役",一般使用期限不超过 10 年。

6.3.4 空调器

空调器虽然不是专门的实验设备,但在实验室中普遍存在。如果使用不当,也会引起火灾。主要原因:电容器耐压值不够;受潮;电压过高被击穿;轴流风扇或离心风扇因故障停转,使电机温度升高,导致过热短路起火;导线过细载流量不足,造成超负荷起火等。因此在使用空调时应注意以下几点:

(1) 空调器应配有专用插座且保证良好的接地,导线和空调器功率要匹配。

(2) 空调器周围不得堆放易燃物品,空调器上不能有其他织物,要有良好的散热条件。

(3) 定期检查空调器元件,定期检测制冷温度,定期擦洗空气过滤网,出现故障及时排除。

6.3.5 变(调)压器

不少实验室都在使用各种类型变压器,在使用中应注意以下问题:

(1) 变压器应远离水源,不应放在通风柜内水龙头边上,以免溅上水引起短路。

(2) 变压器的功率要和电器的功率一致或者略大一些。

（3）变压器电源进线上最好装上开关并接好指示灯，以提醒在电器使用完毕后及时切断电源。

（4）不要在变压器周围堆放可燃物。

（5）经常检查变压器在使用过程中的状况，如发现有异味或较大噪声，应及时处理。

6.3.6　高压装置

高压装置一般包括高压发生源（气体压缩机、高压气体容器）和高压反应器（高压釜、各种合成反应管），有时也指涵盖压力计、高压阀、安全阀、电热器及搅拌器等附属器械构成的一个整体。高压装置一旦发生破裂，碎片即以高速度飞出，同时急剧地冲出气体而形成冲击波，使人身、实验装置及设备等受到重大损伤。同时往往还会使所用的煤气或放置在其周围的药品，引起火灾或爆炸等严重的二次灾害。由于高压实验危险性大，所以必须在熟悉各种装置、器械的构造及其使用方法的基础上，谨慎地进行操作。一般应注意如下事项：

（1）充分明确实验目的，熟悉实验操作的条件。要选用适合于实验目的及操作条件要求的装置、器械种类及设备材料。

（2）购买或加工制作上述器械、设备时，要选择质量合格的产品，并要标明使用的压力、温度及使用化学药品的性状等各种条件。

（3）一定要安装安全器械，设置安全设施。估计实验特别危险时，要采用遥测、遥控仪器进行操作。同时，要经常定期检查安全器械。

（4）要预先采取措施，即使由于停电等原因而使器械失去功能，亦不致发生事故。

（5）高压装置使用的压力，要在其试验压力的 2/3 以内的压力下使用（但试压时，则在其使用压力的 1.5 倍的压力下进行耐压试验）。

（6）用厚的防护墙把实验室的三面围起来，而另一面则用通风的薄墙围起。屋梁也要用轻质材料制作。

（7）要确认高压装置在超过其常用压力下使用也不漏气，即使发生意外漏气，也要防止其滞留不散，要注意室内经常通风换气。

（8）实验室内的电气设备，要根据使用气体的不同性质，选用防爆型之类的合适设备。

（9）实验室内仪器、装置的布局，要预先充分考虑到倘若发生事故，也要使其所造成的损害限制在最小范围内。

（10）在实验室的门外及其周围，要悬挂标志，以便局外人也清楚地知道实验内容及使用的气体等情况。

（11）由于高压实验危险性大，所以必须在熟悉各种装置、器械的构造及其使用方法的基础上，然后才能谨慎地进行操作。

在实验室的高压设备中，较为常见的是高压灭菌锅，**高压灭菌锅**在使用时需遵循如下的使用方法及注意事项。

一、使用方法

（1）首先将内层灭菌桶取出，再向外层锅内加入适量的水，使水面与三角搁架相平为宜。

（2）放回灭菌桶，并装入待灭菌物品。注意不要装得太挤，以免妨碍蒸气流通而影响灭菌效果。三角烧瓶与试管口端均不要与桶壁接触，以免冷凝水淋湿包口的纸而透入棉塞。

（3）加盖，并将盖上的排气软管插入内层灭菌桶的排气槽内。再以两两对称的方式同时旋紧相对的两个螺栓，使螺栓松紧一致，勿使漏气。

（4）用电炉或煤气加热，并同时打开排气阀，使水沸腾以排除锅内的冷空气。待冷空气完全排尽后，关上排气阀，让锅内的温度随蒸气压力增加而逐渐上升。当锅内压力升到所需压力时，控制热源，维持压力至所需时间。

（5）灭菌所需时间到后，切断电源或关闭煤气，让灭菌锅内温度自然下降，当压力表的压力降至 0 时，打开排气阀，旋松螺栓，打开盖子，取出灭菌物品。如果压力未降到 0 时，打开排气阀，就会因锅内压力突然下降，使容器内的培养基由于内外压力不平衡而冲出烧瓶口或试管口，造成棉塞沾染培养基而发生污染。

（6）将取出的灭菌培养基放入 37 ℃温箱培养 24 小时，经检查若无杂菌生长，即可待用。

二、注意事项

（1）锅内必须要有充足的蒸馏水或者纯化水（不可用自来水，以防结垢）。

（2）锅的气密性一定要好。

（3）气未放尽前，不得开启高压锅。

（4）如果灭菌后的培养基在锅内不及时拿出，需在蒸气放尽后将锅盖打开，切忌将培养基封闭在锅内过夜。

（5）压力表指针在 0.05 MPa 以上时，不能过快放气，以防止压力急速下降,液体滚沸,从培养容器中溢出。

（6）操作过程,请注意安全,小心烫伤。

6.3.7　高速运转设备

高校实验室常用的高速运转设备包括高速分散机、离心机等。下面介绍相关的使用方法和注意事项。

1. 高速分散机

高速分散机用于各种液体搅拌、溶解和分散,是各种不同粘度液体、液体与固体之间进行溶解和分散的常用设备。它适用于涂料、油墨和胶粘剂等化工产品的生产,高速分散机的安全操作规程及注意事项如下:

（1）开机前准备工作

① 检查液压油位是否正常,最低应加至规定油位。

② 用手拨动叶轮应转动灵活,无摩擦声。

③ 检查各紧固件是否松动及各密封部位有无渗漏现象。

④ 开启主电机,检查搅拌的旋向是否与设备所规定的方向相同。有无异响及异常震动情况。

⑤ 确认以上检查工作无误后方可开机正式运转。

（2）开机

① 将叶轮放在桶的中心位置,按"下降"按钮,下降到最低位置或要求的位置。

② 开主电机,按操作需要转速,调整按钮至适当转速。

③ 操作过程中应经常注意机器有无异响及异常震动情况。如发现异响及异常震动现象,应停车检查原因,采取措施排除异常后才能继续工作。

（3）停机

① 按"停车"按钮,使叶轮全部停止转动。

② 开"上升"按钮,使主轴叶轮上升至桶沿之上,推走桶后清洗叶轮。

③ 在升起时不能到升限顶部,防止液压油泵超压运行,损坏液压泵。

④ 升起时叶轮不能刮碰任何其他设备器具的伸出部分,防止机器叶轮变形及机身平衡受损。

⑤ 下降时不能有物体阻止旋转机轴和叶轮下行,防止损坏叶轮或

机轴,或产生变形。

(4) 注意事项

① 禁止除桶内搅拌物体外,任何物体接触旋转的机轴,在高速旋转时,任何固体物体都有可能缠绕机轴造成伤害。

② 禁止分散机高速超过 800 r/min 的空转,容易造成转轴变形或剧烈震动,或有可能断裂飞出。

③ 在加料时,各种包装袋子要远离运行的机轴,防止缠绕事故发生。

④ 禁止长发者及其他可能发生缠绕的物品靠近运行的机器。

⑤ 生产时,靠近机器操作者必须有另一人在机箱前把守,防止出现紧急情况不能立刻停车。

⑥ 有固体块状物或其他东西掉入搅拌桶内,要立即停车并取出后才能运行。

⑦ 设备若长期停车不用,须切断电源,全部擦洗干净。

⑧ 在使用过程中发现过热或不正常噪音应及时检查。

⑨ 定期检查易损件,如轴承、油封等,发现有磨损立即更换。

⑩ 禁止淋水、溅水到机电箱上。

2. 离心机

实验室常用的电动离心机按照转速可分为低速、高速和超高速三种。低速离心机一般转速在 4000 r/min 以下;高速离心机具有制冷系统、电路控制系统,自动化程度高,并有报警显示功能,速度可调范围较宽,转数在 4000~20 000 r/min;超高速离心机与高速离心机相比在构造上要复杂些,增加了真空系统、自动控制和显示系统,更加先进精确,转速在 4000~120 000 r/min。

离心机在使用时要注意如下事项:

(1) 首先打开离心机开关,进入待机状态。检查电源指示灯是否点亮。

(2) 选择合适容量的转头,特别要注意使用的离心管所盛液体不能超过离心管总容量的 2/3,如超过会导致液体易于溢出,使用前后要注意转头内有无泄漏的液体残余,保持离心机的转头干燥。转换不同转头时应注意使离心机转轴和转头的卡口卡牢。离心管平衡误差应在 0.1 g 以内。

(3) 选择离心参数:① 选择"温度"设置项,再用"+""-"按键设置离心温度,按"确定"键确定。② 选择"速度"设置项,可用"RPM/RCF"

设置档在离心机及转速之间进行切换,用"＋""－"键设置离心的速度或者调整离心力的大小,"确定"键确定。③ 选择"转头"设置项,再用"＋""－"键设置转头型号,"确定"键确定。④ 选择"时间"设置项,再用"＋""－"键设置离心时间,"确定"键确定。⑤ 离心机刹车或加速速度视离心的要求一般设置在 1～5 之间,根据离心要求做适当调整。

（4）应将做好平衡的离心管对称放入转头内,然后盖好转头盖子并拧紧螺丝。

（5）按下离心机盖门,如门盖未盖牢,则无法触动门盖开关,此时离心机将不能启动。

（6）按"开机"键,机器开始离心运行,离心开始后应等离心速度达到所设的速度时才能离开,一旦发现离心机有异常(如不平衡而导致机器明显震动,或噪音很大),应立即按"停止"键,停止离心,一般是停机后拔出电源线,运行过程中拔出电源线会导致离心机刹车失效,反而增加离心机的停机时间。

（7）机器如发现故障,请及时与厂家联系或请专业人员维修。

（8）使用结束后请清洁转头和离心机腔,不要关闭离心机盖,利于湿气蒸发。

（9）使用结束后必须登记,注明使用情况。

提醒

（1）离心机在预冷状态时,预冷是非常必要的,不可因为赶时间而忽略此过程,离心机盖必须关闭。离心结束后取出转头,转头要倒置于实验台上,并擦干腔内余水,离心机盖要处于打开状态。

（2）超速离心时,液体一定要加满离心管,因为超速离心时需抽真空,因此只有加满才能避免离心管变形。如遇离心管盖子密封性差,液体就不能加满,以防外溢,影响感应器正常工作。如对超速的转速情况不了解,可以咨询生产企业技术人员或售后服务人员。

（3）转头在预冷时转头盖可摆放在离心机的平台上,或摆放在实验台上,千万不可不拧紧浮放在转头上,因为一旦误启动,转头盖就会飞出,造成事故!

（4）转头盖在拧紧后一定要用手指触摸转头与转盖之间有无缝隙,如有缝隙要拧开重新拧紧,直至确认无缝隙方可启动离心机。

（5）使用时一定要接地线。离心管内所加的物质应相对平衡,如引起两边不平衡,会对离心机造成很大的损伤,至少将缩短离心机的使用寿命,也会造成安全上的隐患。

(6) 在离心过程中,操作人员不得离开离心机室,一旦发生异常情况操作人员应按下停止键,而不是电源键。

6.3.8 高低温设备

实验室常用高温设备除了电热设备中提及的,还有马弗炉、井式炉等,这些高温设备在使用过程中需注意以下事项:

1. 高温炉(箱式电阻炉)的使用注意事项

(1) 操作高温炉(箱式电阻炉)时炉膛温度不得超过最高炉温,也不要长时间工作在额定温度以上。比如型号 SX－G04133 型,它最高额定温度是 1 300 ℃,一般使用的最高温度在 1 000 ℃左右,所以设定的时候必须注意。

(2) 禁止向高温炉(箱式电阻炉)炉膛内灌注任何液体,不得将沾有水和油的试样放入炉膛。

(3) 不得用沾有水和油的夹子装取试样。

(4) 装取试样时要戴专用手套,以防烫伤。

(5) 在炉膛内取放样品时,应先关断电源,并轻拿轻放,以保证安全和避免损坏炉膛。装取试样时一定要切断电源,以防触电。

(6) 装取试样时,炉门开启时间应尽量短,在设备使用结束之后要及时从炉膛内取出样品,退出加热并关掉电源。

2. 高温炉(井式炉)的使用注意事项

(1) 炉子首次使用或长时间不用后,要在 120 ℃左右烘烤 1 小时,在 300 ℃左右烘烤 2 小时后使用,以免造成炉膛开裂。炉温尽量不要超过额定温度,以免损坏加热元件及炉衬。

(2) 禁止向炉膛内直接灌注各种液体及溶解金属,保持炉内的清洁。

(3) 管式炉在气氛条件下使用,气体在高温下会膨胀,导致管内压力变大,使用者应及时开启针阀,排出气体。管内安全压力建议值:－0.05 MPa～0.05 MPa。

低温环境也是实验室常用的操作环境。在低温操作的实验中,作为获得低温的手段,有采用冷冻机和使用适当的冷冻剂两种方法。而后一种方法较为简便,故经常被使用。例如,将冰与食盐或氯化钙等混合构成的冷冻剂,大约可以冷却到－20 ℃的低温,且没有大的危险性。但是,采用－80 ℃～－70 ℃的干冰冷冻剂,以及－200 ℃～－180 ℃的低温液化气体时,则有相当大的危险性。因此,操作时必须十分注意。

使用**冷冻机**应注意如下事项:

(1) 使用大型冷冻机要按照《高压气体管理法》的有关规定进行操作。若不是经过国家考试合格的《冷冻机作业操作者》,不能进行运转及维修。

(2) 小型冷冻机虽然不受管理法的限制,但是也必须遵照管理法的主要要求进行运转及维修。

(3) 因冷冻机在相当高的压力下工作,故应购买保证质量的制造厂的合格产品。并且也要安装安全装置。

(4) 冷冻机通常用氨、氟里昂、甲烷、乙烷及乙烯等作冷冻剂。但是,这些冷冻剂必须经过适当的处理。

使用干冰冷冻剂应注意的事项:干冰与某些物质混合,即能得到－80 ℃～－60 ℃的低温。但是与其混合的大多数物质为丙酮、乙醇之类有机溶剂,因而要求有防火的安全措施。并且使用时若不小心,用手摸到用干冰冷冻剂冷却的容器时,往往皮肤被粘冻于容器上而不能脱落,致使引起冻伤。因此要充分注意。低温液化气体由于能得到极低的温度及超高真空度,所以在实验室里也经常被使用。但是它具有多重危险性,在操作时必须熟练并小心谨慎。

在实际操作过程中还需要注意如下方面:

(1) 使用液化气体或处理使用液化气体的装置时,操作必须熟练,一般要由 2 人以上进行实验。初次使用时,必须在有经验的人员指导下操作。

(2) 一定要穿防护衣,戴防护面具或防护眼镜,并戴皮手套等防护用具,以免液化气体直接接触皮肤、眼睛或手脚等部位。

(3) 使用液化气体的实验室,要保持通风良好。实验的附属用品要固定起来。

(4) 液化气体的容器要放在没有阳光照射、通风良好的地点。

(5) 处理液化气体容器时,要轻快稳重。

(6) 液化气体不能放入密闭容器中。装液化气体的容器必须开设排气口,用玻璃棉等作塞子,以防着火和爆炸。

(7) 装冷冻剂的容器,特别是真空玻璃瓶,新的时候容易破裂。故要注意,不要把脸靠近容器的正上方。

（8）如果液化气体沾到皮肤上,要立刻用水洗去,而沾到衣服时,要马上脱去衣服。

（9）严重冻伤时,要请专业医生治疗,并参照冻伤应急处置办法进行处理。

（10）如果实验人员快窒息了,要立刻把他移到空气新鲜的地方进行人工呼吸,并速找医生抢救。

（11）由于发生事故而引起液化气体大量气化时,要采取与相应的高压气体场合的相同措施进行处理。

6.4 高校实验室人员用电安全

（1）实验室内电气设备的安装和使用管理,必须符合安全用电要求,大功率实验设备用电必须使用专线,严禁与照明线共用,谨防因超负荷用电着火。

（2）实验时,应先检查线路连接是否正确,确认无误后才能接通电源。实验结束后,应按操作流程切断电源。修理或安装电气设备时,应先切断电源。不能用测电笔去测试高压电。

（3）实验室内的用电线路和配电盘、板、箱、柜等装置及线路系统中的各种开关、插座、插头等应经常保持完好可用状态,空气开关功率必须与线路允许的容量相匹配。室内照明器具都要经常保持稳固可用状态。电线裸露部分应有绝缘装置。

（4）实验室内仪器设备凡本身要求安全接地的,必须接地;要定期检查线路。

（5）手上有水或潮湿的,禁止接触电器用品或电器设备。

（6）实验室内的工作人员必须掌握本室仪器、设备的性能和操作方法,严格按照规程操作。

第3篇 实验室技术安全

第7章 化学实验室安全

7.1 化学品分类

7.1.1 危险化学品的定义与分类

根据《中华人民共和国危险化学品安全法》的规定,**危险化学品**是指具有毒害、腐蚀、爆炸、燃烧、助燃等性质,对人体、设施、环境具有危害的剧毒化学品和其他化学品。

按照《化学品分类和危险性公示通则》(GB 13690)的分类方法,按理化危险、健康危险和环境危险三个类别将化学品进行了分类。

1. 理化危险

在这一大类中又细分为 16 个小类,具体为:

① 爆炸物质(或混合物):指一种固态或液态物质(或物质混合物),其本身能够通过化学反应而产生气体,产生气体的温度、压力和速度能对周围环境造成破坏。其中也包括发火物质,即使它们不放出气体。发火物质(或发火混合物)是一种物质或物质的混合物,它旨在通过非爆炸自持放热化学反应产生的热、光、声、气体、烟或所有这些组合来产生效应。爆炸性物品是含有一种或多种爆炸性物质或混合物的物品。烟火物品是包含一种或多种发火物质或混合物的物品。

② 易燃气体:指在 20 ℃和 101.3 kPa 标准压力下,与空气有易燃范围的气体。

③ 易燃气溶胶:指气溶胶喷雾罐,系任何不可重新灌装的容器,该容器由金属、玻璃或塑料制成,内装强制压缩、液化或溶解的气体,包含或不包含液体、膏剂或粉末,配有释放装置,可使所装物质喷射出来,形成在气体中悬浮的固态或液态微粒,也可形成泡沫、膏剂或粉末,或处于液态、气态。

④ 氧化性气体:指一般通过提供氧气,比空气更能导致或促进其

他物质燃烧的任何气体。

⑤ 压力下气体：指高压气体在压力等于或大于 200 kPa（表压）下装入贮器的气体，或是液化气体、冷冻液化气体。压力下气体包括压缩气体、液化气体、溶解气体、冷冻液化气体。

⑥ 易燃液体：指闪点不高于 93 ℃的液体。

⑦ 易燃固体：指容易燃烧或通过摩擦可能引燃或助燃的固体。易于燃烧的固体为粉末、颗粒状或糊状物质，它们在与火源短暂接触即可点燃，火焰会迅速蔓延，情况非常危险。

⑧ 自反应物质或混合物：指即使没有氧气（空气）也容易发生激烈放热分解的热不稳定液态、固态物质或者混合物。其中不包括根据统一分类制度分类为爆炸物、有机过氧化物或氧化物质的物质和混合物。自反应物质或混合物如果在试验中其组分容易起爆、迅速爆燃或在封闭条件下加热时显示剧烈效应，应视为具有爆炸性质。

⑨ 自燃液体：指即使数量小也能与空气接触后 5 min 之内引燃的液体。

⑩ 自燃固体：指即使数量小也能与空气接触后 5 min 之内引燃的固体。

⑪ 自热物质和混合物：指除发火液体或固体以外，与空气反应不需要能源供应就能够自己发热的固体、液体物质或混合物。这类物质或混合物不同于发火液体或固体，因为这类物质只有数量很大（千克级）并经过长时间（几小时或几天）才会燃烧。

⑫ 遇水放出易燃气体的物质和混合物：指通过与水作用，容易具有自燃性或放出危险数量的易燃气体的固态、液态物质或混合物。

⑬ 氧化性液体：指本身未必燃烧，但通常因放出氧气可能引起或促使其他物质燃烧的液体。

⑭ 氧化性固体：指本身未必燃烧，但通常因放出氧气可能引起或促使其他物质燃烧的固体。

⑮ 有机过氧化物：指含有二价过氧结构（—O—O—）的液态或固态有机物质，可以看作是一个或两个氢原子被有机基替代的过氧化氢衍生物，也包括有机过氧化物配方（混合物）。有机过氧化物是热不稳定物质或混合物，容易放热自加速分解。另外，它们可能具有下列一种或几种性质：a. 易于爆炸分解；b. 迅速燃烧；c. 对撞击或摩擦敏感；d. 与其他物质发生危险反应。如果有机过氧化物在实验室试验中，在封闭条件下加热时组分容易爆炸、迅速爆燃或表现出剧烈效应，则可认

为它具有爆炸性质。

⑯ 金属腐蚀剂：指通过化学作用显著损坏或毁坏金属的物质或混合物。

2. 健康危险

在这一大类中又分为 10 种,具体为：

① 急性毒性：指在单剂量或在 24 h 内多剂量口服或皮肤接触一种物质,或吸入接触 4 h 之后出现的有害效应。

② 皮肤腐蚀/刺激：皮肤腐蚀是对皮肤造成不可逆损伤,即施用试验物质达到 4 h 后,可观察到表皮和真皮坏死。腐蚀反应的特征是溃疡、出血、有血的结痂,而且在观察期 14 d 结束时,皮肤、完全脱发区域和结痂处由于漂白而褪色。皮肤刺激是施用试验物质达到 4 h 后对皮肤造成可逆损伤。

③ 严重眼损伤/眼刺激：严重眼损伤是在眼前部表面施加试验物质之后,对眼部造成在施用 21 d 内并不完全可逆的组织损伤,或严重的视觉物理衰退。眼刺激是在眼前部表面施加试验物质之后,在眼部产生在施用 21 d 内完全可逆的变化。

④ 呼吸或皮肤过敏：呼吸过敏物是吸入后会导致气管超过敏反应的物质。皮肤过敏物是皮肤接触后会导致过敏反应的物质。

⑤ 生殖细胞致突变性：主要指可能导致人类生殖细胞发生可传播给后代的突变的化学品。

⑥ 致癌性：指可导致癌症或增加癌症发生率的化学物质或化学物质混合物。

⑦ 生殖毒性：生殖毒性包括对成年雄性和雌性性功能和生育能力的有害影响,以及在后代中的发育毒性。

⑧ 特异性靶器官系统毒性——一次接触：由一次接触产生特异性的、非致死性靶器官系统毒性的物质。

⑨ 特异性靶器官系统毒性—反复接触：由反复接触而引起特异性的、非致死性靶器官系统毒性的物质。

⑩ 吸入危险："吸入"指液态或固态化学品通过口腔或鼻腔直接进入或者因呕吐间接进入气管和下呼吸道系统。吸入毒性包括化学性肺炎、不同程度的肺损伤或吸入后死亡等严重急性效应。

3. 环境危险

主要为危害水生环境这一类别,可按急性水生毒性、潜在或实际的生物积累、有机化学品的降解(生物或非生物)和慢性水生毒性四个要素来加以判别,具体参见《化学品分类、警示标签和警示性说明安全规范　对水环境的危害》(GB 20602)。**急性水生毒性**是指物质对短期接触它的生物体造成伤害的固有性质。**慢性水生毒性**是指物质在与生物体生命周期相关的接触期间对水生生物产生有害影响的潜在性质或实际性质。**生物积累**是物质以所有的接触途径(即空气、水、沉降物/土壤和食品)在生物体内吸收、转化和排出的净结果。**降解**是指有机分子分解为更小的分子,并最后分解为二氧化碳、水和盐。

重点监管的危险化学品名录包含了共 74 种化学品,具体扫码查看(　　)。

· 重点监管的危险化学品名录
· 危险化学品标志

7.1.2　危险化学品的标志

危险化学品安全标志是通过图案、文字说明、颜色等信息,鲜明、简洁地表征危险化学品的危险特性和类别,向作业人员传递安全信息的警示性资料。当一种危险化学品具有一种以上的危险特性时,应同时用多个标志表示其危险性类别。按中华人民共和国国家标准《危险货物包装标志》(GB 190),危险化学品的标志扫码可见(　　)。

7.1.3　化学品安全技术说明书(SDS)

化学品安全技术说明书(Safety data sheet for chemicals,SDS)是由化学品生产商或经销商提供的包含化学品理化特性、毒性、环境危害以及对使用者健康(如致癌、致畸等)可能产生危害等信息的一份综合性文件。化学品安全技术说明书在有些国家也称为物质安全技术说明书(Material safety data sheet,MSDS)。此外,根据《全球化学品统一分类标签制度》(Globally harmonized system of classification and labeling of chemicals,GHS),将化学物质或混合物的危险性分为物理危害、健康危害和环境危害三大类 28 项,称为 GHS 分类(GHS classification)。

SDS 是化学品供应商对下游用户传递化学品基本危害信息(包括运输、操作处置、储存和应急行动信息)的一种载体,同时也向公共机构、服务机构和其他涉及该化学品的相关方传递这些信息。按照要求,每种化学品都应该编制一份 SDS。供应商应向下游用户提供完整的SDS,并有责任及时更新,为下游用户提供最新版本的 SDS。下游用户在使用 SDS 时,还应充分考虑化学品在具体使用条件下的风险评估结果,采取必要的预防措施。下游用户应通过合适的途径将危险信息传递给不同作业场所的使用者,当 SDS 对工作场所提出具体要求时,下游用户应考虑 SDS 的建议。由于 SDS 仅和某种化学品有关,它不可能考虑所有工作场所可能发生的情况,所以 SDS 仅包含了保证操作安全所必备的一部分信息。SDS 应按照使用化学品工作场所控制法规总体要求,提供某一种物质或混合物有关的综合性信息。此外,当化学品是一种混合物时,供应商没有必要编制每个相关组分的单独的 SDS,只需编制和提供混合物的 SDS 即可。然而,当其中某种成分的信息不可或缺时,供应商应该提供该成分的 SDS。

　　一份合格的 SDS 应该提供化学品 16 个方面的信息,每部分的标题、编号和前后顺序不可随便变更。内容和顺序如下:(1) 化学品及企业标识;(2) 危险性概述;(3) 成分/组成信息;(4) 急救措施;(5) 消防措施;(6) 泄漏应急处理;(7) 操作处置与储存;(8) 接触控制与个体防护;(9) 理化特性;(10) 稳定性和反应性;(11) 毒理学信息;(12) 生态学信息;(13) 废弃处置;(14) 运输信息;(15) 法规信息;(16) 其他信息。在这 16 个部分中,除第 16 部分"其他信息"外,其余部分不能留下空项。在对每一部分进行描述时,还可以根据其内容细分出若干小项。需要注意的是,16 个部分的每一部分要清楚地分开,大项标题和小项标题的排版要醒目。下面以永华化学科技(江苏)有限公司编制的乙醚的 SDS 为例加以说明( )。

SDS 案例

7.2　危险化学品全周期管理

　　随着生产力的不断进步,全世界化学工业飞速发展,化学品的生产量和品种以惊人的速度增加。化学品的存在极大地改善和丰富了人们的生活,为人类的生活带来了很多便利,成为人类生活中不可缺少的一部分。然而,目前市场上流通的化学品中有相当一部分为危险化学品,管理和使用不善将给人类社会带来极大的危害和威胁。危险化学品往往具有易燃易爆、有毒有害、腐蚀等特性,而化工生产过程又多在高温高压(或低温真空)状态下进行。因此,不管是生产、贮存,还是运输和使用过程中,都存在着很多危险性因素。随着化学品和化工生产事故的频繁发生,人们的安全意识逐渐增强,人类对化学品的认识和对策措施也不断得到完善提高。从 20 世纪 60 年代开始,各工业国和一些国际组织纷纷制定有关法规、标准和公约,旨在加强化学品的安全管理,从而有效地预防和控制化学品的危害。

在《中华人民共和国危险化学品安全法》中,详细阐述了危险化学品的生产、贮存、使用、经营、运输和废弃处置的安全管理规范。任何单位和个人不得生产、经营、使用国家禁止生产、经营、使用的危险化学品。高校在危险化学品管理的各环节中,应严格对照执行。

7.2.1 危险化学品的采购与运输

危化品安全法

危险化学品的采购应树立节约意识,杜绝浪费。合理控制并减少危险化学品的使用量,尽量避免使用剧毒化学品、民用爆炸品,制定合理实验方案,优先考虑使用低毒(无毒)、低危险性化学品。

管制化学品(包括民用爆炸品、剧毒化学品、易制毒化学品、易制爆危险化学品、精神类药品和麻醉品等)严格实行统一购买制度。使用单位应向公安机关申请购买许可证和道路运输通行证,从具有经营许可证的单位采购,并委托依法取得运输资质的单位承运。任何单位和个人不得私自购买管制化学品。

1. 危险化学品的采购要求

采购危险化学品时应遵照下列要求:

① 不得向未取得危险化学品经营许可证的企业采购危险化学品。

② 不得向未取得《危险化学品安全生产许可证》的危险化学品生产企业采购危险化学品。

③ 剧毒化学品生产企业、经营企业不得向个人或者无购买凭证、准购证的单位销售剧毒化学品。

④ 剧毒化学品、易制毒化学品的购买凭证、准购证不得伪造、变造、买卖、出借或者以其他方式转让,不得使用作废的剧毒化学品、易制毒化学品购买凭证、准购证。剧毒化学品、易制毒化学品购买凭证和准购证的式样和具体申领办法由国务院公安部门制定。

⑤ 危险化学品使用单位和销售单位均不得委托不具备危险化学品运输资质的单位承运。

⑥ 危险化学品使用单位采购危险化学品时,应向危险化学品的生产或经营单位索取与所采购危险化学品完全一致的化学品安全技术说明书(SDS)和化学品安全标签。

2. 剧毒化学品及其采购要求

(1) 剧毒化学品的定义

具有剧烈急性毒性危害的化学品,包括人工合成的化学品及其混合物和天然毒素,还包括具有急性毒性易造成公共安全危害的化学品。

剧烈急性毒性判定界限:急性毒性类别 1,即满足下列条件之一:大鼠实验,经口 $LD_{50} \leqslant 5$ mg/kg,经皮 $LD_{50} \leqslant 50$ mg/kg,吸入(4 h)$LC_{50} \leqslant 100$ mL/m³(气体)或 0.5 mg/L(蒸气)或 0.05 mg/L(尘、雾)。经皮 LD_{50} 的实验数据,也可使用兔实验数据。

(2) 剧毒化学品采购

剧毒化学品的购买应由专人负责,严格实行统一购买制度。任何单位和个人不得私自购买、出借、转让和接受剧毒化学品。采购剧毒化学品时,必须从具有剧毒品经营许可证的单位购买,严格控制品种和数量,严禁计划外超量储备。剧毒化学品的运输,必须委托依法取得运输资质的单位承运。

申请剧毒化学品购买许可证时,需要向所在地县级人民政府公安机关提交下列材料:① 营业执照或者法人证书(登记证书)的复印件;② 拟购买的剧毒化学品品种、数量的说明;③ 购买剧毒化学品用途的说明;④ 经办人的身份证明。

3. 危险化学品的运输

化学品在运输中发生事故比较常见,全面了解化学品的安全运输,掌握有关化学品的安全运输规定,对降低运输事故具有重要意义。危险化学品的运输安全要求如下:

① 国家对危险化学品的运输实行资质认定制度,未经资质认定,任何单位和个人不得运输危险化学品。

② 托运危险物品必须出示有关证明,在指定的铁路、交通、航运等部门办理手续。托运物品必须与托运单上所列的品名相符,托运未列入国家品名表内的危险物品,应附交上级主管部门审查同意的技术鉴定书。

③ 危险物品的装卸人员,应按装运危险物品的性质,佩戴相应的个体防护装备,装卸时必须轻装、轻卸,严禁摔拖、重压和摩擦,不得损毁包装容器,并注意标志,堆放稳妥。

④ 危险物品装卸前,应对车(船)搬运工具进行必要的通风和清扫,不得留有残渣,对装有剧毒物品的车(船),卸车后必须洗刷干净。

⑤ 装运爆炸、剧毒、放射性、易燃液体、可燃气体等物品,必须使用符合安全要求的运输工具,禁止用电瓶车、翻斗车、铲车、自行车等运输

爆炸物品。运输强氧化剂、爆炸品及用铁桶包装的一级易燃液体时,没有采取可靠的安全措施,不得用铁底板车及汽车挂车;禁止用叉车、铲车、翻斗车搬运易燃、易爆液化气体等危险物品;温度较高地区装运液化气体和易燃液体等危险物品,要有防晒设施;放射性物品应用专用运输搬运车和抬架搬运,装卸机械应按规定负荷降低 25%;遇水燃烧物品及有毒物品,禁止用小型机帆船、小木船和水泥船承运。

⑥ 运输爆炸、剧毒和放射性物品,应指派专人押运,押运人员不得少于 2 人。

⑦ 运输危险物品的车辆,必须保持安全车速,保持车距,严禁超车、超速和强行会车。运输危险物品的行车路线,必须事先经当地公安交通管理部门批准,按指定的路线和时间运输,不可在繁华街道行驶和停留。

⑧ 运输易燃、易爆物品的机动车,其排气管应装阻火器,并悬挂"危险品"标志。

⑨ 运输散装固体危险物品,应根据性质,采取防火、防爆、防水、防粉尘飞扬和遮阳等措施。

⑩ 禁止利用内河以及其他封闭水域运输剧毒化学品。通过公路运输剧毒化学品的,托运人应当向目的地的县级人民政府公安部门申请办理剧毒化学品公路运输通行证。办理剧毒化学品公路运输通行证时,托运人应当向公安部门提交有关危险化学品的品名、数量、运输始发地和目的地、运输路线、运输单位、驾驶人员、押运人员、经营单位和购买单位资质情况的材料。

⑪ 运输危险化学品需要添加抑制剂或者稳定剂的,托运人交付托运时应当添加抑制剂或者稳定剂,并告知承运人。

⑫ 危险化学品运输企业,应当对其驾驶员、船员、装卸管理人员、押运人员进行有关安全知识培训。驾驶员、装卸管理人员、押运人员必须掌握危险化学品运输的安全知识,并经所在地设区的市级人民政府交通部门考核合格,船员经海事管理机构考核合格,取得上岗资格证,方可上岗作业。

危险化学品运输途中
发生爆炸燃烧事故

7.2.2 危险化学品贮存管理

1. 普通危险化学品贮存要求

危险化学品使用单位须建立出入库台账。化学品采购、入库、领用、使用以及危险废物处置等环节都须及时、准确做好记录,做到账物相符、账账相符。

危险化学品贮存场所必须安全可靠,冬暖夏凉,并根据消防相关法律法规配备消防设施、通讯以及报警等装置,满足通风、隔热、干燥、避光、阴凉等要求,远离高温高压仪器、配电柜等危险设备设施以及热源和火源等。

危险化学品贮存实行定置管理。定位、定点有序存放,在贮存点醒目的位置张贴定置线(警示线)、安全警示标志以及危险化学品详细清单,并放置相应危险化学品的化学品安全技术说明书(SDS),方便查阅。所有化学品和配制实验试剂都应贴有明显标签,杜绝标签丢失、新旧标签共存、标签信息不全或不清等混乱现象。配制的试剂、反应产物等应有名称、浓度或(纯度)、责任人、日期等信息。

定期清理过期药品,无累积现象。实验室危险化学品原则上只许临时存放 24 小时使用量,剩余危险化学品确因工作需要必须保留在实验室的,应配备规范的危险化学品专用贮存柜,其最长存储年限不得超过一年。

实验室临时贮存的危险化学品应遵循以下原则:固体液体存放于同一柜体内时遵循固液分开、固上液下的原则,挥发性不同的化学品存放时遵循上强下弱的原则,同时尽可能遵守上轻下重的原则;化学品应密封、分类、合理存放,切勿将不相容的、相互作用会发生剧烈反应的化学品混放。

2. 管制类等特殊化学品贮存要求

(1) 剧毒化学品

剧毒化学品应单独存放在专用仓库的保险柜中,由专人负责管理,严格按照**"五双"**(双把锁、双本账、双人保管、双人领取、双人使用)制度进行管理。剧毒化学品专用仓库应当符合国家标准、行业标准的要求,按照国家有关规定设置相应的技术防范设施,并经常性进行维护、保养,保证安全设施和设备的正常使用。剧毒化学品专用仓库应该配备 24 h 专职治安保卫人员。剧毒化学品的贮存场所必须设置明显的安全警示标志,应当设置通信、报警装置,并保证处于适用状态。剧毒化学品的贮存单位应当建立剧毒化学品出入库核查、登记制度,如实记录贮存剧毒化学品的数量、流向。贮存的剧毒化学品必须保证账、物相符(包括品种、规格和数量)。

江苏省教育科研和医疗单位
剧毒化学品治安安全管理规定

（2）易制爆危险化学品

易制爆危险化学品每间实验室（50 m²）存放总量不得超过 20 L（或 kg）或 24 h 使用量；存放温度保持在 35 ℃ 以下，装卸、运输时防止猛烈撞击，并防止日晒雨淋；需存放在通风、配防渗漏托盘并带有过滤装置的易制爆双层钢制柜内；按照规定配备通信、监控、报警等技术防范设施，设置明显的安全警示标志，严格按照"五双"要求，实行专人管理，如实记录数量、流向等信息。

（3）易制毒危险化学品

易制毒化学品每间实验室（50 m²）存放总量原则上不得超过 20 L（或 kg）或 24 h 使用量；需存放在通风和防渗漏的专用贮存柜内，不得和其他种类的物品（包括非危险品）共同放置，特别是远离火种、热源及氧化剂、易燃品、遇湿易燃品的地方，尤其不能与食品放在一起，严格按照"五双"要求，实行专人管理，如实记录数量、流向等信息。

（4）易燃易爆品和腐蚀品

易燃易爆品和腐蚀品每间实验室（50 m²）存放总量原则上不得超过 40 L（或 kg）或 24 h 使用量；需存放在通风和防渗漏的专用贮存柜内，需把具有腐蚀特性的化学试剂进行密封存放，实行专人管理，如实记录数量、流向等信息。

（5）气体

危险气体钢瓶存放点须通风、远离热源、避免暴晒，地面平整干燥；钢瓶颜色和字体清楚，有状态标志，有钢瓶定期检验合格标志；配置气瓶柜或气瓶防倒链、防倒栏栅；无大量气体钢瓶堆放现象；每间实验室内存放的氧气和易燃、易爆、有毒气体不宜超过一瓶，其他气瓶的存放，应控制在最小需求量。

涉及毒性和易燃易爆气体的场所，配有通风设施和合适的泄露报警装置等，张贴必要的安全警示标志；存有大量惰性气体或液氮、二氧化碳的较小密闭空间，需加装氧气含量报警表；独立的气体钢瓶室，通风、不混放、有监控、管路有编号、排布有序、去向明确，有专人管理和记录；未使用的钢瓶有钢瓶帽。

氢气泄漏发生爆炸事故

可燃性气体与氧气等助燃气体不混放；气体管路连接正确、有标识，管路材质选择合适，无破损或老化现象，定期进行气体泄漏检查；易燃易爆气体管道应可靠接地，存在多条气体管路的房间须张贴详细的管路图。

3. 化学品的贮存库房

普通的化学品贮存库房没有特殊要求,只需满足通风、便于取放等基本要求即可。但危险化学品仓库则需要符合下列条件:

(1) 建筑结构

① 危险化学品仓库的墙体应采用不燃烧材料的实体墙。

② 危险化学品仓库应设置高窗,窗上应安装防护铁栏,窗户应采取避光和防雨措施。

③ 危险化学品仓库门应根据危险化学品性质相应采用具有防火、防雷、防静电、防腐、不产生火花等功能的单一或复合材料制成,门应向疏散方向开启。

④ 存在爆炸危险的危险化学品仓库应设置泄压设施。泄压方向宜向上,侧面泄压应避开人员集中场所、主要通道。泄压设施应采用轻质屋面板、轻质墙体和易于泄压的门窗等。

⑤ 危险化学品仓库应为单层且独立设置,不应设有地下室。

⑥ 危险化学品仓库的防火间距应符合国家标准《建筑设计防火规范》(GB 50016)的规定。

(2) 电气安全

① 危险化学品仓库内照明、事故照明设施、电气设备和输配电线路应采用防爆型。

② 危险化学品仓库内照明设施和电气设备的配电箱及电气开关应设置在仓库外,并应可靠接地,安装过压、过载、触电、漏电保护设施,采取防雨、防潮保护措施。

③ 贮存有爆炸危险的危险化学品仓库内电气设备应符合国家标准《爆炸和火灾危险环境电力装置设计规范》(GB 50058)的要求。

(3) 安全措施

① 危险化学品仓库应设置防爆型通风机。

② 危险化学品仓库及其出入口应设置视频监控设备。

③ 危险化学品仓库设置的灭火器数量和类型应符合国家标准《建筑灭火器配置设计规范》(GB 50140)的要求。

④ 贮存易燃气体、易燃液体的危险化学品仓库应设置可燃气体报警装置。

⑤ 危险化学品仓库应设置防雷和防静电设施。

⑥ 装卸、搬运危险化学品时,应做到轻装、轻卸,严禁摔、碰、撞、击、拖拉、倾倒和滚动。

⑦ 装卸搬运有燃烧爆炸危险性化学品的机械和工具应选用防爆型。

⑧ 危险化学品仓库地面应防潮、平整、坚实、易于清扫,不发生火花。贮存腐蚀性危险化学品仓库的地面、踢脚应防腐。

4. 化学品的贮存规范

化学品贮存的基本原则是根据化学品的特性分区、分类、分库贮存,各类化学品不得与禁忌化学品混合贮存。危险化学品的贮存按照国家标准《常用化学危险品贮存通则》(GB 15603)执行。

(1) 危险化学品贮存的基本要求

① 贮存危险化学品必须遵照国家法律、法规和其他有关的规定。

② 危险化学品必须贮存在经公安部门批准设置的专门的危险化学品仓库中。

③ 危险化学品露天堆放,应符合防火、防爆的安全要求,爆炸物品、一级易燃物品、遇湿燃烧物品、剧毒物品不得露天堆放。

④ 贮存危险化学品的仓库必须配备有专业知识的技术人员,其库房及场所应设专人管理,管理人员必须配备可靠的个体防护装备。

⑤ 贮存的危险化学品应有明显的标志。同一区域贮存两种或两种以上不同级别的危险品时,应按最高等级危险物品的性能标志。

⑥ 各类危险品不得与禁忌物料混合贮存,禁忌物料配置参见国家标准《常用化学危险品贮存通则》(GB 15603)的附录 A。禁忌物料是指化学性质相抵触或灭火方法不同的化学物料。

⑦ 贮存危险化学品的建筑物、区域内严禁吸烟和使用明火。

(2) 危险化学品的贮存方式

危险化学品的贮存方式分隔离贮存、隔开贮存和分离贮存三种。隔离贮存指在同一房间或同一区域内,不同的物料之间分开一定的距离,非禁忌物料间用通道保持空间的贮存方式。隔开贮存指在同一建筑或同一区域内,用隔板或墙,将其与禁忌物料分离开的贮存方式。分离贮存指在不同的建筑物或远离所有建筑的外部区域内的贮存方式。

(3) 危险化学品贮存的分类要求

① 遇火、遇热、遇潮能引起燃烧、爆炸或发生化学反应,产生有毒气体的危险化学品不得贮存在露天或在潮湿、积水的建筑物中。

② 受日光照射能发生化学反应引起燃烧、爆炸、分解、化合或能产生有毒气体的危险化学品应贮存在一级建筑物中。其包装应采取避光措施。

③ 爆炸物品必须单独隔离限量贮存，不准和其他类物品同时存放。爆炸物品的仓库不准建在城镇，还应与周围建筑、交通干道、输电线路保持一定安全距离。

④ 压缩气体和液化气体必须与爆炸物品、氧化剂、易燃物品、自燃物品、腐蚀性物品隔离贮存。易燃气体不得与助燃气体、剧毒气体同贮；氧气不得与油脂混合贮存，盛装液化气体的容器属压力容器的，必须有压力表、安全阀、紧急切断装置，并定期检查，不得超装。

⑤ 易燃液体、遇湿易燃物品、易燃固体不得与氧化剂混合贮存，具有还原性氧化剂应单独存放。

⑥ 有毒物品应贮存在阴凉、通风、干燥的场所，不要露天存放，不要接近酸类物质。

⑦ 腐蚀性物品，包装必须严密，不允许泄漏，严禁与液化气体和其他物品共存。

7.2.3 危险化学品领用及使用管理

1. 一般危险化学品使用

实验室须准确掌握危险化学品的品种、来源、数量、危险特性、标准化操作规程（SOP）、废弃物管理以及日常检查情况等信息，须建立危险化学品的危险识别制度。

实验人员须充分掌握实验目的和反应机理，仔细阅读化学品安全技术说明书（SDS），充分预测实验可能产生的危害，掌握风险控制手段和事故应急能力，按需佩戴合适的个体防护装备。

若在实验中使用易挥发试剂，或是会产生有毒、有害、刺激性气体或烟雾的，须在安装有吸附装置的通风橱内进行操作。

学生使用危险化学品须在老师指导下进行。实验持续过程中，实验人员须密切留意实验动态，严禁脱岗和无人值守。严禁闲杂人等进入实验室，严禁将食品和饮料等带入实验室，严禁将化学品带出实验室。

危险化学品使用单位应建立化学品应急管理制度。制定本单位和实验室危险化学品事故应急救援预案，配备必要的应急救援设施和器材，并定期组织应急救援演练。发现危险化学品丢失、被盗（抢）或误用等突发情况，应立即启动应急预案，并报告实验室与设备管理处，由学校根据相关规定上报环保、公安、卫生等政府职能部门。

2. 剧毒化学品使用

加强对剧毒化学品的安全管理对于整个高校和社会的稳定至关重要。高校使用剧毒化学品的实验室众多,涉及的剧毒化学品种类广且各不相同。在高校实验室中使用某种剧毒化学品的用量可能不大,但使用到的剧毒化学品的品种较多,而且实验室人员较为密集且流动性大。这些特点一方面说明高校实验室剧毒化学品管理难度极大,同时也充分表明加强高校剧毒化学品管理的重要性和必要性。

剧毒化学品的使用场所安全设施必须符合安全规范,并设置明显的安全警示标志。使用剧毒化学品的人员必须参加过专业的学习与培训,掌握相关法律法规和剧毒化学品安全防护知识,具备使用剧毒化学品的相应知识和应急技能,取得岗位培训合格证。使用剧毒化学品的实验室应根据所使用的剧毒化学品的种类、危险特性以及使用量和使用方式,建立和健全使用剧毒化学品的安全管理规章制度和安全操作规程,保证剧毒化学品的安全使用。实验室必须把所使用剧毒化学品的化学品安全技术说明书(SDS)放置在明显的位置,供实验室人员随时查阅和应急之用。涉及使用剧毒化学品的实验必须做好详实的实验记录,实验记录一年内可由本实验室保存,一年后须上交存档。各剧毒品使用单位或个人须定期向主管部门提交剧毒化学品的使用台账。

在剧毒化学品的领用、使用以及进行实验过程中,必须有两人在场且其中至少一名为在职教师,相关人员必须佩戴合适的个体防护装备,采取有效的防护措施。实验人员必须根据剧毒化学品的特性和按照仪器设备的操作规程进行实验,实验完毕后应搞好个人消毒工作方可离开实验室。

剧毒化学品的原包装容器不得任意毁弃或出售给他人,必须退回剧毒化学品仓库,并按照环保有关规定统一交有资质的危险品处理单位进行处置,严禁随意丢弃和擅自处理。剧毒化学品使用后所产生的废液、废渣,应先按规定进行无害化处理,处理后作为普通废液进行处置。如确实无法自行处理,应严格进行分类回收,贴好标识后统一交有资质处理单位处置,严禁随意倾倒和擅自处置。

剧毒化学品使用单位应当制定本单位事故应急救援预案,配备必要的应急救援器材、设备,并定期组织应急救援演练。如发现剧毒化学品丢失、被盗(抢)、误用、流散等突发情况,应立即启动应急预案,保护好现场,并立即逐级上报。

7.3　化学实验室操作安全

7.3.1　化学试剂的使用安全

在进行化学实验时，必然会用到各种化学试剂，其中有不少为危险化学品。因此，在使用化学试剂之前，首先应认真阅读该化学试剂的安全技术说明书(SDS)，必须对其是否易燃易爆、是否有腐蚀性、是否有毒、是否有放射性、是否有强氧化性等性能有一个全面的了解，才能在使用时有针对性地采取一些安全防范措施，以避免由于使用不当造成对实验人员及实验设备的危害。下面对各类化学试剂的安全使用作简要介绍。

1. 易燃易爆化学试剂

一般将闪点在 25 ℃ 以下的化学试剂列入**易燃化学试剂**，它们多是极易挥发的液体，遇明火即可燃烧。闪点越低，越易燃烧。常见闪点在 −4 ℃ 以下的有戊烷、乙烷、乙醚、汽油、二硫化碳、丙酮、苯、乙酸乙酯、乙酸甲酯等(详见本书第 5.1 节二维码)。这类化学试剂应存放在阴凉通风处，当在冰箱中存放时，一定要使用防爆冰箱。在大量使用这类化学试剂时，要保证实验室的通风良好，所用电器一定要采用防爆电器，现场绝对不能有明火。

易燃试剂在激烈燃烧时也可引发爆炸，一些固体化学试剂如：硝化纤维、苦味酸、三硝基甲苯、三硝基苯、叠氮或重氮化合物等，它们本身就易燃，遇热或明火分解发生爆炸。在使用这些化学试剂时，绝不能直接加热，同时也要注意周围不要有明火。

金属钾、钠、锂、钙、氢化铝、电石等一类固体化学试剂，遇水即可发生激烈反应，并放出大量热，也可产生爆炸。在使用这些化学试剂时，一定要避免它们与水直接接触。

此外，黄磷等试剂与空气接触即能发生强烈氧化作用；硫化磷、赤磷镁粉、锌粉、铝粉等与氧化剂接触或在空气中受热、受冲击或摩擦能引起急剧燃烧，甚至爆炸。在使用这些化学试剂时，一定要注意周围环境温度不要太高，不要让它们与强氧化剂接触。

使用易燃易爆化学试剂的实验人员，必须规范穿戴个体防护装备。

2. 有毒化学试剂

有毒化学试剂是指能对人类或动物造成死亡、暂时失能或永久伤害的任何化学品。有毒化学试剂一般分为毒害化学试剂和剧毒化学试剂两类:毒害化学试剂一般包括无机毒害类(如汞、铅、钡、氟的化合物等)和有机毒害类(如乙二酸、四氯乙烯、甲苯二异氰酸酯、苯胺等);剧毒化学试剂指生物试验中致死量(LD_{50})在 50 mg/kg 以下的有毒化学试剂。剧毒化学试剂一般也包括无机剧毒类(如氰化物、砷化物、硒化物,汞、铍、铊、磷的化合物等)和有机剧毒类(如硫酸二甲酯、四乙基铅、醋酸苯等)。

使用有毒化学试剂的注意事项:

① 有毒化学试剂应放置在通风处,远离明火、远离热源。

② 有毒化学试剂不得和其他种类的物品(包括非危险品)共同放置,特别是与酸类及氧化剂共放,尤其不能与食品放在一起。

③ 进行有毒化学试剂实验时,化学试剂应轻拿轻放,严禁碰撞、翻滚,以免摔破漏出。

④ 操作时,应穿戴防护服、口罩、手套。皮肤有伤口时,禁止操作这类物质。

⑤ 实验后应第一时间洗澡和更换衣物。

⑥ 对一些常用的剧毒化学试剂一定要了解这些化学试剂中毒时的急救处理方法,剧毒化学试剂一定要有专人保管,严格控制使用量。

3. 腐蚀性化学试剂

腐蚀性化学试剂指能腐蚀人体、金属和其他物质的化学试剂。腐蚀性化学试剂有酸性化学试剂(如硫酸、硝酸、盐酸、磷酸、甲酸、冰醋酸等)和碱性化学试剂(如氢氧化钠、硫化钠、乙醇钠、水合肼等)。腐蚀性化学试剂的品种比较复杂,应根据其不同性质分别存放。低温下易结冰的冰醋酸和易聚合变质的甲醛应放在冬暖夏凉处。遇水易分解的腐蚀品如五氧化二磷、三氯化铝等应放在较干燥的地方。实验时,要避免腐蚀性化学试剂碰到皮肤、黏膜、眼、呼吸器官,一旦误触腐蚀性化学试剂,接触到的部位立即用清水冲洗 15 min,视情况决定是否就医。在使用这类试剂前,一定要事先阅读 SDS,了解相应的急救处理方法。

4. 强氧化性化学试剂

强氧化性化学试剂是指对其他物质能起氧化作用而自身被还原的物质,大多是过氧化物或含氧酸及其盐,如过氧化酸、硝酸铵、硝酸钾、高氯酸及其盐、重铬酸及其盐、高锰酸及其盐、过氧化苯甲酸、五氧化二磷等。强氧化性化学试剂在适当条件下可放出氧发生爆炸,并且与镁、铝、锌粉、硫等易燃物形成爆炸性混合物。这类物质应存放在阴凉、通风、干燥处,须与酸类、易燃物、还原剂等隔离存放,保持环境温度不要高于 30 ℃。使用时,保持通风良好,且一般不与有机物或还原性物质共同使用(加热),避免它们与皮肤等器官接触,如有不慎误触,应立即用水冲洗。

5. 放射性化学试剂

普通化学实验室中一般很少有放射性物质,在使用这类化学试剂时,一定要按放射性物质的使用方法,采取严格的保护措施,同时防止放射性物质的污染与扩散。

7.3.2 玻璃仪器的操作安全

由于玻璃原料来源方便,并可按需制作成各种不同功能的产品,使得玻璃仪器成为化学实验中最常用的仪器。玻璃仪器具有很高的化学稳定性和热稳定性,也有很好的透明度、良好的绝缘性能和一定的机械强度。实验室中常用的玻璃仪器分为普通玻璃仪器和磨口玻璃仪器。

普通玻璃仪器使用时要注意以下几点:

① 在剪切或加工玻璃管及玻璃棒时,必须要戴防割伤手套。玻璃管及玻璃棒的断面要用锉刀锉光滑或用喷灯熔一下,使其断面圆滑,避免造成割伤事故。

② 玻璃管与橡胶管连接或将温度计插入橡胶塞时,应用水、甘油或润滑脂等润滑,避免折断玻璃管或温度计从而使人受伤。

③ 在洗涤烧杯、烧瓶时,不要局部勉强用力或冲击,避免割破手等事故发生。

④ 在使用前,要确认玻璃仪器无变形、无裂纹。在组装实验装置时,要注意夹具夹得过紧会使玻璃容器破损。

⑤ 在加热和冷却时,要避免骤热、骤冷、局部加热。一般情况下,不允许给密闭的玻璃容器加热。

⑥ 由于厚壁的玻璃瓶和量筒的导热性差,不可用于配制溶液,以免配制溶液时产生的溶解热使仪器损坏。

⑦ 薄壁的玻璃容器在往台面上放置时或进行搅拌操作时易碎,应特别注意。壁薄和平底的玻璃容器在加压或抽真空时易碎,不能使用。

⑧ 玻璃仪器在加热后很难从外观上判断其热的程度,要格外注意避免烫伤。

⑨ 即使非常小心,玻璃仪器有时也会出现意外破损,在实验时应采取适当防范措施,降低危险。

⑩ 玻璃碎片要丢弃在指定的收集容器内。

磨口玻璃仪器是指具有标准磨口或磨塞的玻璃仪器。由于口塞尺寸的标准化、系统化，磨砂密合。凡属于同类规格的接口，均可任意互换，各部件能组装成各种配套仪器。使用标准接口玻璃仪器既可以免去配塞子的麻烦手续，又能避免反应物或产物被塞子污染的危险。磨口玻璃仪器在化学实验中使用非常广泛，但在实验过程中如操作不规范，保养不妥善，就会造成磨口玻璃塞打不开，用力扭动易造成仪器破损，且容易割伤人手。因此需要正确使用保养磨口仪器。

实验室中，使用保养磨口仪器一般应注意以下几点：

① 磨口仪器使用时一般无需涂润滑剂，以免污染反应物或生成物，如反应中有强碱性物介入，则应涂润滑剂，防止磨口粘连。对于标准磨口仪器如酸式滴定管，在使用时若活塞转动不灵或漏水，应在磨口处涂上凡士林或活塞油(不宜太多)，并单向旋转至磨口处透明、开关灵活为止。

② 磨口仪器一般不能盛放碱性试剂及热溶液，避免磨口连接处因碱腐蚀或高温而粘连。对于细口试剂瓶和滴瓶在盛放碱性试剂时要换用橡皮塞，切忌带磨口塞直接盛放以造成磨口处连结。

③ 磨口仪器用后应立即拆洗，并在磨口对接处衬垫一张小纸条，以防粘连。

④ 磨口须保持洁净，避免灰尘、油灰物污染磨口，影响磨口的密封性，损坏磨口仪器。

⑤ 刷洗磨口仪器不能用去污粉擦洗，以免损坏磨口，应用脱脂棉球蘸取少量的乙醇等有机溶剂擦洗或用洗液浸泡后，冲水洗净。

⑥ 在磨口仪器拆装时，要注意轻缓适度、整齐一致，避免磨口对接处因受斜力引起仪器破损。

⑦ 在烘干磨口仪器时，必须取下磨口塞以免受热不均匀而引起仪器的破裂。实验室中，如发现磨口塞(活塞)打不开，应根据不同情况采用相应方法。由于长时间放置引起的粘连可将仪器在水浴中加热，然后用木棒轻轻敲击磨口塞。由于碱性物质导致的粘连，可在磨口处滴加稀盐酸或放入水中缓缓煮沸，然后用木器轻轻敲打或扭动塞子。由于油灰物造成的粘结，可先浸泡几小时去灰尘，再用吹风机或水浴加热，待油状物熔化后，用木棒缓缓敲击或扭动磨口塞。

7.3.3 实验室设备的操作安全

为保证实验教学工作的顺利开展,提高设备的使用效率,保障实验仪器设备的安全和师生的人身安全,必须加强实验室仪器设备的管理。在使用实验室仪器设备时,一般要遵循以下操作安全规则:

(1) 基本要求

① 实验室内严禁大声喧哗、打闹嬉戏。

② 水等液体应远离实验设备。

③ 不要动他人正在运行的仪器设备。

(2) 仪器搬运与放置

① 仪器在搬运前应切断电源以确保安全,搬运过程中不得磕碰,注意轻拿轻放。

② 应避免其他物体遮挡仪器的散热口,保证其通风。

③ 应避免仪器叠放在一起,以免划伤仪器表面。

④ 应避免仪器放置在桌子或周转车的边缘,以免不慎将仪器摔坏。

(3) 仪器使用前

① 在仪器使用前,应仔细阅读仪器的使用说明书。

② 了解仪器的使用条件,如仪器的电源电压、额定输出功率等参数。

③ 了解仪器的调节方法和参数范围。

④ 了解仪器的连接与拆装方法。

⑤ 未经主管人员批准不得擅自拆卸和改装仪器设备。

(4) 仪器使用

① 首次使用仪器时,需由指导教师确认连接正确后再开机运行,避免由于连接错误损坏仪器。仪器连接线应无破损,并避免相互搭接在一起或与被测物体搭接造成短路。线路连接应尽量避免连线跨越实验室内的通道。

② 使用仪器时,参数的调节范围应按照相关说明书进行。

③ 仪器运行中发生报警或异常等情况时应及时切断仪器电源。

④ 仪器使用过程中,应避免水或其他液体泼溅到仪器上。

(5) 仪器使用后

① 在实验完成后或需离开实验室时,应及时关断仪器的电源,以免造成仪器设备损坏。如确需仪器设备在无人状态下运行时,应征得设备管理人员同意,并在运行设备的周围放置明显的标识,如"设备运

行中,勿动"等字样。

②仪器使用后,应将仪器恢复到仪器原有的位置,并清理实验区域。

(6)仪器损坏

①仪器设备损坏,实验人员应及时通知实验室设备管理人员及时登记处理。

②当仪器设备损坏时,设备管理人员应在设备上贴明显的标识,如"设备已损坏,勿动"或"设备维修中,勿动"等字样。实验人员不得使用带有该类标识的仪器。

7.4 化学品中毒事故的应急处理

7.4.1 化学品毒性分级

毒性(toxicity)又称生物有害性,一般是指外源化学物质与生命机体接触或进入生物活体体内的易感部位后,能引起直接或间接损害作用的相对能力,或简称为损伤生物体的能力。化学品的毒性常用"半致死量"来表示。LC_{50}是在动物急性毒性试验中,使受试动物半数死亡的毒物浓度。LD_{50}就是某毒性物质使受试生物死亡一半所需的绝对剂量。某些侵入人体的少量物质引起局部刺激或整个机体功能障碍的任何疾病称为中毒。根据《职业性接触毒物危害程度分级》(GBZ 230),毒物的半致死剂量(或半致死浓度)、急性与慢性中毒的状况与后果、致癌性、工作场所最高允许浓度等指标全面权衡,将我国常见的56种毒物的危害程度分为四级,即轻度危害(Ⅳ级)、中度危害(Ⅲ级)、高度危害(Ⅱ级)、极度危害(Ⅰ级)。毒物危害程度分级依据扫码可见( )。

·毒物危害程度分级
·毒物危害程度级别

7.4.2 常见毒物的危害程度级别

我国对职业性接触毒物危害程度分级制定了国家标准(GB 5044),并将56种常见毒性化学品的危害程度分为四级。常见毒物的危害程度级别可扫码查看( )。

7.4.3 化学品造成人体中毒的途径

化学品侵入人体的途径有以下四种：(1)经呼吸道、肺吸入中毒。呼吸道、肺吸入是化学泄漏事故引起中毒最危险、最常见、最主要的途径。(2)通过皮肤渗透、吸收中毒。化学毒物可通过表皮、毛孔、汗腺等管道渗透进入人体，这类事故比较常见。(3)经消化道中毒。有毒物质直接污染水源或食物，经过消化道进入人体后引起中毒。(4)锐器意外刺破皮肤造成毒性物质进入体内。

有毒化学品引起人体中毒跟剂量有关，剂量与相对毒性、浓度和接触时间三个因素有关。

(1)经呼吸道、肺吸入

这是最主要、最常见的途径。在化学实验过程中，如果发生有毒气体泄漏，或者实验环境通风不良，有毒化学药品可能以气体、蒸气等形态被吸入呼吸道。毒物能否随吸入的空气进入肺泡，并被肺泡吸收，与毒物的粒子大小及水溶性有很大的关系：当毒物呈气体、蒸气、烟等形态时，由于粒子很小，一般在 3 μm 以下，故易于到达肺泡。而那些大于 5 μm 以上的雾和粉尘，在进入呼吸道时，绝大部分被鼻腔和上呼吸道所阻留，且通过呼吸道时，易被上呼吸道的黏液所溶解而不易到达肺泡。当毒物到达肺泡后，水溶性大的毒物，经肺泡吸收的速度就快些；同样，粒子小的毒物，因较易溶解，经肺泡吸收也较快。毒物被肺泡吸收后，不经肝脏的解毒作用而直接进入血循环，分布到全身，产生毒作用，所以有更大的危险性。

(2)经皮肤进入

皮肤吸收毒物主要通过两条途径，即通过表皮屏障及通过毛囊进入，在个别情况下，也可通过汗腺导管进入。由于表皮角质层下的表皮细胞膜富有磷脂，故对非脂溶性物质具有屏障作用，表皮与真皮连接处的基膜也有类似作用。脂溶性物质虽能透过此屏障，但除非同时具有一定的水溶性，否则也不易被血液所吸收。毒物经皮肤进入机体的第二条途径是绕过表皮屏障，通过毛囊直接透过皮脂腺细胞和毛囊壁进入真皮乳头毛细管而被血液吸收。有些毒物，能同时经表皮和毛囊进入皮肤。经皮肤侵入的毒物，吸收后也不经肝脏的解毒作用，而直接随血液循环分布全身。

(3)经消化道进入

在化学实验室发生化学品经消化道进入人体的情况，多是由不良卫生习惯造成误食,如违反规定在实验室进食或饮水,则可能导致误食;或毒物由呼吸道侵入人体,一部分沾附在鼻咽部,混于其分泌物中,无意被吞入。有毒化学品进入消化道后,大多随粪便排出,其中一部分在小肠内被吸收,经肝脏解毒转化后被排出,只有一小部分进入血液循环系统。

此外还有锐器意外刺破皮肤造成毒性物质进入体内。这种情况多是由于操作不当,实验时不注意个体防护装备的正确使用而导致。因此在实验时一定要佩戴合适的个体防护装备,集中精力,规范操作。

7.4.4 化学品中毒应急处理办法

大多数化学药品都具有一定的毒性。一旦发生中毒事故,应按照如下方法处理:

(1) 误食

① 化学药品溅入口中尚未咽下者,应立即吐出,用大量清水漱口,冲洗口腔;如已吞下,应先用手指或筷子等压住舌根部催吐,然后根据毒物的性质给予合适的解毒剂。或者将5~10 mL 5%的稀硫酸铜溶液加入一杯温水中,内服后用手伸入咽喉部,促使呕吐,吐出毒物后立即送医院。

② 腐蚀性毒物中毒:对于强酸,先饮用大量水,然后服用氢氧化铝膏、鸡蛋清;对于强碱,应先饮用大量水,然后再服用稀的食醋、酸果汁、鸡蛋清。不论酸或碱中毒,都应再给予鲜牛奶灌注,不要服用呕吐剂。

③ 刺激剂及神经性毒物中毒:先服用鲜牛奶或鸡蛋清使之立即冲淡和缓和,再用约30 g硫酸镁溶于一杯水中口服催吐。也可用手指伸入咽喉部催吐,然后立即送医院救治。

④ 用毛巾或毯子盖在患者身上进行保温,避免从外部升温取暖。

(2) 吸入

① 对吸入气体中毒者,立即将患者转移到空气新鲜通畅的地方,解开衣扣,放松身体。

② 吸入氯气、氯化氢时,可立即吸入少量酒精和乙醚的混合蒸气以解毒。吸入少量氯气或溴蒸气者,可用碳酸氢钠溶液漱口。

③ 吸入硫化氢或一氧化碳而感到头晕不适时,应立即移到室外呼吸新鲜空气。

④ 呼吸能力减弱时,马上进行人工呼吸。但应注意:硫化氢、氯气、溴中毒不可进行人工呼吸,一氧化碳中毒不可使用兴奋剂。

（3）解毒的一般原则

对于进入消化道的试剂首先要催吐，用手指或匙柄刺激舌根或喉部，吐出试剂。为延缓吸收速度，降低浓度，保护胃黏膜，应饮服如下物质：鲜牛奶、生鸡蛋清、面粉、淀粉、土豆泥悬浮液以及水。也可在没有上述东西时用 500 mL 蒸馏水加 50 g 活性炭，用前再加入 400 mL 蒸馏水充分湿润，分次少量吞服。

7.5　化学实验室一般事故的应急救援

7.5.1　常见有毒化学品的中毒症状和急救方法

了解毒物的性质、侵入人体的途径、中毒症状和急救方法，可以减少化学毒物引起的中毒事故。一旦发生中毒事故时，能争分夺秒地采取正确的自救措施，力求在毒物被身体吸收之前实施抢救，使毒物对人体的伤害降低到最小。表 7-1 是常见毒物进入人体的途径及中毒症状和救治方法。

表 7-1　常见毒物侵入人体的途径、中毒症状和救治方法

毒物名称	侵入途径	中毒症状	救治方法
氰化物或氢氰酸	呼吸道、皮肤	轻者刺激黏膜、喉头痉挛、瞳孔放大，重者呼吸不规则、逐渐昏迷、血压下降、口腔出血。	立即移出毒区，脱去衣服。可吸入含 5%二氧化碳的氧气，立即送医院。
氢氟酸或氟化物	呼吸道、皮肤	接触氟化氢气体可出现皮肤发痒、疼痛、湿疹和各种皮炎。主要作用于骨骼，深入皮下组织及血管时可引起化脓溃疡。吸入氟化氢气体后，气管粘膜受刺激可引起支气管炎症。	皮肤被灼伤时，先用水冲洗，再用 5%小苏打溶液洗，最后用甘油-氧化镁（2∶1）糊剂涂敷，或用冰冷的硫酸镁液洗，也可涂可的松油膏。
硝酸、盐酸、硫酸及氮氧化物	呼吸道、皮肤	三酸对皮肤和黏膜有刺激和腐蚀作用，能引起牙齿酸蚀病，一定数量的酸落到皮肤上即产生烧伤，且有强烈的疼痛。当吸入氧化氮时，强	吸入新鲜空气。皮肤灼伤时立即用大量水冲洗，或用稀苏打水冲洗。如有水泡出血，可涂红汞或紫药水。眼、鼻、咽喉受蒸气刺

（续表）

毒物名称	侵入途径	中毒症状	救治方法
		烈发作后可有 2～12 h 的暂时好转,继而继续恶化,虚弱者咳嗽更加严重。	激时,也可用温水或 2%苏打水冲洗和含漱。
砷及砷化物	呼吸道、消化道、皮肤、黏膜	急性中毒有胃肠型和神经型两种症状。大剂量中毒时,30～60 min 及感觉口内有金属味,口、咽和食道内有灼烧感、恶心呕吐、剧烈腹痛。呕吐物初呈米汤样,后带血。全身衰弱、剧烈头痛、口渴与腹泻,大便初期为米汤样,后带血。皮肤苍白、面绀,血压降低,脉弱而快,体温下降,最后死于心力衰竭。吸入大量砷化物蒸气时,产生头痛、痉挛、意识丧失、昏迷、呼吸和血管运动中枢麻痹等神经症状。	吸入砷化物蒸气的中毒者必须立即离开现场,使其吸入含 5%二氧化碳的氧气或新鲜空气。鼻咽部损害用 1%可卡因涂局部,含碘片或用 1%～2%苏打水含漱或灌洗。皮肤受损害时涂氧化锌或硼酸软膏,有浅表溃疡者应定期换药,防止化脓。专用解毒药(100 份密度为 1.43 的硫酸亚铁溶液,加入 300 份冷水,再用 20 份烧过的氧化镁和 300 份冷水制成的溶液稀释)用汤匙每 5 min 灌一次,直至停止呕吐。
汞及汞盐	呼吸道、消化道、皮肤	急性:严重口腔炎、口有金属味、恶心呕吐、腹痛、腹泻、大便血水样,患者常有虚脱、惊厥。尿中有蛋白和血细胞,严重时尿少或无尿,最后因尿毒症死亡。慢性:损害消化系统和神经系统。口有金属味,齿龈及口唇处有硫化汞的黑淋巴腺及唾腺肿大等症状。神经症状有嗜睡、头疼、记忆力减退、手指和舌头出现轻微震颤等。	急性中毒早期是用饱和碳酸氢钠溶液洗胃,或立即给饮浓茶、牛奶、吃生鸡蛋清和蓖麻油。立即送医院救治。
铅及铅化合物	呼吸道、消化道	急性:口腔内有甜金属味、口腔炎、食道和腹腔疼痛、呕吐、流眼泪、便秘等;慢性:贫血、肢体麻痹瘫痪及各种精神症状。	急性中毒时用硫酸钠或硫酸镁灌肠,送医院治疗。

（续表）

毒物名称	侵入途径	中毒症状	救治方法
三氯甲烷（氯仿）	呼吸道	长期接触可发生消化障碍、精神不安和失眠等症状。	重症中毒患者应呼吸新鲜空气，向颜面喷冷水，按摩四肢，进行人工呼吸。包裹身体保暖并送医院救治。
苯及其同系物	呼吸道、皮肤	急性：沉醉状、惊悸、面色苍白、继而赤红、头晕、头痛、呕吐。 慢性：以造血器官与神经系统的损害最为显著。	给急性中毒患者进行人工呼吸，同时输氧。送医院救治。
四氯化碳	呼吸道、皮肤	皮肤接触：因脱脂而干燥皲裂	2％碳酸氢钠或1％硼酸溶液冲洗皮肤。
		吸入：黏膜刺激，中枢神经系统抑制和胃肠道刺激症状。	脱离中毒现场急救，人工呼吸、吸氧。
		慢性：神经衰弱症，损害肝、肾。	
铬酸、重铬酸钾及铬（Ⅵ）化合物	消化道、皮肤	对黏膜有剧烈刺激，产生炎症和溃疡，可能致癌。	用5％硫代硫酸钠溶液清洗受污染皮肤。
石油烃类（饱和和不饱和烃）	呼吸道、皮肤	汽油对皮肤有脂溶性和刺激性，使皮肤干燥、龟裂，个别人起红斑、水泡。	温水清洗。
		吸入高浓度汽油蒸气，出现头痛、头晕、心悸、神志不清等。	移至新鲜空气处，重症可给予吸氧。
		石油烃能引起呼吸、造血、神经系统慢性中毒症状。	医生治疗。
		某些润滑油和石油残渣长期刺激皮肤可能引起皮癌。	

7.5.2 烧、烫伤事故应急措施

一旦被火焰、开水、蒸汽、高温油浴、红热的玻璃、铁器等烧伤或烫伤,应立即采取以下措施:

(1) 保护受伤部位,迅速脱离热源。

(2) 立即将伤处用大量清洁的水冲淋或浸浴,以迅速降低局部温度避免深度烧伤。

(3) 伤处衣裤袜需剪开取下,切忌剥脱,以免造成二次损伤。

(4) 对轻微烧、烫伤,可在伤处涂抹烧伤膏、植物油、万花油、鱼肝油、烫伤油膏或红花油后包扎。烧、烫伤程度严重者,需立即送医院治疗。

(5) 烧、烫伤处有水泡,尽量不要弄破,为防止创面继续污染,可用干净的三角巾、纱布、衣服等物品简单包扎。手(足)受伤处,应对手指(脚趾)分开包扎,防止粘连。

· 烫伤案例
· 割伤与刺伤案例

7.5.3 割伤或刺伤

先取出伤口处的玻璃碎屑等异物,用净水洗净伤口,挤出一点血,涂上红汞药水后,再用消毒纱布包扎。也可在洗净的伤口上贴上"创可贴",立即止血,且易愈合。若伤口不大,也可用过氧化氢或硼酸水洗后,涂碘伏或红汞(注意两者不可同时并用)。若严重割伤大量出血时,应先止血,让伤者平卧,抬高出血部位,压住附近动脉,或用绷带盖住伤口直接施压;若绷带被血浸透,不要换掉,再盖上一块施压,立即送医院治疗。

如不小心被带有化学药品的注射器针头或沾有化学品的碎玻璃刺伤,应立即将伤口处挤出部分血,以尽可能将化学品清除干净,以免造成人体中毒。用净水洗净伤口,涂上碘伏后,可在洗净的伤口上贴上"创可贴"。如化学品毒性大的应立即送医院治疗。

在烧熔和玻璃加工操作时最容易被烫伤,在切割玻管或向木塞、橡皮塞中插入温度计、玻管等物品时最容易发生割伤。在将玻管、温度计插入塞中时,塞上的孔径与玻管的粗细要吻合。玻管的锋利切口必须用火烧熔变圆滑,管壁上用几滴水或甘油润湿后,用布包住用力轻轻旋入,切不可用猛力强行插入。

7.5.4   化学灼伤急救

化学灼伤是指皮肤直接接触强腐蚀性物质、强氧化剂、强还原剂，如浓酸、浓碱、氢氟酸、钠、溴等化学品引起的局部外伤。发生化学灼伤后，要将伤员迅速移离现场，脱去污染的衣着，立即用大量流动清水冲洗 20～30 min 以上。必要时应先拭去创面上的化学物质，再用水冲洗，以避免与水产生大量热，造成创面进一步损害。碱性物质污染后，冲洗时间应延长。灼伤创面经水冲洗后，必要时进行合理的中和治疗，再用流动水冲洗。对有些化学物质灼伤，如氰化物、酚类、氯化钡、氢氟酸等在冲洗时应进行适当解毒急救处理。化学灼伤并休克时，冲洗从速、从简，要积极进行抗休克治疗。初步急救处理后送医院进一步治疗。

（1）硫酸、发烟硫酸、硝酸、发烟硝酸、氢碘酸、氢溴酸、氯磺酸触及皮肤时，如量不大，应立即用大量流动清水冲洗半小时左右。如果沾有大量硫酸，可先用干燥的软布吸掉，再用大量流动清水继续冲洗 15 min 以上，随后用稀碳酸氢钠溶液或稀氨水浸洗，再用水冲洗，最后送医院救治。

需要注意：硫酸、盐酸、硝酸烧伤发生率较高，占酸烧伤的 80%。氢氟酸能腐烂指甲、骨头，滴在皮肤上，会形成难以治愈的烧伤。皮肤若被灼伤后，先用大量水冲洗 20 min 以上，再用冰冷的饱和硫酸镁溶液或 70% 的酒精浸洗 30 min 以上；也可用大量水冲洗后，用肥皂水或2%～5%碳酸氢钠溶液冲洗，用 5% 碳酸氢钠溶液湿敷。局部可用松软膏或紫草油软膏剂、硫酸镁糊剂外敷。

（2）氢氧化钠、氢氧化钾等碱灼伤皮肤时，先用大量水冲洗 15 min 以上，再用 1% 硼酸溶液或 2% 乙酸溶液浸洗，最后用清水洗。

酸或碱灼伤案例

（3）三氯化磷、三溴化磷、五氯化磷、五溴化磷、溴触及皮肤时，应立即用清水清洗 15 min 以上，再送医院救治。磷烧伤也可用湿毛巾包裹，或用 1% 硝酸银/硫酸钠冲洗 15 min 后进行包扎。禁用油质敷料，以防磷吸收引起中毒。

（4）盐酸、磷酸、偏磷酸、焦磷酸、乙酸、乙酸酐、浓氨水、次磷酸、氟硅酸、亚磷酸、煤焦酚触及皮肤时，立即用清水冲洗。

（5）无水三氯化铝、无水三溴化铝触及皮肤时，可先干拭，然后用大量清水冲洗 15 min。

（6）甲醛触及皮肤时，可先用水冲洗后，再用酒精擦洗，最后涂以甘油。

（7）碘触及皮肤时，可用淀粉物质（如米饭等）涂擦，以减轻疼痛，也能褪色。

（8）溴灼伤是很危险的。被溴灼伤后的伤口一般不易愈合，必须严加防范。凡用溴时都必须预先配置好适量的2‰硫代硫酸钠溶液备用。一旦有溴沾到皮肤上，立即用硫代硫酸钠溶液冲洗，再用大量水冲洗干净，包上消毒纱布后就医。也可用水冲洗后，用1体积25％氨水、1体积松节油和10体积95％的酒精混合液涂敷。

注意：在受上述灼伤后，若创面起水泡，均不宜把水泡挑破。

（9）被碱金属钠灼伤：可见的钠块用镊子移走，再用乙醇擦洗，然后用清水冲洗，最后涂上烫伤膏。

（10）碱金属氰化物、氢氰酸：先用高锰酸钾溶液冲洗，再用硫化铵溶液冲洗。

（11）铬酸：先用大量水冲洗，再用硫化铵稀溶液漂洗。

（12）黄磷：立即用1％硫酸铜溶液洗净残余的磷，再用0.01％高锰酸钾溶液湿敷，外涂保护剂，用绷带包扎。

（13）苯酚：先用大量水冲洗，然后用（4＋1）70％乙醇-氯化镁（1 mol/L）混合溶液洗。

（14）硝酸银：先用水冲洗，再用5％碳酸氢钠溶液漂洗，涂油膏及磺胺粉。

- 国外遭白磷弹灼伤案例
- 眼部碱灼伤案例

（15）硫酸二甲酯：不能涂油，不能包扎，应暴露伤处让其挥发。

7.5.5　眼睛灼伤急救

（1）眼睛灼伤或进异物。大多数有毒有害化学物品接触眼睛，一般都会对眼睛造成伤害，引起眼睛发痒、流泪、发炎疼痛，有灼伤感，甚至引起视力模糊或失明。一旦眼内溅入任何化学药品，则应立即用大量净水缓缓彻底冲洗。洗眼时要保持眼皮张开，可由他人帮助翻开眼睑，持续冲洗15 min，边洗边眨眼睛。若为碱灼伤，则用2％的硼酸溶液淋洗；若为酸灼伤，则用3％的碳酸氢钠溶液淋洗。切忌用稀酸中和眼内的碱性物质，也不可用稀碱中和眼内的酸性物质。溅入碱金属、溴、磷、浓酸、浓碱或其他刺激性物质的眼睛灼伤，急救后必须送医院检查治疗。

（2）玻璃碎屑、金属碎屑进入眼睛内比较危险。一旦眼内进入玻璃碎屑或金属碎屑,应保持平静,绝不可用手揉擦,也不要试图让别人取出碎屑,尽量不要转动眼球,可任其流泪,有时碎屑会随泪水流出。严重者,可用纱布轻轻包住眼睛后,将伤者紧急送往医院处理。

（3）若木屑、尘粒等异物进入眼内,可由他人翻开眼睑,用消毒棉签轻轻取出异物,或任其流泪待异物排出后,再滴几滴鱼肝油。

7.5.6　心肺复苏术

心肺复苏术简称 CPR,是针对骤停的心脏和呼吸采取的救命技术。目的是为了恢复患者自主呼吸和自主循环。2020 年 8 月,中国红十字会总会和教育部联合印发《关于进一步加强和改进新时代学校红十字工作的通知》,将学生健康知识、急救知识,特别是心肺复苏纳入教育内容。

心肺复苏即是在人突然发病或突发事故造成心跳、呼吸停止时,周围人在医生到来之前所能做的简单高效的急救方法,现实中不乏在救护车到来之前病人就被救回来的案例,所以简单掌握心肺复苏的方法,可以说是每个人必备技能。

现场抢救最好能两人分别施行,以 2∶30 的比例进行,即人工呼吸 2 次,心脏按压 30 次。如现场抢救仅有 1 人,也应按 2∶30 的比例进行人工呼吸和胸外心脏按压。现场第一时间救援方法和步骤:

① 首先评估现场环境安全,做好自我防护。

② 患者意识判断:双手轻拍患者双肩,同时双耳交替呼叫患者。"喂,你怎么了?喂,你怎么了。"如没有反应,采取下一步措施。

③ 大声呼救:"快来人啊,救命啊,这里有人晕倒了,我是救护员,请这位先生帮忙拨打'120',打完后告诉我一声。还有谁会急救的,请和我一起来救护"。

④ 将病人置于适当体位,正确的抢救体位:患者仰卧位仰卧于坚固的平(地)面上,头颈躯干应躺平摆直无扭曲,双手放于躯干两侧。解开领带、领扣、解开上衣,放松裤带。

⑤ 同时判断是否有颈动脉搏动及自主呼吸(同时进行判断,时间不超过 10 秒钟)。(口中数数 1001、1002、…、1005)

⑥ 患者无颈动脉搏动及自主呼吸,立即给予人工胸外按压。按压部位:胸骨中下 1/3 交界处,两乳头连线中点;按压手法:采用两手手指交叉抬起法,抢救者双臂绷直,双肩在患者胸骨上方正中垂直向下用力

按压,按压时利用髋关节为支点,以肩、臂部力量向下按压,为使每次按压后胸廓充分回弹,施救者必须避免在按压间隙倚靠在患者胸上。按压频率为至少 100～120 次/分,按压深度至少为 5～6 cm。边按压,边观察患者面部表情。

⑦ 检查颈椎有无损伤。检查口腔有无异物,如口腔有异物,清除口腔内异物。有义齿者,予以取出。患者呕吐时,将其头偏向一侧。

⑧ 开放气道:仰(压)头举颏法进行人工呼吸(注意虎口对着鼻)。在保持呼吸道畅通和患者口部张开的位置下进行,用按于前额手的拇指与食指,捏闭患者的鼻孔。抢救者吸一口气,张开口紧贴患者的嘴(要把患者的口完全包住),抢救开始后,给予 2 次紧急吹气,每次吹气 1 秒,同时捏住两侧鼻翼,向肺内吹气,见到胸部起伏即可。换气时松开手指。按压与人工呼吸比例为 30 次:2 次。依次做五个循环。

⑨ 五个循环做完后,重新评估患者:触摸颈动脉(5 秒),同时观察呼吸情况。患者有颈动脉搏动,自主呼吸恢复,面色、口唇、甲床转红润,眼球、肢体出现活动,复苏成功。

⑩ 将患者置于复苏体位,整理患者,进一步生命支持。

心肺复苏术
原理与动图

第8章 生物安全

8.1 生物安全实验室概述

8.1.1 生物安全实验室基本概念

根据《中华人民共和国生物安全法》规定,**生物安全**是指国家有效防范和应对危险生物因子及相关因素威胁,生物技术能够稳定健康发展,人民生命健康和生态系统相对处于没有危险和不受威胁的状态,生物领域具备维护国家安全和持续发展的能力。**生物安全实验室**,也称生物安全防护实验室(Biosafety Containment for Laboratories),是通过防护屏障和管理措施,能够避免或控制被操作的有害生物因子危害,达到生物安全要求的生物实验室和动物实验室。实验室生物安全(Laboratory Biosafety)是科研人员和社会大众普遍关注的问题,针对一线研究人员的系统管理通常是生物安全管理的一个薄弱环节,需要从硬件、软件、实验人员的安全意识等多个方面切实加强和提升。病原微生物实验需要在专设的生物安全实验室(Biosafety Laboratory)开展。高校实验室,应重点关注病原微生物实验室的生物安全管理。

8.1.2 相关术语

《实验室生物安全通用要求》(GB 19489)和《实验室生物安全基础知识》规定了如下的基本概念:

(1) 生物因子(Biological Agents):微生物和生物活性物质。

(2) 病原体(Pathogens):可使人、动物或植物致病的生物因子。

(3) 危险废弃物(Hazardous Waste):有潜在生物危害、可燃、易燃、腐蚀、有毒、放射和起破坏作用,对人、环境有害的一切废弃物。

(4) 危害(Risk):伤害发生的概率及其严重性的综合,也有称风险、危险度等。

(5) 气溶胶(Aerosols):悬浮于气体介质中的粒径 $0.001~\mu m\sim$

100 μm 的固态或液态微小粒子形成的相对稳定的分散体系。

（6）一级防护屏障（Primary Barriers）：实验室的生物安全柜和个体防护装备等构成的防护屏障，用于减少或消除危害性生物因子的暴露。

（7）二级防护屏障（Secondary Barriers）：实验室防护屏障除保护实验室人员外，还能够保护周围环境中的人群或动物免受生物因子意外扩散所造成的感染。

（8）高效空气过滤器（High Efficiency Particulate Air Filter）：通常以滤除粒径≥0.3 μm 微粒为目的，滤除效率符合相关要求的过滤器。

（9）生物安全柜（Biological Safety Cabinet，BSC）：具备气流控制及高效气体过滤装置的操作柜，可有效降低实验过程中产生的气溶胶对操作者和环境的危害。

（10）缓冲间（Buffer Room）：设置在被污染概率不同的实验室区域间的密闭室，需要时，设置机械通风系统，其门具有互锁功能，不能同时处于开启状态。

（11）个人防护装备（Personal Protective Equipment，PPE）：防止人员受到化学和生物因子伤害的器材和用品。包括实验服、隔离衣、连体衣等防护服，以及鞋、鞋套、围裙、手套、面罩或防毒面具、护目镜或安全眼镜、帽等。

（12）实验室生物安全（Laboratory Biosafety）：实验室的生物安全条件和状态不低于容许水平，可避免实验室人员、来访人员、社区及环境受到不可接受的损害，符合相关法规、标准等对实验室安全责任的要求。

（13）实验室分区（Laboratory Area）：按照生物因子污染概率的大小，实验室可以进行合理分区。主实验室（Main Room）通常是生物安全柜或动物隔离器等所在的实验室，是污染风险最高的房间；污染区（Contamination Zone）是指生物安全实验室中被致病因子污染风险最高的区域；清洁区（Non-contamination Zone）是指生物安全实验室中正常情况下没有致病因子污染风险的区域；半污染区（Semi-contamination Zone）是指生物安全实验室中具有被致病因子轻微污染风险的区域，是清洁区与污染区之间的过渡；各区域之间通过缓冲间进行间隔。

（14）消毒（Disinfection）与灭菌（Sterilization）：消毒是杀死病原微生物的物理或化学过程，但不一定杀死其孢子，微生物存活机率是 10^{-3}。灭菌指破坏或去除所有微生物及其孢子的过程，微生物存活机

率是 10^{-6} 。

8.1.3　生物安全实验室分类

国际上流行将生物因子根据其危害程度分成四级，《实验室生物安全通用要求》(GB 19489)中的微生物危害等级分类标准参考了 WHO 的原则，根据生物因子对个体和群体的危害程度将其分成Ⅰ、Ⅱ、Ⅲ、Ⅳ级共 4 个等级，其中Ⅰ级危害程度最小，Ⅳ级危害程度最大。与《病原微生物实验室生物安全管理条例》中的第四类至第一类病原微生物分级大致相当。

危害等级Ⅰ(低个体危害，低群体危害)：不会导致健康工作者和动物致病的细菌、真菌、病毒和寄生虫等生物因子。

危害等级Ⅱ(中等个体危害，有限群体危害)：能够引起人或动物发病，但一般情况下对健康工作者、人群、动物和环境不会引起严重危害的生物因子。实验室感染不导致严重疾病，有成熟的预防措施和治疗手段，且传播风险有限。

危害等级Ⅲ(高个体危害，低群体危害)：能够引起人或动物严重疾病或造成严重经济损失，但通常不能因偶然接触而在个体之间传播，或是能够使用抗生素、抗寄生虫药物进行治疗的生物因子。

危害等级Ⅳ(高个体危害，高群体危害)：能引起人或动物非常严重的疾病，一般不能治愈，容易直接或间接，或因偶然接触在人与人、动物与人、动物与动物间传播的生物因子。

根据所操作微生物的不同危害等级，需要配备相应的实验室设施、安全装备，以及采用配套的实验操作和技术手段来保障操作人员和环境的安全。这些不同水平的实验室设施、安全设备以及实验操作和技术就构成了不同等级的**生物安全防护水平**(Biosafety Level，BSL)。生物安全防护水平分成四个级别，一级防护水平最低，四级防护水平最高。用 BSL-1，BSL-2，BSL-3 和 BSL-4 表示仅从事体外操作的实验室的相应生物安全防护水平；用 ABSL-1，ABSL-2，ABSL-3 和 ABSL-4 表示从事动物活体操作的实验室的相应生物安全防护水平。

(1) 一级生物安全防护水平(Biosafety Level 1，BSL-1)

BSL-1 是生物安全防护的基本水平，依靠标准的微生物操作来保证安全，缺少特殊的一级或二级防护屏障，适用于基础教学与研究，处理危害等级Ⅰ的微生物。

(2) 二级生物安全防护水平(Biosafety Level 2，BSL-2)

　　BSL-2适用于操作能够引起人类或者动物,但一般情况下对人、动物或者环境不构成严重危害、传播风险有限、实验室感染后很少引起严重疾病,并且具备有效治疗和预防措施的微生物。操作、实验设备和设施的设计及建设,适用于临床、诊断、教学,处理危害等级Ⅱ的微生物。

　　(3) 三级生物安全防护水平(Biosafety Level 3,BSL-3)

　　BSL-3适用于操作能够引起人类或者动物严重疾病,比较容易直接或者间接在人与人、动物与人、动物与动物间传播的微生物。操作、安全设备、实验设备和设施的设计及建设,适用于专门的诊断和研究,处理危害等级Ⅲ的微生物。

　　(4) 四级生物安全防护水平(Biosafety Level 4,BSL-4)

　　BSL-4适用于操作能够引起人类或者动物非常严重疾病的微生物,以及我国尚未发现或者已经宣布消灭的微生物。操作,安全设备和实验设施的设计及建设,适用于进行非常危险的外源性生物因子或未知的高度危险的致病因子,操作对象通常是危害等级Ⅳ或那些未知的且与危害等级Ⅳ的微生物具有相似特点的微生物。

8.2　生物安全实验室建设原则与要求

　　由于生物安全实验室分级是由所操作的生物因子的危害程度决定的,随着危害程度的提升,生物安全防护水平也需相应提高,具体体现在防护要求和能力的相应提高,在设施、设备、操作和管理等方面的要求具有累加性,即高生物安全防护水平实验室必须首先达到低生物安全防护水平实验室的要求,并在此基础上进行修改和补充提高,用于操作更危险的生物因子。

　　按照相关法律、政策规定,开展 BSL-3 和 BSL-4 级别实验研究必须进行申报,得到国家批准和认可后才能开展相应的工作,涉及面较窄,会在需要时补充相关文件进行说明。BSL-1 和 BSL-2 实验室的要求是高级别生物安全实验室的基础,防护要求和操作规则具有通用性,故在此主要介绍 BSL-1 和 BSL-2 实验室的建设原则与要求。

8.2.1　实验室的设计和建设基本要求

　　生物安全实验室因其特殊性,在设计和建设上需要满足一些基本要求,以降低其可能引发的风险,其基本要求如下:

（1）无需特殊选址，普通建筑物即可，但必须要为实验室安全运行、清洁和维护提供充足的空间用于相关实验用品的放置；在实验室工作区外还应当提供可长期使用的储存空间和设施，供存放实验物品和私人用品。

（2）实验室墙壁、天花板和地板应当光滑、易清洁、不渗液并耐化学品和消毒剂的作用。地板需防滑。需要有防止啮齿动物和节肢动物进入的设计。

（3）实验室器具应当坚固耐用，在实验台、生物安全柜和其他设备之间，以及其下部位置要留有足够空间，便于清洁和打扫。实验台面应是防水的，可耐受酸、碱、有机溶剂及消毒剂的腐蚀，并适度耐热。

（4）必须为实验室提供可靠和高质量的水。要保证实验室水源和饮用水源的供应管道之间没有交叉连接；每个实验室都应有洗手池，并最好安装在出口处。

（5）二级及以上生物安全实验室，应配备高压灭菌器或其他清除污染的工具。相关设备应按照规定进行检验和试验，保证其安全性能符合标准要求。

（6）实验室应该配备有消防、紧急喷淋、洗眼器和急救箱（包）等安全设施；新建实验室应当考虑设置机械通风系统，以保持空气向内单向流动。

（7）实验室的门应带锁并能自动关闭，应有可视窗，并达到适当的防火等级。实验室照明要适度而恰当，要有可靠和充足的电力供应和应急照明，以保证人员能够安全离开实验室。实验室出口必须有在黑暗中可明确辨认的标识。

8.2.2　基本生物安全设备

除了需满足基建的基本要求外，生物安全实验室还需配备基本的生物安全设备，在处理有生物安全危害的物质时，使用安全设备并结合规范的操作将有助于降低危险。常用的基本生物安全设备有：

（1）个体防护装备：如连体防护服、口罩、手套、头套、眼罩等，降低个人与感染性物质直接接触的可能性。

（2）移液辅助器、一次性巴斯德塑料吸液管等：避免用口吸的方式移液，降低操作人员与感染性物质接触的可能性。

（3）生物安全柜：减少有潜在感染风险的气溶胶产生，在以下情况需使用生物安全柜。

① 处理感染性物质（如果使用密封的安全离心杯，可以在生物安全柜内装样、取样后，再去开放实验室离心）；

② 空气传播感染的危险增大时；

③ 进行极有可能产生气溶胶的操作时（包括离心、研磨、混匀、剧烈摇动、超声破碎、打开内部压力和环境压力不同的盛放有感染性物质的容器、动物鼻腔接种以及从动物采集感染性组织）。

建议采用以下设备：

(i) 一次性塑料接种环或在生物安全柜内使用的电加热接种环：可减少气溶胶的生成。

(ii) 螺旋试管及瓶子：减少感染性物质的泄漏。

(iii) 用于清除感染性物质污染的高压灭菌器或消毒设备等。

8.3　生物安全实验室操作规程与应急体系

8.3.1　生物安全实验室感染来源、感染途径

生物安全实验室的感染来源主要为存在感染风险的病原微生物；含有病原微生物的生物样本，如组织样本、血样等；感染病原微生物的活体动物等。

生物安全实验室的感染途径主要有：

（1）误食：感染性物质标示不清导致误食，或者接触感染性物质后偶然接触到食物等引发误食。

（2）外伤：实验时被携带感染性病原微生物的利器划伤、刺伤等。

（3）动物抓咬：被携带感染性病原微生物的动物抓伤、咬伤。

（4）气溶胶：在检验操作过程中的各个环节都可能产生危险的微生物气溶胶，是生物安全实验室防范的重点。

8.3.2　实验室基本安全管理要求

实验室伤害以及与工作有关的感染主要是由于人为失误、不良的实验操作技术以及仪器使用不当造成的。本节结合《实验室生物安全基础知识》，概要介绍减少或避免这类常见问题的技术和方法。

1. 准入规定

（1）在处理危害等级 Ⅱ 或更高危害级别的微生物时，应该在实验

室门上张贴国际通用的生物危险警告标志,并在标志符号下面同时标明实验室名称、病原体名称、生物危害等级、预防措施及负责人姓名、紧急联络方式等有关信息。

(2) 只有经过批准的人员方可进入实验室工作区域。

(3) 实验室的门应保持关闭。

(4) 进入生物安全实验室后再进入动物房应当遵守相应的隔离规定。

(5) 与实验室工作无关的动物不得带入实验室。

2．个体防护

(1) 在实验室工作时,任何时候都必须穿着连体衣、隔离服或工作服;不得在实验室内穿露脚趾的鞋子。实验室内用过的防护服不得和日常服装放在同一柜子内。

(2) 在进行可能直接或意外接触到血液、体液以及其他具有潜在感染性的材料或感染性动物的操作时,应戴乳胶手套。手套用完后,应先消毒再摘除,随后必须洗手。

(3) 在处理完感染性实验材料或动物后,以及在离开实验室工作区域前,都必须洗手。

(4) 为了防止眼睛或面部受到泼溅物、碰撞物或人工紫外线照射的伤害,必须戴安全眼镜、面罩或其他防护装备。

(5) 严禁穿实验防护服离开实验室到公共场所。

(6) 禁止在实验室工作区域进食、饮水、吸烟、化妆或处理隐形眼镜;禁止在该区域储存食品和饮料。

3．实验室工作区

(1) 实验室应保持干净、整洁,严禁摆放与实验室无关的物品。

(2) 发生具有潜在危害性的材料溢出及每天工作结束之后,都必须清除工作台面的污染。

(3) 所有受到污染的材料、样品和培养物在废弃或清洁再利用之前,必须清除污染。

(4) 在进行包装和运输时必须遵循国家(国际)的相关规定。

4．生物安全管理

(1) 实验室主任负责制定本实验室的生物安全管理计划及生物安全手册,并提供常规的实验室安全培训。

(2) 要将生物安全实验室的特殊危害告知实验室人员,同时要求他们阅读本实验室生物安全手册,并遵循标准的操作规范和规程。

（3）如果有必要,应为所有实验人员提供适宜的医学评估、监测和治疗,并妥善保存相应的医学资料。

5. 废弃物处理

废弃物是指将要丢弃的所有物品。实验室内废弃物最终的处理方式与其清除污染的情况是紧密相关的。对于日常用品而言,很少有污染材料需要真正清除出实验室或销毁。大多数的玻璃器皿、仪器及实验服都可以重复使用。

废弃物处理的首要原则是所有污染材料必须在实验室内清除污染,通常最有效的方法是采用高压灭菌或焚烧。用以处理潜在感染性材料或动物组织的实验物品,在被丢弃前主要应该考虑如下几方面:

（1）是否已按照规定程序对这些物品进行了有效的除污或消毒。

（2）如果没有,它们是否以规定的方式包裹,以便运送到其他有能力焚烧的地方进行处理。

（3）丢弃已经清除污染的物品时,是否对直接参与的人员、或在设施外可能接触到丢弃物的人员造成任何潜在的生物学或其他方面的危害。

处理和丢弃程序:

（1）可重复使用的器皿、物品。任何可经高压灭菌重复使用的器皿、物品必须在高压灭菌或消毒后才能进行清洗。

（2）锐器。皮下注射针头用过后不应再重复使用,包括不能够从注射器上取下,回戴针头护套,截断等,应将其完整地置于盛放锐器的一次性容器中。盛放锐器的一次性容器必须不易刺破,当达到容量的3/4时,应将其作为感染性废弃物送去焚烧处理。

（3）废弃的污染材料。所有其他污染材料(包括有潜在危害性)在丢弃前应放置在防渗漏的容器中高压灭菌。灭菌后放入指定的运输容器中,统一送去焚烧处理。

（4）应在每个工作台上放置盛放废弃物的容器、盘子或广口瓶。如果使用消毒剂,应当使废弃物充分接触消毒剂,并维持适当的持续接触时间。盛放废弃物的容器在重新使用前应该进行高压灭菌并清洗。

6. 实验室中样品的安全操作

实验室样品的收集、运输和处理不当,会给相关人员带来感染的危险。

（1）样品容器:样品容器最好使用塑料制品。样品容器应当坚固,并正确地用盖子或塞子盖好;应无泄漏,容器外部不能有残留物。装样品的容器应当正确粘贴标签以便于识别,样品的要求或说明书不要卷在容器外面,而要分开放置,最好放在防水的袋子里。

（2）样品在设施内的传递：为了避免意外泄漏或溢出,应当使用盒子等二级容器,并将其固定在架子上,便于装有样品的容器保持直立。二级容器可以是金属或塑料制品,应该可以耐高温、高压或耐受化学消毒剂的作用。密封口最好有一个垫圈,要定期清除污染。

（3）样品接收：需要接收大量样品的实验室应当安排专门的空间或房间来处理相关事宜。

（4）打开包装：接收和打开样品的人员应当了解样品对身体健康的潜在危害,并应接受过如何采用标准防护方法操作的培训,尤其是处理破损或泄漏的容器时更应如此。样品的内层容器要在生物安全柜内打开,并准备好消毒剂。

7. 防护设备和仪器的使用

（1）生物安全柜的使用

① 应参考国家标准和相关文献,对所有可能的使用者都介绍生物安全柜的使用方法和局限性,每个工作人员都应该熟悉操作步骤。特别需要明确的是,当出现溢出、破损或不良操作时,安全柜不再能够保护操作者,应停止使用,待清除污染后再投入使用。

② 生物安全柜必须在运行正常时才能使用,使用中不能打开玻璃观察挡板；操作者不应反复移出和伸进手臂以免干扰气流,尽量减少操作者身后的人员流动。

生物安全柜内应尽量少放置器材或样品,不能影响后部压力排风系统的气流循环；不要使用移液管及其他物品阻挡空气格栅,干扰气体流动,引起物品的潜在污染和工作人员的暴露。

③ 所有工作必须在工作台面的中后部进行,并能够通过玻璃观察窗看到。在生物安全柜内操作时,不能够进行文字工作。

④ 生物安全柜内不能使用本生灯,否则燃烧产生的热量会干扰气流并可能损坏过滤器。允许使用微型电加热接种环,最好使用一次性无菌接种环。

⑤ 生物安全柜在工作开始前和结束后,安全柜的风机应至少运行5 分钟；工作完成后以及每天下班前,需要使用适当的消毒剂对生物安全柜的表面进行擦拭。

（2）离心机的使用

① 离心机的良好机械性能是保障生物安全的前提条件,应当按照

操作手册来操作离心机。离心机的放置高度应当使小个子的工作人员也能够看到离心机腔体内部,以正确放置十字轴和离心桶。

② 离心管和盛放样品的容器应当采用厚壁玻璃制品,最好是塑料制品,在使用前均应检查是否破损;用于离心的试管或样品容器必须始终牢固盖紧。操作指南中应给出液面距离心管管口需要留出的空间大小。当使用固定角转子时必须小心,不能将离心管装得过满以致溢液。

③ 离心桶应按重量配对,并在装载离心管后正确配平;离心桶的装载、平衡、密封和打开必须在生物安全柜内进行。空离心桶应当用蒸馏水或乙醇(或70%异丙醇)来平衡。

④ 每次使用后,要检查并清除离心桶、转子和离心腔壁的污染,检查离心转子和离心桶是否有腐蚀或细微裂痕;离心桶使用结束后应倒置存放使平衡液流干,保持干燥存放。

(3)移液管和辅助移液器的使用

① 需要使用移液辅助器,严禁用口吸取;所有移液管应带有棉塞以减少移液器具的污染。

② 感染性物质不能使用移液管反复吹吸混匀,不能将液体从移液管内用力吹出。

③ 在打开隔膜封口的瓶子时,应使用可用移液管的工具,而避免使用皮下注射针头和注射器移液。

④ 在工作台面应当放置一块浸有消毒液的布或纸,用以避免感染性物质从移液管中滴出而扩散,使用后要按照感染性废物进行处理。盛放污染移液管的容器在操作过程中要放在生物安全柜内,实验结束后,污染的移液管应完全浸泡在盛有适当消毒液的防碎容器中足够时间后再处理。

(4)匀浆器、摇床、搅拌器和超声处理器的使用

① 实验室不能使用家用匀浆器,因为它可能泄漏或释放气溶胶。使用实验室专用搅拌器或消化器更安全。

② 盖子、杯子或瓶子应当保持正常状态,没有裂缝或变形。盖子应能够封盖严密,衬垫也应该处于正常状态。

③ 在使用匀浆器、摇床和超声处理器时,容器内会产生压力,含感染性物质的气溶胶就有可能从盖子和容器间的间隙逃逸出,且玻璃容易破损,故建议使用塑料容器,尤其是聚四氟乙烯(polytetrafluoroethylene, PTFE)容器。

④ 在使用匀浆器、摇床和超声处理器处理感染性材料时,可以用

一个结实透明的塑料箱覆盖设备,并在用完后进行消毒。操作结束后,应该在生物安全柜内打开容器。

⑤ 应对使用超声处理器的人员提供听力保护。

(5)组织研磨器的使用

① 使用玻璃研磨器时应戴手套并用吸收性材料包住。采用塑料(PTFE)研磨器更安全。

② 操作和打开组织研磨器时应当在生物安全柜内进行。

(6)冰箱和冷柜的使用和维护

① 冰箱、低温冷柜和干冰柜应当定期除霜和清洁,应清理出所有在储存过程中破损的安瓿和试管等物品。清理时应戴厚橡胶手套并进行面部防护,清理后要对内表面进行消毒。

② 储存在冰箱内的所有容器应当清楚地标明内装物品的学名、储存日期和储存者的姓名。未标明的或废旧物品应当高压灭菌并丢弃。

③ 非防爆冰箱内不能放置易燃溶液。在冰箱门上应进行明确标注。

④ 对冻存物品的清单要进行备份。

(7)高压灭菌器的使用

① 高压灭菌器操作人员需经过专门培训,熟悉设备技术特性、结构、流程、工艺参数、可能发生的事故及处置方式等。操作人员必须持证上岗。

② 设备运行前需巡视、检查设备是否存在异常,装置是否符合要求,管道和阀门有无漏气。当符合要求时方可启动。

③ 高压灭菌器锅体、压力阀应定期校验。安全阀每年校验一次。获得安全许可后方可启用设备。

④ 高压灭菌器在运行前、运行中和运行后应定时、定点、定线检查。安全阀、压力表、测温仪表、紧急装置应保持灵敏、安全、可靠。检查调试情况需进行记录。

⑤ 操作高压灭菌器过程中应防止烫伤。

(8)超净工作台的使用

① 使用超净工作台应提前开启紫外杀菌灯,处理操作区内微生物,紫外照射30分钟后关闭切换为工作照明灯,同时需启动风机。

② 超净工作台操作区内不应该存放不必要的物品,操作中应尽量保持工作区的洁净气流流型不受干扰。

③ 与生物安全柜不同,超净工作台不应用于涉及微生物材料的实

验和生产,应避免层流空气将带有微生物介质的空气吹向工作人员产生危险。

④ 应定期更换高效空气过滤器保持操作区洁净度。

液氮储罐、高压釜和锅炉等特种设备,需要按照国务院《特种设备安全监察条例》和国家质量监督检验检疫总局《固定式压力容器安全技术监察规程》(TSG R0004)的规定办理注册登记手续,取得特种设备使用登记证;人员须参加指定培训项目,取得特种设备作业人员证;做好日常使用管理和维护保养工作,并接受定期检验和检查,安全阀、压力表应定期校验,设备定期检验。

8.3.3 感染性物质防护方法

1. 避免感染性物质扩散

(1) 为了避免被接种物洒落,微生物接种环的直径应该在 2～3 mm 并完全封闭,柄长度应小于 6 cm 以减小抖动。

(2) 使用封闭式微型电加热消毒接种环,最好使用一次性接种环,以避免使用本生灯明火加热所产生的感染性物质爆裂。

(3) 废弃的样品和培养物应当放置在防漏的生物废物袋内进行密封,再放入废弃物容器中按照感染性废物进行处置。

(4) 在每一阶段工作结束后,必须采用适当的消毒方法来清除工作区域的污染。

2. 避免感染性物质的食入以及皮肤和眼睛的接触

(1) 微生物操作过程中释放的较大粒子和液滴(直径大于 5 μm)会迅速沉降到工作台面和操作者的手上。实验室人员在操作时应戴一次性手套,并避免触摸口、眼及面部。

(2) 在所有可能产生潜在感染性物质喷溅的操作过程中,操作人员应当对面部、口和眼部采用遮盖或其他防护措施进行防护。

(3) 实验室内禁止存放食品、饮食和饮水,禁止化妆,禁止用嘴咬笔和嚼口香糖等。

3. 避免感染性物质的接种

(1) 通过认真练习和仔细操作,可以避免破损玻璃器皿刺伤所引起的接种感染。尽可能用塑料制品替代玻璃制品。

(2) 锐器损伤也是感染性物质意外注入的主要途径,可以采用减少使用注射器和针头,或在必须使用注射器和针头时,通过使用锐器安全装置的方法来减少针刺损伤。

（3）不要给用过的注射器针头重新戴护套。一次性锐器物品应该丢弃在防穿透的带盖容器中进行处置。

4. 血清的分离

（1）只有经过严格培训的人员才能从事这项工作。操作时应戴手套以及眼睛和黏膜的个体防护装备。

（2）规范的实验操作技术可以避免或尽量减少喷溅和气溶胶的产生。血液和血清应该小心吸取，不能倾倒。

（3）移液管使用后应完全浸入适当的消毒液中经过一定时间浸泡，或灭菌清洗后再利用，或丢弃。

（4）带有血凝块等的废弃样品管，在加盖后应当放入适当的防漏容器中进行高压灭菌，再和感染性废弃物一起进一步处置。

（5）应当准备适当的消毒剂来清洗喷溅和溢出的样品。

5. 装有冻干感染性物质安瓿的打开

应该小心打开装有冻干物的安瓿，因为其内部处于负压，突然冲入的空气可能使一些物质扩散出来。安瓿应该在生物安全柜内打开，建议按照下列步骤操作：

（1）先清除安瓿外表面的污染。

（2）如果管内有棉花或纤维塞，可以在管上靠近塞的中部挫一痕迹。

（3）用一团酒精浸泡过的棉花将安瓿包起来保护双手，然后从标记的划痕处打开。

（4）将顶部小心移去并按污染材料处理。如果塞子仍然在安瓿上，用消毒镊子除去。

（5）缓慢向安瓿中加入液体来重旋冻干物，避免出现泡沫。

6. 装有感染性物质安瓿的储存

（1）装有感染性物质的安瓿不能浸入液氮中，避免造成有裂痕或密封不严的安瓿在取出时破损或爆炸。如果需要低温保存，安瓿应当储存在液氮上面的气相中。

（2）感染性物质应当储存在低温冰柜或干冰中。当从冷藏处取出安瓿时，工作人员应当做好眼睛、手等的防护。

7. 对血液和其他体液、组织及排泄物的标准防护方法

设计标准防护方法以降低来自于已知和未知感染性微生物的传播危险。

（1）样品的收集、标记和运输

① 应当由受过培训的人员来采集病人或动物的血样；始终遵循标

准防护方法;所有操作均要戴手套。

②在静脉抽血时,应当使用一次性的安全真空采血管,将血液直接采集到带塞的运输管或培养管中,针头用完后自动废弃,投入利器盒。

③装有样品的试管应置于适当的容器中运至实验室,并在实验室内部进行转运。检验申请单应当分开放置在防水袋或信封内。

④接收样品人员不应打开这些盖子。

(2)打开样品管和取样

①应当在生物安全柜内打开样品管,并用纸或纱布抓住塞子以防止喷溅。

②必须戴手套,并建议戴护目镜或面罩对眼睛和黏膜进行保护。

③在防护衣外面再穿上塑料围裙。

8. 玻璃器皿和锐器

(1)尽可能用塑料制品代替玻璃制品。只能用实验室级别(硼硅酸盐)的玻璃,任何破损或有裂痕的玻璃制品均应丢弃。

(2)不能够将皮下注射针头作为移液器使用。

9. 用于显微观察的薄膜和涂片

用于显微观察的血液、唾液和粪便样品在固定和染色时,不必杀死涂片上的所有微生物和病毒。应当用镊子拿取这些东西,妥善储存,丢弃前需要用高压灭菌等方法清除污染。

10. 自动化仪器(超声处理器、旋涡混合器)

(1)为了避免液滴和气溶胶的扩散,这些仪器应采用封闭型的。

(2)排出物应当收集在密闭的容器内进一步高压灭菌再废弃。

(3)在每一步完成后应根据操作指南对仪器进行消毒。

11. 组织

(1)组织样品应用福尔马林固定。

(2)应当避免冰冻切片。如果必须要进行冰冻切片,应当用罩子罩住切片机,操作人员要戴安全防护面罩。清除污染时,切片机的温度要升高到 20 ℃后再进行。

12. 清除污染

建议使用次氯酸盐和高级别的消毒剂来清除污染。一般情况使用新配制的含有效氯 1 g/L 的次氯酸盐溶液;处理溢出血液时,使用有效氯达到 5 g/L 的次氯酸盐溶液;戊二醛也可用于表面消毒。

8.3.4　感染控制和应急程序

每个从事感染性微生物工作的实验室都应当指定针对所操作微生物和动物危害的安全防护措施。实验室负责人应确保实验室有可用于急救和紧急程序的设备。

1. 实验室感染控制

(1) 实验室的设立单位应当指定实验室负责人及专门的机构或人员承担实验室感染控制工作,定期检查实验室的生物安全防护、病原微生物菌(毒)种和样本保存与使用、安全操作、实验室排放的废水和废气,以及其他废弃物处置等规章制度的落实情况。负责实验室感染控制工作的机构或人员应当具有与该实验室中的病原微生物相关的传染病防治知识,并定期检查、了解实验室工作人员的健康状况。

(2) 实验室工作人员出现与本实验室从事的致病性病原微生物相关实验活动有关的感染临床症状或者体征时,实验室负责人应当向负责实验室感染控制工作的机构或人员报告,同时派专人陪同及时就诊;实验室工作人员应当将近期所接触的病原微生物的种类和危害程度如实告知诊治医疗机构。接诊的医疗机构有救治条件的应当及时救治,不得拒绝治疗;不具备救治条件时,应当按照规定及时转诊到具备相应救治条件的医院进行医治。

(3) 实验室发生致病性微生物泄漏时,实验室工作人员应当立即采取控制措施,防止病原微生物扩散,同时向实验室负责人和负责实验室感染控制工作的机构或人员报告。

(4) 实验室负责人和负责实验室感染控制工作的机构或人员接到上述报告后,应当立即启动实验室感染应急处置预案。开展流行病学调查;对病人进行隔离治疗,对相关人员进行医学检查;组织进行现场消毒;对染疫或疑似染疫的动物采取隔离、扑杀等措施;采取其他预防和控制措施,并组织人员对该实验室生物安全状况等情况进行调查和处理。

(5) 发生病原微生物扩散,有可能造成传染病暴发、流行时,应当依法进行逐级上报。

2. 实验室应急程序

(1) 刺伤、切割伤或擦伤。受伤人员应当立即停止工作,伤口挤血,水或消毒剂冲洗消毒,必要时进行医学处理。记录受伤原因和相关微生物,并应保留完整的医疗记录。

（2）潜在感染性物质的食入。受害人员应立即停止工作，脱下防护服并进行医学处理，进行观察和必要的预防治疗。要报告食入材料的特性和事故发生的细节，并保留完整的医疗记录。

（3）潜在危害性气溶胶的释放（在生物安全柜以外）。所有人员必须立即撤离相关区域，任何暴露人员都需要接受医学咨询，应当立即通知实验室负责人和生物安全责任人。为使较大的粒子发生沉降，气溶胶排出，在一定时间内严禁人员进入。入口张贴"禁止进入"的标志，过了相应时间后，在实验室负责人和生物安全责任人的指导下穿戴上适当的防护服和呼吸保护装备，清除污染。

（4）容器破损及感染性物质的溢出。做好个人防护，戴手套，穿防护服，必要时戴眼罩和护目镜。应当立即用布或纸巾覆盖感染性物质污染、溢洒的破损物品，然后在上面倒上消毒剂。作用一定时间后，将其清理，其中玻璃碎片用镊子清理，然后再用消毒剂对污染区域再次去污。清理的所有废物作为感染性废物进行收集后集中处置。

8.4 实验动物生物安全实验室

8.4.1 定义

实验动物生物安全实验室（Animal Biosafety Laboratory，ABSL）是一类特殊的动物实验室，以实验动物为载体，在特定条件下，通过人工或自然感染进行动物实验。实验动物生物安全实验室的分级也由所进行实验的感染性微生物的级别决定，也相应的分成四级，ABSL 1～4。实验动物生物安全实验室除应参照生物安全实验室的要求外，还应该考虑动物实验的特殊性，对动物呼吸、排泄、毛发、抓咬、挣扎、逃逸、动物实验（染毒、医学检查、取样、解剖、检验等）、动物饲养、动物尸体及排泄物处置等过程中产生的潜在危害进行防护，尤其是对气溶胶的防护。

8.4.2 建筑基本要求

（1）实验室建筑要确保实验动物不能逃逸，非实验动物（野鼠、昆虫等）不能进入。实验室空间和进出通道等符合所用动物需要。

（2）动物实验室空气不应该循环。动物源气溶胶应经适当的高效过滤/消毒后排出，不能进入实验室循环。

（3）如动物需要饮用无菌水，供水系统应可以通过安全消毒来提供。

（4）动物实验室的温度、湿度、照度、噪声、洁净度等饲养环境应符合国家相关标准要求。

8.4.3　ABSL‑1 实验室

实验动物生物安全一级实验室适用于饲养大多数经过检疫的储备实验动物（灵长类除外），以及专门接种了危害等级Ⅰ级的微生物因子的实验动物。要求运用规范的微生物学技术操作。实验室必须制定动物操作和进入饲养场所应遵循的程序和操作方案，并为工作人员提供适宜的医学监测方案。

此外，在设施方面还包括：

（1）建筑物内动物设施与开放的人员活动区域分开；

（2）应安装自动闭门器，当有实验动物时应保持锁闭状态；

（3）如果有地漏，应始终用水或消毒剂液封；

（4）动物笼具的洗涤应满足清洁要求。

8.4.4　ABSL‑2 实验室

实验动物生物安全二级实验室适用于专门接种了危害等级Ⅱ级的微生物因子的实验动物，需要进行下列安全防护：

（1）必须符合二级生物安全水平动物设施的所有要求；在门及其他适当的地方张贴生物危害警告标志。

（2）设施必须易于清洁和管理；使用结束后，工作表面要用有效的消毒剂来清除污染。

（3）动物实验室的门必须向内开，并可以自动关闭，有可视窗；有烟雾报警器；有适宜的温度、通风和照明。

（4）如果采用机械通风，则气流的方向必须向内。排风则要求经高效过滤/消毒后排到室外，不准在建筑物内循环。

（5）如有窗户，必须是抗击碎的。要制定节肢动物和啮齿动物的控制方案，设置必要的控制设备。

（6）可能产生气溶胶的工作必须使用生物安全柜或隔离箱。隔离箱要带有专用的供气和经 HEPA 过滤的排气装置。

（7）尽可能限制锐利器具的使用。锐器应始终收集在带盖、能防刺破的容器中，并按感染性废物处理。

（8）清理动物垫料时必须尽量减少气溶胶和灰尘的产生；所有废料和垫料在丢弃前必须清除污染。

（9）动物设施的现场或附近备有高压灭菌器；进行高压灭菌、焚烧的物品应装在密闭容器中安全运输。

（10）动物笼具在使用后必须清除污染，动物尸体必须焚烧。

（11）在设施内必须穿着防护服和其他装备，离去时脱下；必须有洗手设施，人员离开动物设施前必须洗手。

（12）所有人员需要接受适当培训，禁止在设施内进食、饮水、吸烟和化妆。

（13）如发生伤害，无论程度轻重，必须进行适当治疗，并报告和记录。

8.4.5　ABSL‑3 及 ABSL‑4 实验室

ABSL‑3 和 ABSL‑4 实验室是从事高致病性病原微生物动物实验研究的技术平台，应符合国家标准 GB 50073《洁净厂房设计规范》，GB 14925《实验动物环境与设施》，GB 14989《实验室生物安全通用要求》对 ABSL‑3 级别实验室和 ABSL‑4 级别实验室的规定，以及 GB 50346《生物安全实验室建筑技术规范》对 ABSL‑3 级别实验室和 ABSL‑4 级别实验室规范要求。具体扫码可见（　）。

ABSL 实验室操作安全规范

第9章　机械加工类实验室安全

机械设备是现代化生产中各行各业不可缺少的设备。所谓"机械"是指机器、机械的泛称,是指任何类型、大小的"技术实体",即包括工具、运动机构和静止设备。它种类繁多,应用范围广,机械化程度高,所带来的危险因素也越来越多,机械的构造不同带来的危险性也不同。不论是实验室还是生产单位,操作人员必须首先学习和掌握设备存在的危险性和有害因素,才能防止各类事故的发生。

9.1 机械加工安全术语和定义

根据中华人民共和国国家标准《机械安全基本概念与设计通则第1部分:基本术语和方法》(GB/T 15706.1),对机械加工安全术语定义如下:

机械安全(Machine Safe):在风险已经被充分减小的机器的寿命周期内,机器执行其预定功能的能力。

机床危险(Tools Danger):机床在静止或运转时,可能使人员损伤或危害健康及设备损坏的情况。

风险(Risk):在危险状态下,可能损伤或危害健康的概率和程度的综合。

机床危险部位(区)(Machine Tools Danger Zone):机床静止或运转时,可能使人员受到伤害、设备损坏的区域。

加工区(Machining Area):机床上刀具切削工件经过的区域。

工作区(Working Area):可能出现在工作过程的区域。包含机床运动部件所需的位置、上下料所需的位置,以及操作、调整和维护机床所需的位置。

防护装置(Guard):通过物体障碍方式专门用于提供防护的机床部分。根据其结构,防护装置可以是壳、罩、屏、门、封闭式防护装置等。

安全装置(Safety Device):消除或减少风险的单一装置或与防护

装置联用的装置（而不是防护装置）。

使用信息（Information for Use）：由信息载体（如文字、标志、信号、符号或图表等）组成的保护措施。这些载体可以单独或联合使用，向使用者传递信息。

操作者（Operator）：对机床进行安装、使用、调整、维护、清理、修理或运输的人员。

防护安全距离（Protective Safe Distance）：防止人身触及机床危险部位的防护结构距危险部位的最小间隔。

9.2 机械防护的安全距离

根据中华人民共和国国家标准《机械防护安全距离》（GB 12265），对相关概念介绍如下。

9.2.1 人体可及范围

在无外界因素作用时，足跟着地，仅靠人体自身肢体的上伸、下伸、向前、越过、旋转及伸入等动作所及的空间，其中最大包络面为最大可及范围，用 Rm 表示。如图 9-1 所示。

图 9-1 人体可及范围

9.2.2 安全距离

防止人身触及机械危险部位的间隔。其值等于最大可及范围 Rm（或身体尺寸 L）与附加量 KL（$KL=K \cdot L$，K 值见表 9-1）之和，用 Sd 表示：

$$Sd=(1+K)Rm \tag{1}$$

$$Sd=(1+K)L \tag{2}$$

式中：Sd——安全距离，mm；

L——人体尺寸，mm；

Rm——最大可及范围，mm；

K——附加量系数。

表 9 - 1　身体有关部位的附加量系数

身体有关部位	K
身高等大尺寸	0.03
上、下肢等中等尺寸；大腿围度	0.05
手、指、足面高、脚宽等小尺寸；头、胸等重要部位	0.10

安全距离分为两类：防止可及危险部位的安全距离和防止受挤压的安全距离。

1. 防止可及危险部位的安全距离

防止可及危险部位的安全距离 Sd 等于人员有关肢体或部位的可及范围 Rm 与附加量 KL 之和。

该安全距离包括：上伸可及的安全距离，越过可及、下伸可及的安全距离，上肢四个部位的弧形可及安全距离，穿越方形孔隙可及安全距离和穿越条形缝隙可及安全距离。

Sd、Rm 及 KL 之间关系以上伸可及安全距离为准，如图 9 - 2 所示。

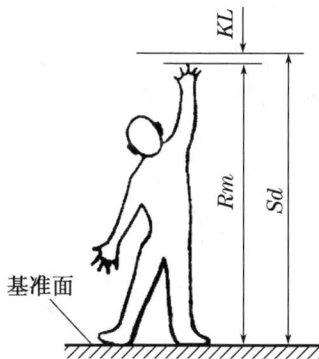

图 9 - 2　防止人体可及危险部位的安全距离

2. 防止受挤压的安全距离

防止受挤压的安全距离 Sd 等于身体有关部位尺寸 L 与附加量 KL 之和。

防止受挤压的安全距离包括防止人体七个部位（躯体、头、腿、足、臂、拳、食指）受挤压的安全距离。

Sd 和 KL 之间的关系以防止足面受挤压的安全距离为准，如图 9 - 3 所示。

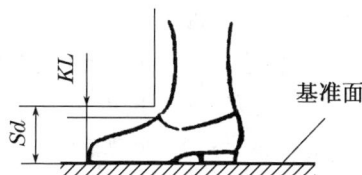

图 9 - 3　防止足面受挤压的安全距离

9.2.3　安全距离数值

1. 防止可及危险部位的安全距离数值

（1）上伸可及的安全距离数值

当双足跟着地站立、身体挺直，上肢上伸可及的安全距离数值 Sd

为 2 410 mm,其中含鞋底厚度 30 mm,鞋底厚度超过 30 mm 时,安全距离数值应相应增加(下同),如图 9 - 4 所示。

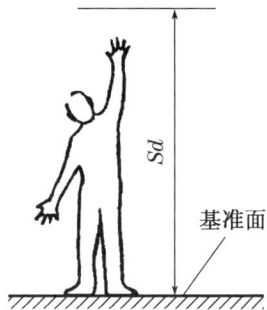

图 9 - 4　人体上伸可及安全距离

(2)越过可及、下伸可及的安全距离数值。

在越过固定屏障或防护设施边缘时的最大可及安全距离数值,如图 9 - 5 所示。

向危险部位倾斜、弯曲的防护设施(或屏障)不在此例。测量防护设施和危险部位高度的基准面应该与双足所处的水平面一致。

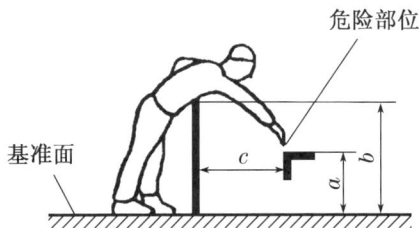

图 9 - 5　人体越过可及、下伸可及的安全距离

a—危险部位的高度;b—防护设施的高度;
c—危险部位至防护设施的水平距离

(3)上肢弧形可及安全距离数值

当掌、腕、肘、肩各关节根部紧靠防护设施边缘且不能再前伸时,以此节点根为球心做立体角旋转的可及安全距离。

(4)穿越孔隙可及安全距离数值

① 穿越方形孔隙的可及安全距离数值

指尖、掌指关节、至拇指根手掌和上臂四个部位伸入孔隙。

② 穿过条形缝隙的可及安全距离数值

指尖、掌指关节、至拇指根手掌和上臂四个部位伸入条形缝隙。

2. 避免受挤压的安全距离数值

避免受挤压的安全距离数值,机械设计应保证不该通过的身体部位不能通过。

9.3　机械的危害及原因

　　机械通常是由人来使用和维护的,在机械能量传递和转换过程中,如果有能量意外释放并作用到人体上,并且超过人体的承受力时,便会对人体造成伤害。由机械产生的危险,可能来自机械自身、机械的作用对象、人对机器的操作以及机械所在的场所等。机械危险具有复杂、动态、随机等特点,必须把由人、机、环境等要素组成的机械加工系统看作一个整体,系统地识别和描述机械在使用过程中可能产生的各种危险、危险状态以及预测可能发生的危险事件,从而确保操作者的安全。

9.3.1　机械产生的危险及主要危险源

　　根据《机械安全基本概念与设计通则》(GB/T 15706)标准,由机械产生的危险分为机械危险和非机械危险,主要包括以下几个方面。

　　1. 机械危险

　　机械危险对人员造成伤害的实质,是机械能(动能和势能)的非正常做功、传递或转化,即机械能量失控导致人员伤害。由于机械设备及其附属设施的构件、工件、零件、工具或飞溅的固体和流体物质等的机械能(动能和势能)作用,可能产生伤害的各种因素以及与机械设备有关的滑绊、倾倒和跌落等危险。

　　机械危险中的主要危险源:加速、减速、有角的部件、接近固定部件运动的元件、锋利的部件、弹性元件、坠落物、重力、距离地面高度、高压、不稳定、动能、机械的移动、运动元件、旋转元件、粗糙表面、光滑表面、锐边、储存的能量、真空。

　　2. 电气危险

　　电气危险的主要形式是电击、燃烧和爆炸,其产生条件可以是人体与带电体的直接接触,人体接近高压电体,带电体绝缘不充分而产生漏电、静电现象,短路或过载引起的熔化粒子喷射,热辐射和化学效应等。其后果可能造成烧伤、影响医学植入物、触电等伤害。

　　电气危险中的主要危险源:电弧、电磁现象、静电现象、带电部件、与高压带电部件之间无足够的距离、过载、故障条件下变为带电的部件、短路、热辐射等。

3. 温度危险

一般将 29 ℃以上的温度称为高温，−18 ℃以下的温度称为低温。**温度危险**产生的条件有环境温度、热源辐射或接触高温物（材料、火焰或爆炸物）等。高温会引起燃烧或爆炸，会使人体产生高温生理反应，如高温烧伤、烫伤等；低温使人体产生低温生理反应、低温冻伤等。

温度危险中的主要危险源：爆炸、火焰、高温或低温的物体或材料、热源辐射等。

4. 噪声危险

噪声危险的形式主要有机械噪声、电磁噪声和空气动力噪声等。噪声容易造成人体不适、失去知觉、失去平衡、紧张、耳鸣、疲劳，甚至造成永久性听觉丧失。

噪声危险中的主要危险源：气穴现象、排气系统、气体高速泄漏、加工过程（冲压、切割等）、运动部件、刮擦表面、不平衡的旋转部件、气体发出的啸声、磨损部件等。

5. 振动危险

振动对人体可造成生理和心理影响，造成损伤和病变。最严重的振动（或长时间不太严重的振动）可能产生生理严重失调，如血脉失调、神经失调、骨关节失调、腰痛和坐骨神经痛等。

振动危险中的主要危险源：气穴现象、运动部件偏离轴线、移动设备、刮擦表面、不平衡的旋转部件、振动设备、磨损部件。

6. 辐射危险

辐射的危险是杀伤人体细胞和机体内部的组织，轻者会引起各种病变，如烧伤、对眼睛和皮肤的伤害、影响生育能力、头痛、失眠等，重者会导致死亡。

辐射危险中的主要危险源：致电离辐射源、低频电磁辐射、光辐射（红外线、可见光和紫外线，包括激光）、无线电频率电磁辐射。

7. 材料和物质产生的危险

材料和物质产生的危险的主要形式有因接触或吸入有害物所导致的危险，火灾与爆炸危险，生物与微生物危险等。可能会造成人体呼吸困难，甚至窒息；亦可能诱发癌症；影响生育能力；引起感染、突变、过敏甚至中毒等后果。

材料和物质产生的危险中的主要危险源：浮质、生物和微生物（病毒或细菌）制剂、易燃物、粉尘、爆炸物、纤维、可燃物、流体、烟雾、气体、雾气、氧化剂。

8. 人类工效学危险

当机械设计或环境条件不符合要求时,有可能出现与人的能力不协调的情况。例如,承担的负荷(体力负荷、听力负荷、视力负荷或其他负荷等)超过人的生理承受范围;长期静态或动态型操作姿势,劳动强度过大或过分用力;对机械进行操作、监视或维护而造成精神负担过重,准备不足、紧张等而产生的危险,因操作偏差或失误以及不符合卫生要求的气温、湿度、气流、照明等作业环境而导致的危险等。

人类工效学危险中的主要危险源:通道;指示器和可视显示单元的设计或位置;控制装置的设计、位置或识别;费力;闪烁、玄光、阴影、频闪效应;局部照明;精神太紧张/精力不集中;姿势;重复活动;可见性。

9. 综合性危险

存在于机械设备及生产过程中的危害因素涉及面很宽,既有设备自身造成的危害,也有材料和物质产生的危险,也有生产过程中的不安全因素,还有工作环境恶劣、劳动条件差(如超负荷工作)等原因带来的危险,表现为复杂、多样、动态、随机。有些单一危险看起来微不足道,但组合起来,就可能发展为严重危险。

9.3.2　机械危险的主要伤害形式

机械危险的伤害实质上是机械能的非正常做功、流动或转化,导致对人员的接触性伤害。这类伤害大量出现在操作人员与可运动物件的接触过程中,其主要伤害形式有碾压、抛出、挤压、切割或切断、缠绕或卷入、刺穿或刺破、摩擦或磨损、飞出物打击、高压流体喷射、碰撞和跌落等,事故案例扫码阅读()。

事故案例

1. 卷绕和绞缠

引起这类伤害主要是做回转运动的机械部件,主要类型如下:

(1) 轴类零件。如联轴器、主轴、丝杆以及其他传动轴等。

(2) 旋转运动的机械部件的开口部分。如链轮、齿轮、皮带轮等圆轮形零件的轮辐,旋转凸轮的中空部位等。

(3) 未按安全要求着装。旋转运动的机械部件将人的头发、饰物(如项链)、宽大衣袖或下摆随回转件卷缠,继而引起的伤害。

2. 卷入和碾压

这类伤害主要来自相互配合的运动副,即组合运动的危险。卷入伤害通常发生在运动副啮合部位的夹紧点、皮带与皮带轮的夹口,如啮合的齿轮、皮带与皮带轮、链条与链轮、齿条与齿轮等。碾压伤害通常发生在两个做相对回转运动的辊子之间以及滚动的旋转件,如轮子与轨道、车轮与路面等,可能卡住、挤住、粘接住手指、手和人体的其他部分。

3. 挤压、剪切和冲撞

引起这类伤害的是做往复直线运动的零部件。生产现场和实验室中常见的挤压伤害通常发生在大型机床(如龙门刨床)的纵向移动的工作台和垂直移动的升降台,牛头刨床的滑枕,压力机的滑块,运动中的皮带、链条等零部件与做相对运动的部件之间,运动部件与静止部件之间由于安全距离不够也会产生夹挤。剪切伤害常常发生在剪切机刀片与压料装置之间,造成手部伤害。做直线运动的部件限位不准、突然失去平衡等都有可能造成冲撞伤害。

4. 飞出物打击

机械零部件由于发生断裂、松动、脱落或弹性势能等机械能释放,使失控物件飞甩或反弹出去,对人造成伤害。例如刀具的飞出:未夹紧的刀片、砂轮碎片;切屑、工件的飞出:连续排出的或破碎而飞散的切屑、工件;落下的工件和工具的飞出:车床卡盘钥匙等。另外,弹性元件的势能释放也会引起弹射。如弹簧、皮带等的断裂;在压力、真空下的液体或气体位能引起高压流体喷射等。

5. 物体坠落打击

处于高位置的物体具有势能,当其意外坠落时,势能转化为动能,造成伤害。如运动部件在重力作用下下滑,高处掉下的零件、工具或其他物体;悬挂物体的吊挂零件破坏或夹具夹持不牢引起的物体坠落;部件运动引起的倾倒;运动部件运行超行程、脱轨导致的伤害等。

6. 切割和擦伤

引起这类危害的是切削刀具的锋刃、零件表面的毛刺、工件或切屑的锋利飞边以及机械设备的尖棱、利角和锐边或粗糙的表面等,无论物体的状态是运动还是静止,这些由于锋利形状产生的危险都会构成潜在的危险。

7. 碰撞、跌倒以及坠落

(1) 机械结构上的凸出、悬挂部分(如起重机的支腿、吊杆及机床的手柄等)以及大尺寸加工件伸出机床的部分等,无论是静止还是运动状态,都有与人体产生碰撞的危险。

(2) 由于地面堆物无序、地面凹凸不平或摩擦力过小,都可能导致人员磕绊跌倒、打滑等危险。如果再引起二次伤害,后果将会更加严重。

（3）人从高处失足、误踏入坑井、电梯悬挂装置损坏、轿厢超速下行撞击坑底，都会对人员造成坠落伤害。

9.3.3　机械事故产生的原因

机械事故的发生往往是多种因素综合作用的结果，可归纳为人的不安全行为、物的不安全状态和管理上的不安全因素三个方面。

1. 人的不安全行为

人的不安全行为是指造成人身伤亡事故的人为错误。在机械使用过程中，人的行为受到生理、心理等各种因素的影响，其表现是多种多样的。缺乏安全意识和安全素质低下等不安全行为是引发事故的主要原因。其常见的表现有不了解机械存在的危险，不按操作规程操作，缺乏自我保护和处理意外情况的能力，指挥失误（或违规指挥），操作失误，监护失误等。在日常工作和实验室学习时，人的不安全行为大量表现在不安全的工作和实验习惯上。例如工具或量具随手乱放，测量工件时不停机，站在工作台上装卡工件，越过旋转刀具取送物料，在必须使用个人防护用具的作业或场合中忽视其使用，随意攀爬大型设备以及不走安全通道等，事故案例如二维码所示。不安全的装束也是人的不安全行为的典型表现，例如在有旋转零部件的设备旁作业时穿着过于肥大的服装，以及操纵带有旋转部件的设备时戴手套等。

事故案例

不安全的心理状态也是导致人的不安全行为的主要原因之一。特别是高校实验室内，多数学生都是初次接触机械加工设备，他们在实习实验中的心理状态对于安全操作具有重要的影响。良好健康的心理有利于安全操作，情绪和行为不易受外界客观因素的影响；反之，不安全的心理状态易受外界环境的影响，从而引起一些不安全的行为。对于学生们来说，常见的不安全心理状态通常表现为侥幸心理，往往"明知故犯"，麻痹大意、盲目自信、自作主张，如不按照安全要求着装；逞能心理，往往不顾安全，冒险行事，情绪波动大，易受外界环境影响，无法集中注意力，引发安全事故；懒惰心理，为了省事，省略操作步骤，冒进行事，造成伤害事故；好奇心理，无视规章制度，随意触碰危险仪器，甚至进入危险区域，从而造成安全隐患，导致伤害事故发生等。

2. 物的不安全状态

物，包括机械设备、工具、原材料、中间与最终产品、排出物与废料等。物的安全状态是保证机械安全的重要前提和物质基础。物的不安全状态,构成生产中的客观安全隐患和风险,往往成为引发事故的直接原因。

例如,机器的安全防护设施不完善,通风、防毒、防尘、照明、防震、防噪声以及气象条件等安全设施缺乏;机械设计不合理,未满足人机安全要求,设计错误,安全系数不够,使用条件不足,事故案例扫上方二维码(⬚)查看;制造时零件加工超差、以次充好、偷工减料;运输和安装中的野蛮作业使机械及其部件受到损伤而埋下隐患。

随着大量境外机械设备进入国内,其中部分设备由于不符合中国人的人体测量参数以及有些已经被淘汰的设备非法进入我国而引发的伤害;国内少数没有生产许可证的企业生产的缺少安全装置的不合格机械产品流入市场,成为安全隐患的源头。另外,如果机械设备是非本质安全型设备,缺少自动探测系统,或设计有缺陷,不能从根本上防止人员的误操作,也容易导致机械伤害事故的发生。

此外,超过安全极限的作业条件或卫生情况不良的作业环境,直接影响人的操作意识水平,使身体健康受到损伤,造成机械系统功能降低甚至失效,事故案例扫上方二维码(⬚)查看。

3. 管理上的不安全因素

安全管理水平包括安全意识水平、对设备(特别是对危险设备)的监管、对人员的安全教育和培训、安全规章制度的建立和执行、安全监督检查等。对安全工作不重视,安全管理组织机构不健全,没有建立或落实实验室安全管理责任制,没有或不认真执行事故防范措施,对事故隐患整改不力等等。所有这些在安全管理上存在的缺陷,均有可能引发安全事故。物的不安全状态、人的不安全行为是事故发生的直接原因,管理上的不安全因素往往是事故发生的间接原因,往往也是深层次的原因。

9.4 机械实验室的安全防护

9.4.1 机械设备的安全要求

1. 机械的本质安全

本质安全是指操作失误时,设备能自动保证安全,或设备出现故障时,能自动发现并自动消除,以确保人身和设备的安全。

现代机械安全技术的目标主要是追求和探讨包括软件在内的机械产品的本质安全性,具体体现在"安全第一、预防为主、综合治理"的指导方针。也就是为了保证生产的安全,在机械的设计阶段就采取本质安全的技术措施,进行安全设计,经过对机械设备性能、产量、效率、可靠性、实用性、紧急性、安全性等各方面的综合分析,使机械设备本身达到本质安全。

2. 机械设备本质安全的特征

具有"本质安全"的机械产品的特征是:机械设备在预定的使用条件下,除具有稳定、可靠的正常安全防护功能外,其设备本身还兼具自动保障人身安全的功能与设施,一旦发生操作者误操作或判断错误时,人身不会受到伤害,生产系统和设备仍能保证安全。这就要求该机械产品具备以下几点特征:

(1) 发生非预期的失效或故障时,装置能自动切除或隔离故障部位,安全地停止运行或转换到备用部分,并同时发出声光报警信号。

(2) 所有情况下,不生产有毒害的排放物,不会造成污染和二次污染。

(3) 符合人体工效学原则,能最大限度地减轻操作人员的体力消耗和脑力消耗,缓解精神紧张状态。

(4) 有明显的警示,能充分地表明有可能发生的危险和遗留风险。

(5) 一旦发生危险,人和物受到的损失应当在可接受的水平之下(标准安全指标以下)。

3. 机械设备的基本安全要求

为了最大限度地保护机械设备和操作者的人身安全,避免恶性事故的发生,减少损失,就需要提供一种高度可靠的安全保护手段,这种手段就是安全系统。安全系统在设备开车、停车、运行、维护、出现意外情况时,能对生产装置提供可靠的安全保护。当机械装置本身出现危险,或由于人为原因导致危险时,系统应能做出相应的反应并输出正确信号,使装置安全停车,以阻止危险的发生或事故的扩散。机械设备的基本安全要求如下:

(1) 设备的布局要合理。设备整体布局应便于操作人员装卸工件、加工观察和清除杂物,同时也应便于人员的检查和维修。

(2) 零部件质量要合格。组成设备的零部件的强度、刚度等性能应符合技术条件和安全要求,安装应牢固可靠。

(3) 设备装有必需的安全装置。根据设备需要的有关安全要求,装有设计合理、可靠、不影响操作的安全装置。生产中和实验室常用的安全装置主要有三种：

① 固定防护装置。有可能造成缠绕、吸入或卷入等危险的运动部件和传动装置(如链、链轮、齿轮、齿条、皮带轮、皮带、蜗轮、蜗杆、轴、丝杠、排屑装置等)应予以封闭，装设防护罩或防护挡板、防护栏等安全防护装置。

② 对于超压、超载、超温度、超时间、超行程等容易发生危险事故的零部件，应装设保险装置，如超负荷限制器、行程限制器、安全阀、温度继电器、时间继电器等，以便在危险情况发生时，由于保险装置的作用而排除险情，防止事故的发生。

③ 联锁装置。对于某些动作顺序不能出现颠倒的设备或仪器，应装设联锁装置。即某一动作，必须在前一个动作完成之后才能进行，否则就无法动作，这样就保证了不因动作顺序错误而发生事故。

9.4.2　机械实验室安全防护措施

1. 安全操作的主要规程

要避免机械加工类实验时发生危害和事故，不仅需要机械设备本身符合安全要求，操作者能够严格遵守安全操作规程更重要。机械设备的安全操作规程因其种类不同而内容各异，但其基本安全规程大致相同。以下的规程适用于大多数机械设备的安全操作。

(1) 开机前的安全准备

① 正确穿戴好个体防护装备。操作人员必须按照安全要求着装，例如，机械加工时要求长发者必须戴工作帽；操作机床时所有人员不得戴手套，以免旋转的工件或刀具将头发或手套绞进机器，造成人身伤害；高速切削时要戴好防护镜，以防铁屑飞溅伤眼。

② 设备状态的安全检查。首先空车运转设备，对其进行安全检查，确认正常后才能进行操作运行。生产和实验中，严禁设备带故障运行，以防发生危险。

(2) 机械设备工作时的安全规范

① 正确使用机械安全装置。操作人员必须按规定正确使用仪器和设备上的安全装置，绝不能任意将其拆掉。例如，车床的安全保护器，必须将专用卡盘扳手插入后再开动车床，切不可用其他物件替代。

② 工件及工夹具的安装。在工作过程中，随时观察有紧固要求的物件(如正在加工的刀具、工夹具以及工件等)是否由于振动而松动，如

有松动,必须立刻关停机床,重新紧固,直至牢固可靠。

③ 操作人员的安全要求。机械设备运转时,严禁操作者用手调整,也不得进行各种测量或润滑、清扫杂物等工作。如果必须进行,则应先关停机械设备,同时,操作者不得离开工作岗位,以防发生问题时无人处置。

④ 实验结束后的安全事项。首先,应关闭仪器设备的开关;其次,把刀具和工件从工作位置退出,与零件、工夹具等一并摆放整齐,打扫机械设备的卫生,进行润滑并清理好实验场所;最后,实验指导老师要注意检查实验场地的电源总开关是否断开,同时锁好门窗。

2. 常见的安全防护装置

防护装置是指采用壳、罩、屏、门、盖、栅栏等结构作为物体障碍,将人与危险隔离的装置。采用安全防护装置的主要目的是防止运动件产生的危险。机械装置在设计时,应根据其工作特点选择合适的安全装置。机械安全装置通常按照控制方式或作用原理分类,常见类型如下:

(1) 固定安全装置。保持在所需位置不动的防护装置,且不用工具不能将其打开或拆除,常见的形式有封闭式、固定间距式和固定距离式。包括送料、取料装置,辅助工作台,适当高度的栅栏,通道防护装置等。防护装置的开口尺寸应符合有关安全距离的标准要求。

(2) 联锁装置。机械加工设备(尤其是旋转的设备)中的防护罩一般都包含联锁装置。其工作原理是,只有当安全装置关合时,机器才能运转;而只有当机器的危险部件停止运动时,安全装置才能开启。需要注意的是,安全联锁装置可以根据操作者的需求安装在不同的地方,并非一定要求设备自带。

(3) 自动安全装置。当操作者的身体或着装误入危险区域时,自动安全装置可使机器停止工作,直到操作者离开危险区域,以确保操作者安全。

(4) 可调安全装置。在无法实现对危险区域进行固定隔离(如固定的栅栏等)的情况下,可以使用可调安全装置。这类装置须对操作者进行适当的培训后合理使用和维护,才能起到安全保护作用。

(5) 双手操纵装置。这种装置迫使操作者要用两只手同时操纵控制器,仅能对操作者而不能对其他有可能靠近危险区域的人提供保护,因此,机床周围必须设置其他安全装置以保护旁边的人员。双手控制安全装置的两个控制开关之间应有适当的距离,且一次操作只能完成一次工作,如需再次运行,则双手要再次同时按下。

（6）跳闸安全装置。该装置的作用是在设备操作接近危险点时，自动使机器停止或反向运动，它要求机器有敏感的跳闸机构，并能迅速停止。

需要注意的是，一般在机械系统正常运行，操作者不需要进入危险区域的情况下，通常安装的是固定安全装置、联锁装置、自动停机装置等。如果机械正常运转时需要进入危险区的场合，一般选择安装联锁装置、自动停机装置、自动安全装置、可调安全装置以及双手控制安全装置。另外，为保证操作者安全操作，还应提供相应的个体防护装备和专业防护装备。

3. 附加预防措施

附加预防措施是指在设计机械时，除了通过设计减小风险、采用安全防护措施和提供各种安全信息外，还应另外采取有关的安全措施，主要包括设计紧急状态有关的措施和改善机器安全而采取的一些辅助性预防手段。

（1）急停装置。每台机械都应装备一个或多个急停装置，以使操作者能迅速关机，避免危险状态。急停装置一般应非常明显，便于识别，操作者能迅速接近并完成手动操作，能尽快控制危险过程，避免进一步产生其他危害。急停装置启动后应保持关闭状态，直至手动解除急停状态。急停后并不一定能解除危险，也不一定能挽回损害。急停是一种避免危害继续扩大的紧急措施。

（2）陷入危险时的躲避和救援保护措施。例如，在可能使操作者陷入各种危险的设施中，应备有逃生通道和必要的屏障；机器应装备能与动力源断开的技术措施和泄放残存能量的措施，并保持断开状态；当机器停机后，可用手动操作解除断开状态等基本功能。

（3）重型机械及零部件的安全搬运措施。对于不能通过人力搬运的大型重型机械或零部件，除了应该在机械和零部件上标明重量外，还应装有适当的附件调运装置，如吊环、吊钩、螺钉孔以及方便叉车定位的导向槽等。

9.4.3 安全信息的使用

机械的安全信息由安全色、文字、标志、信号、符号或图表组成，以单独或联合使用的形式向操作者传递信息，用以指导操作者安全、合理、正确地使用机械，警告或提醒危险、危害健康的机械状态和应对机械危险事件。

1．安全信息的功能

（1）明确机械的预定用途；

（2）规定和说明机械的合理使用方法；

（3）通知和警告遗留风险。

2．安全信息的类别

（1）信号和警告装置；

（2）标志、符号（象形图）、安全色、文字警告等；

（3）随机文件，如操作手册、说明书等。

3．安全色

安全色是表达安全信息的颜色，表示禁止、警告、指令、提示等意义。本书第 4 章已有介绍，这里不再赘述。

4．安全标志

安全标志用于明确识别机械的特点和指导机械的安全使用，说明机械或其零部件的性能、规格和型号、技术参数，或表达安全的有关信息。

9.4.4　机械加工车间事故的预防

机械加工车间中各种机床很多，只要妥善布置工作场所，设置必要的防护装置、保险装置，并严格遵守安全操作规程，就可以有效地防止伤害事故。

1．机床布置要求

（1）不使零件或切屑甩出伤人。

（2）操作者不受日光直射而产生目眩。

（3）搬运成品、半成品及清理金属切屑方便。

（4）中间应设安全通道，使人员及车辆行驶畅通无阻。

2．防护装置要求

（1）防护罩：隔离外露的旋转部件。

（2）防护栏杆：在运转时容易伤害人的机床部位，以及不在地面上操作的机床，均应设置高度不低于 1 米的防护栏杆。

（3）防护挡板：防止磨屑、切屑和冷却液飞溅。

3．保险装置要求

（1）超负荷保险装置：超载时自动脱开或停车。

（2）行程保险装置：运动部件到预定位置能自动停车或返回。

（3）顺序动作联锁装置：在一个动作未完成之前，下一个动作不能进行。

（4）意外事故联锁装置：在突然断电时，机构能立即动作或机床停车。

（5）制动装置：避免在机床旋转时装卸工件；发生突然事故时，能及时停止机床运转。

9.5　公用砂轮机的安全使用与维护

9.5.1　砂轮机的安全使用

（1）公用砂轮机要有专人负责，定期检查和加油，保证其正常运转。

（2）砂轮机的防护罩和透明玻璃防护板以及吸尘器必须完备。透明防护板应与电源开关装成连锁装置。

（3）操作者必须佩戴防护眼镜，开动除尘装置后才能进行工作。

（4）砂轮机在启动前，要认真查看砂轮机与防护罩之间有无杂物。

（5）砂轮机启动后，要空转 2～3 分钟，待砂轮机运转正常时，才能使用。

（6）更换新砂轮，必须认真选择，对有裂纹、破损的砂轮，或者砂轮轴与砂轮孔配合不好的砂轮，不准使用。

（7）砂轮机因维修不良发生故障或者砂轮轴晃动、没有托刀架、安装不符合要求时，不准开动。

（8）托刀架与砂轮工作间的距离，不能大于 3 mm。

（9）在同一块砂轮上，禁止两人同时使用，更不准在砂轮的侧面磨削工件。磨削工件时，操作者应站在砂轮机的侧面。

（10）磨工具用的专用砂轮，不准磨其他任何工件和材料。

（11）对于细小的、大的和不好拿的工件，不准在砂轮机上磨，特别是小工件要拿牢，以防挤入砂轮机内或挤在砂轮与托架之间，将砂轮挤碎。

（12）砂轮不准沾水，要经常保持干燥，以防湿水后失去平衡。

（13）砂轮磨薄、磨小后，应及时更换。厚薄度与大小，可根据经验保证安全为原则。

（14）砂轮机用完后，应立即关闭电门，禁止砂轮机空转。

砂轮机作业安全标准、使用砂轮机过程中主要风险和事故案例如二维码(　　)所示。

·砂轮机作业安全标准
·事故案例

9.5.2　砂轮机的维护

(1) 砂轮机轴承按规定一年调换一次润滑脂。

(2) 更换砂轮要求：

① 检查砂轮有无裂纹,轻击砂轮有无杂音,确认正常才能安装使用。

② 安装砂轮片,必须调整平面的摆动,调整后夹紧螺母,装上防护罩。

③ 新砂轮片安装后,需电源开关间隔慢速起动5分钟,认为正常再全起动10分钟,安装操作者在新砂轮开机时严禁站立在砂轮片正面,必须站立在砂轮机两边,以防新砂轮运转爆裂导致人身伤害事故发生。

④ 新砂轮试车前,砂轮机正前方向如有人员必须清场!

⑤ 新砂轮片试车15分钟后,确认正常后修整砂轮片外径,待修整后砂轮机无跳动方能使用。

(3) 严禁砂轮机上磨长度超过500 mm的工件,及重量3 kg以上工件。

(4) 严禁砂轮机上磨薄铁皮和铝、铜材料工件。

(5) 砂轮机无防护罩不能开车使用。

(6) 在砂轮机上操作必须戴手套和防护眼镜(5 mm以下钻头可以不戴手套)。

(7) 磨削工件时不准用力过大,以防事故发生。

(8) 实验/习结束后清理砂轮机及周围环境卫生,切断电源总闸。

9.6　热加工安全技术

金属热加工一般是指铸造、锻造、冲压、焊接和热处理等工艺方法。金属冶炼、铸造、锻造和热处理等生产和实验/习过程中伴随着高温,并散发着各种有害气体、粉尘和烟雾,同时还产生噪声,从而严重地恶化了实验/习环境和劳动条件,这些作业工序多,体力劳动繁重,因而容易发生各类伤害事故,需要采取针对性的安全技术措施。

9.6.1 金属冶炼安全技术

1. 高温与中暑

金属冶炼操作如炼钢、炼铁是在千度以上的高温下进行的。高温作业时，人体受高温的影响，出现一系列生理功能改变，如体温调节功能下降。当生产环境温度超过 34 ℃时，很容易发生中暑。如果劳动强度过大，持续劳动时间过长，则更容易发生中暑，严重时可能导致休克。进行高温实验时，不得佩戴隐形眼镜，并应按需要佩戴防护手套，穿戴合适的防护服。实验/习时必须至少有两人在场，且不能擅自脱岗。

防止中暑的措施有合理地设计操作流程，改进实验设备和操作方法，从而消除或减少高温、热辐射对人体的影响，这也是改善高温实验条件的根本措施。同时改进设备本身的隔热保护条件，采用导热系数小的材料或循环冷却水进行隔热，也是改善实验/习高温环境的重要措施。除此之外，应做好机械通风和自然通风，避免人员扎堆，根据实验/习场所，合理安排实验人数。

2. 爆炸与灼伤

实验室为了尽可能接近实际生产条件，常常采用高温设备、高压设备、易燃易爆气体等条件模拟或实现生产条件，这就使得实验过程中容易发生喷溅、爆炸等事故。

造成喷溅、爆炸的原因很多，实验的所有工艺过程，均隐藏着不安全因素，必须从每个环节上加强防范措施。

（1）实验人员必须参加安全培训、设备操作培训、应急演练等相关培训，掌握相关理论知识，熟悉操作规程。

（2）加强实验原料的管理和挑选工作，严防使用不符合要求的原材料进行实验。

（3）经常检查设备各项系统，保证设备正常。使用设备前检查设备水电等是否正常，做好设备使用记录、维护记录。

3. 煤气中毒

煤气中的主要有害成分为一氧化碳。在熔炼实验过程中，特别是炼铁实习中产生的废气，可能含有较多的一氧化碳，因而在炼钢、炼铁中，若处理不好容易发生煤气中毒事故。实验过程中使用一氧化碳或实验过程中产生一氧化碳的实验室，需要安装一氧化碳报警装置，实验人员需要携带便携式一氧化碳报警装置，并注意加强实验/习场所的通风、监测、检修和个人防护。

9.6.2　铸造安全技术

铸造是指制造铸型、熔炼金属,并将熔融金属浇入、吸入或压入铸型,凝固后获得一定形状和性能铸件的成形方法。常用的铸造方法有砂型铸造和特种铸造两大类,其中砂型铸造是当前我国应用最广泛的一种铸造方法。砂型铸造加工的主要工序包括制作木模型、配砂、制芯、造型、合箱、炉料准备、金属熔化、浇筑、落砂及清砂等。铸造的液态金属成形原理决定了其工作环境的特殊性,在实验/习中必须注意以下安全操作规程。

(1) 指导教师和学生操作前必须穿戴好工作服,浇注时需佩戴防护眼镜。

(2) 制作铸型与型芯。

① 教学用具、铸造设备、造型材料要在指导教师的指导下方可动用。工作前按要求清点好各类工具,并确保工具完好。

② 搬动砂箱要注意轻放,以免压伤手脚。

③ 造型时不要用嘴吹型砂,以免砂粒飞入眼里。

④ 造好的铸型和砂芯必须烘干,并确保排气畅通。

⑤ 合箱操作时,应用泥条封紧缝隙,将两箱扣紧或放上压箱铁,防止浇注时发生抬箱、射箱、跑火事故。

(3) 浇注与铸件清理。

① 严格遵守炉前安全操作规程,避免铁水飞溅伤人。

② 浇包使用前要先烘干,盛铁水的液面高度不超过浇包高度的八分之七。两人抬水包应互相配合,步调一致,抬时浇口朝外,特别注意铁水包的意外倾斜,防止铁水溢出烫人。

③ 浇注过程中,操作者应站在安全位置,不要正视冒口,以防跑火时金属液喷射伤人。

④ 浇注剩余的铁水不能随意乱倒,只准倒入锭模及砂型中。

⑤ 开箱落砂不宜过早,防止铸件未凝固或未完全冷却发生烫伤事故。不能直接用手摸或用脚踏未冷却的铸件。

⑥ 实验/习场所不能有积水,不能乱放器械,应保持浇注铸型周围的道路通畅。

⑦ 清除铸件上的浇冒口及飞边、毛刺时,切记不可用手直接清除,应使用工具;注意锤击方向,以免敲坏铸件,并注意不要正对他人。

⑧ 操作结束后,要听从指导老师的安排,进行场地的清理和整理

工作。

9.6.3 锻造安全技术

1. 锻造生产实验/习的特点

把加热后的金属材料锻造成各种形状的工具、机械零件或毛坯,谓之锻造。锻造可以改变金属材料内部组织,细化晶粒,提高其机械性能。由于锻造是在金属材料灼热状态下进行挤、压、锻、打成型的,因此生产过程存在高温、烟尘、振动和噪声等危害因素,稍一疏忽就可能发生灼烫、机器工具伤害和火灾事故。

锻造生产实验/习必须使用加热设备、锻压设备以及许多辅助工具。加热炉和灼热的工件辐射大量热能,并且各种燃料燃烧产生炉渣、烟尘,如对这些不采取通风净化措施,将会污染工作环境,恶化劳动条件,造成伤害事故。

锻压设备主要有蒸汽锤、空气锤、模锻锤、机械锤、夹板锤、皮带锤、曲柄压力机、摩擦压力机、水压机、扩孔机、辊锻机等。各种锻压设备都对工作施加冲击载荷,因此容易损坏设备和发生人身伤害事故,如锻锤活塞杆折断,往往引起严重伤害事故。锻压设备工作时产生的振动和噪声影响人的神经系统,增加发生事故的可能性。

锻工工具和辅助工具,特别是手工锻和自由锻工具、夹钳等种类繁多,都要同时放在工作地点,往往很杂乱;而且由于在工作中工具更换频繁,增加了检查工具的难度,有时凑合使用不合适的工具,容易造成伤害事故。

2. 锻造的安全操作

锻造工艺主要包括坯料加热、锻造成形、锻件冷却和热处理等,锻造时,金属加热温度达 $700 \sim 1\,300\,^{\circ}\text{C}$,强大的辐射热、灼热的料头、飞出的氧化皮等都会对人体造成伤害,因此在实验/习过程中必须严格遵守安全操作规程,特别注意以下事项:

(1)操作者在开始工作前必须穿戴好个体防护装备,必须穿着长袖、长裤和工作鞋;操作时不得站立在容易飞出火星和锻件毛边的地方。

(2)在进行锻造作业时,操作者要遵守安全操作规程,集中精力,互相配合;要注意选择安全位置,躲开危险方向。切断料时,身体要躲开料头飞出的方向。

(3)手工自由锻造时,两位实验人员要注意配合,握钳和站立姿势要正确,钳把不准正对或抵住腹部;司锤的人员要按掌钳者的指挥准确司锤,锤击时,每一锤要轻打,等工具和锻件接触稳定后方可重击。

(4) 锻件过冷、过薄、未放在砧铁中心、未放稳或有危险时均不得锤击,以免损坏设备、模具和震伤手臂,以及发生锻件飞出,造成伤人事故。

(5) 严禁擅自落锤和打空锤,不准用手或脚去清除砧铁上的氧化皮,不准用手去接触锻件。

(6) 烧红的坯料和锻好的锻件不准乱扔,以免烫伤别人。

(7) 实验结束后,应立即熄火或封炉,并将易燃品移开,以确保安全。

9.6.4　热处理安全技术

为了使各种机械零件和加工工具获得良好的使用性能,或者为了使各种金属材料便于加工,常常需要改变其物理、化学和机械性能,如磁性、抗蚀性、抗高温氧化性、强度、硬度、塑性和韧性等。这就需要在机械加工过程中通过一定温度的加热、一定时间的保温和一定速度的冷却,来改变金属及合金的内部结构(组织),以期改变金属及合金的物理、化学和机械性能,这种方法称为热处理。热处理加工的过程一般可分为三个步骤:加热、保温和冷却。实验/习时,操作人员经常与设备和金属件接触,因此必须掌握有关安全技术,避免发生事故。

1. 热处理工序主要加热设备

热处理工序中的主要设备是加热炉,可以分为燃料炉和电炉两大类,实验室主要采用电炉进行加热,电炉又分为电阻炉和感应炉。

2. 热处理操作的安全要求

(1) 操作前,首先要熟悉热处理工艺规程和所要使用的设备及其他工具、器具。

(2) 操作时,必须穿戴好必要的个体防护装备,如实验服、手套、防护眼镜等。

(3) 用电阻炉加热时,工件进炉、出炉应先切断电源,以防触电。在加热设备和冷却设备之间,不得放置任何妨碍操作的物品。

(4) 混合渗碳剂、喷砂等在单独的实验室内进行,并应设置足够的通风设备。

(5) 设备危险区(如电炉的电源引线、汇流条、导电杆和传动机构等),应当用铁丝网、栅栏、隔板等加以防护。

（6）热处理用全部工具应当有条理地放置，不许使用残裂的、不合适的工具。

（7）实验场所的出入口和通道，应当通行无阻；同时应放置足量完好有效的灭火器。

（8）经过热处理的工件，不要用手触摸，以免造成灼伤。

（9）实验结束后，打扫场地卫生，摆放好工具用具。

3. 热处理设备和工艺的安全操作

（1）电炉的安全操作规程。各种电阻炉在使用前，需检查其电源接头和电源线的绝缘是否良好，要经常注意检查启闭炉门自动断电装置是否良好，以及配电柜上的红绿灯工作是否正常。无氧化加热炉所使用的液化气体，是以压缩液体状态贮存于气瓶内的，气瓶环境温度不许超过 45 ℃。液化气是易燃气体，使用时必须保证管路的气密性，以防发生火灾和伤害事故。由于无氧化加热的吸热式气体中一氧化碳的含量较高，因此使用时要特别注意保证室内通风良好，并经常检查管路的密封。当炉温低于 760 ℃或可燃气体与空气达到爆炸极限区间的混合比时，就有爆炸的可能，为此在启动与停炉时更应注意安全操作，最可靠的办法是在通风及停炉前用惰性气体及非可燃气体（氮气或二氧化碳）吹扫炉膛及炉前室。

（2）气体渗碳炉安全操作规程。开炉前做好检查工作：应清除炉罐内的炭黑，检查密封衬垫；检查循环风扇、电动机，给轴承加润滑脂、冷却水套通水；检查热电偶位置及油压提升机构；检查滴定器、甲醇、煤油储存器。开炉时，调整自动控制装置，正常后才允许通电升温；升温时应开动风扇；炉温升到 850 ℃时，开始滴入煤油（或甲醇）；炉温升到所需温度后，切断炉子和风扇的电源，才能进行装件操作；之后关紧炉门，打开风扇和炉子的电源。工件出炉后，关紧炉盖，切断炉子电阻丝电源，滴入少量煤油；炉温降至 850 ℃时，停止滴入煤油；炉温降至 600 ℃时，停止风扇，切断电源开关。

（3）操作盐浴炉时应注意，在电极式盐浴炉电极上不得放置任何金属物品，以免变压器发生短路。工作前应检查通风机的运转和排气管道是否畅通，同时检查坩埚内熔盐液面的高低，液面一般不能超过坩埚容积的 3/4。电极式盐浴炉在工作过程中会有很多氧化物沉积在炉膛底部，这些导电性物质必须定期清除。使用硝盐炉时，应注意硝盐超过一定温度会发生着火和爆炸事故。因此，硝盐的温度不应超过允许的最高工作温度。另外，应特别注意硝盐溶液中不得混入木炭、木屑、炭黑、油和其他有机物质,以免硝盐与炭结合形成爆炸性物质,从而引起爆炸事故。

(4) 进行液体氰化时,要特别注意防止氰化物中毒。操作氰化浴炉时,必须戴口罩和防护眼镜(或面罩),穿好劳动防护服,戴好手套。工作完毕即脱掉。防护用品不得带出实习场所,定期用 10% 硫酸亚铁溶液清洗 2 次。液体氰化零件必须烘干进炉,否则,熔盐遇水会发生崩爆溅出,易造成皮肤灼伤。

(5) 进行高频电流感应加热操作时,应特别注意防止触电。操作间的地板应铺设胶皮垫,并注意防止冷却水洒漏在地板上和其他地方。

(6) 进行镁合金热处理时,应特别注意防止炉子"跑温"而引起镁合金燃烧。当发生镁合金着火时,应立即用熔炼合金的熔剂(50% 氯化镁、25% 氯化钾、25% 氯化钠熔化混合后敲碎使用)撒盖在镁合金上加以扑灭,或用专门用于扑灭镁火的药粉灭火器加以扑灭。在任何情况下,都绝对不能用水和其他普通灭火器来灭火,否则将引起更为严重的火灾事故。

(7) 进行油中淬火操作时,应注意采取冷却措施,使淬火油槽的温度控制在 80 ℃ 以下,大型工件进行油中淬火时更应特别注意。大型油槽应设置事故回油池。为了保持油的清洁和防止火灾,油槽应装槽盖。

(8) 矫正工件的工作场地位置应适当,防止工件折断崩出伤人。必要时,应在适当位置装设安全挡板。

(9) 无通风孔的空心件,不允许在盐浴炉中加热,以免发生爆炸。有盲孔的工件在盐浴中加热时,孔口不得朝下,以免气体膨胀将盐液溅出伤人。管类零件淬火时,管口不应朝自己或他人。

9.6.5　焊接安全操作

焊接是把分离的金属通过局部加热、加压或两者并用,借助于金属接头处原子间的结合与扩散作用,而形成不可拆卸整体件(即焊接件)的加工方法。焊接是目前应用最广泛的金属不可拆卸连接方法。焊接的方法很多,本节主要介绍实验中要操作的手工电弧焊和气焊的安全操作要领。

1. 手工电弧焊的安全操作

电弧是在加有一定电压的电极之间或在电极与焊件之间产生的一种强烈的气体放电现象。电弧焊是利用电弧产生的热能熔化被焊金属母材(即焊件)以实现连接的熔焊方法。实验/习中除了重视用电安全外,还要预防电弧光及烟尘对眼睛和皮肤的伤害。

(1)焊接操作前的安全准备与检查

① 进入实验室必须穿好工作服及绝缘鞋,焊接时戴好工作帽、手套、防护眼镜或面罩等防护用品,禁止穿高跟鞋、拖鞋、凉鞋、裙子、短裤,以免发生烫伤。

② 电焊机平稳安放在通风良好、干燥的地方,不准靠近高热及易燃易爆的环境,车间窗户开启。电焊钳应有可靠的绝缘。

③ 操作前必须从工具箱拿出焊接电缆,并接好焊接设备,检查线路各连接点接触是否良好,防止因松动、接触不良而产生发热现象。

④ 焊接前应检查焊机是否接地,焊钳、电缆等绝缘部分是否良好,以防触电。

⑤ 任何时候焊钳都不得放在工作台上,应放在指定的架上,以免长时间短路烧坏焊机。

⑥ 禁止在焊机上放置任何物件和工具,启动电焊机前,焊钳与焊件不能短路。

⑦ 人体不要同时触及焊机输出两端,以免触电;同时检查焊机风扇是否正常转动,禁止焊条插入风扇内。

⑧ 焊接场地通风必须良好,以防有害气体影响人体健康。

(2)焊接操作过程中的注意事项

① 焊工推送闸刀时,不要正对电闸,防止因短路造成的电弧火花烧伤面部、手部,必要时应戴绝缘手套。

② 施焊时必须使用面罩,保护眼睛和脸部。在狭小或潮湿的作业环境区内必须穿着干燥的衣服、可靠的绝缘手套和绝缘鞋,不要靠在钢板上。

③ 在焊接、切割密闭空心工件时,必须留有出气孔。

④ 电焊机接地零线及电焊工作回线均不准搭在易燃、易爆的物品上和管道或机床设备上。工作回线应绝缘良好,机壳接地应符合安全规定。

⑤ 焊件必须放置平稳、牢固才能施焊,不准在天车吊起或叉车铲起的工件上施焊,各种机器设备的焊修,必须停车进行,作业地点应有足够的活动空间。

⑥ 更换焊条时,要戴好防护手套,不得用裸露的手直接接触电焊条或电焊钳。

⑦ 刚焊好的焊件不许用手触及,以防烫伤。

⑧ 发生故障时,应立即切断焊机电源,及时进行检修。

⑨ 焊后清渣时,要防止焊渣崩入眼中,可以用电焊面罩遮挡。

⑩ 焊接结束时,应切断焊机电源,并检查焊接场地有无火种。

2. 气焊的安全操作

气焊是利用气体燃烧产生的热量熔化母材焊接处及充填金属的焊接方法。与其他焊接方法相比,气焊不需要电源,移动灵活,适用于野外无电源条件下的焊接及维修工作。在实验/习过程中,需要特别注意气瓶的管理及防止弧光伤害和烫伤。

(1) 气焊操作前的安全准备与检查

① 工作前检查焊接场地,氧气瓶与乙炔气瓶相距不小于 5 m,距施焊点不小于 10 m,并在 10 m 以内禁止堆放其他易燃易爆物品(包括有易燃易爆气体产生的器皿管线)。同时,备有消防器材,保证足够照明和良好通风。

安全距离
示意图

② 检查氧气和乙炔气导管接头处,不允许漏气,以免引起意外事故。

③ 检查减压器是否有损坏、漏气或其他事故,回火防止器是否处于正常工作状态。

④ 在使用焊枪前,必须先检查吸射性能和气密性。

(2) 气焊操作过程中的注意事项

① 点火时先打开乙炔阀并点燃,后开氧气调节火焰。

② 关火时应先关乙炔,后关氧气。发生回火时应立即关闭乙炔和氧气,一般应先关乙炔,再关氧气。

③ 焊接过程中,放气速度不应太快,避免气体流经阀门时产生静电火花。气焊时注意不要把火焰喷到身上和胶皮管上。

④ 停止使用时严禁将焊炬、胶管和气源做永久性连接。

⑤ 气瓶在保管和使用过程中,避免日光暴晒,远离明火和热辐射。乙炔瓶应垂直立放,严禁卧倒。

⑥ 实验/习结束时,必须关紧有关阀门并放松调压阀,确认场地安全无火种后方可离开。

3. 焊接的职业卫生防护要求

(1) 焊接的辐射危害:气焊和电焊时可用护目玻璃,以减弱电弧光的刺目并过滤紫外线并红外线。氩弧焊时,除要带护目眼镜外,还应戴口罩、面罩,穿戴好防护手套、脚盖、帆布工作服。

(2) 焊接过程中有毒气体的危害:在焊接时必须采用有效措施,如戴口罩、装通风或吸尘设备等;采用低尘少害的焊条。

(3) 高频电磁场的危害:减少高频电磁场的作用时间,引燃电弧后立即切断高频电源,焊炬和焊接电缆用金属编织线屏蔽;焊件接地。

9.7 机械类实验室安全事故应急救援预案制度

《安全事故应急处理救援预案制度》是所有实验人员在处理突发重大事故的基本原则。要求所有人员都要模范遵守、坚决执行。对《预案》有修改意见和补充意见者,应尽快向实验室安全责任人提出,以便将意见汇总后,适时对《预案》予以修改。

9.7.1 火灾事故应急处理救援预案

(1) 突发火灾事故后,获得火灾消息的人员,应及时使用消防器材、消火栓等进行灭火自救,并及时关闭电源及其他用电设备,在第一时间拨打"119"报警,向实验室安全责任人报告。

(2) 突发火灾事故后,非事故操作人员应视当时火情的严重程度,在现场灭火总指挥的统一调度下,或派部分人员过去协助灭火,或采取紧急断电停机措施,派出所有人员协助灭火,并安排人员在路口接应消防车。

(3) 对于其他现场人员,首先要采取措施进行自身防护,之后有组织、相互协助地向安全区域撤离。

9.7.2 人身伤害事故应急处理救援预案

(1) 突发重大人身伤害事故,负责人和现场实验人员应采取果断措施立即停机或停电,将受害人从机器设备上或触电部位迅速解救出来。

(2) 如受伤人员大量失血,现场负责人应立即组织人员对其进行临时性绑扎、止血。

(3) 如受伤人员呼吸、心跳停止,应立即把受伤者搬到空旷场地,实施人工呼吸和心脏按压复苏,不得耽误半分半秒。

(4) 此时,现场指挥者要争分夺秒、当机立断,紧急向 120 急救中心求助。

（5）现场指挥者应及时向实验室安全责任人汇报。

（6）如遇一般人身伤害事故，现场指挥应立即向实验室安全责任人汇报，并及时找车将伤者送往医院进行救治。

（7）现场指挥者在处理人身伤害事故时，要本着迅速、稳妥的原则，立即予以处置，千万不要拖延时间！千万不要耽误救治受伤者的最佳时机，时间就是生命！

9.7.3　设备事故应急处理救援预案

（1）突发重大设备事故，现场指导老师要迅速采取措施，予以停机停电，严防事故扩大。

（2）如果因设备事故连带发生人身伤害事故，应立即救人，在把伤者救出后，立即启动《人身伤害事故应急处理救援预案》程序，予以迅速救治，而后再去处理设备事故。

（3）发生重大设备事故后，如不是因为救人等特殊情况，尽量不要移动现场各种物件，要保护好现场，以便分析事故原因。

（4）发生重大设备事故后，如不迅速采取"移动""支撑"等手段来处理，有可能导致事故扩大或危害人身安全时，现场指挥可以采取这些手段来予以处理。但要做好详细记载，并向事故调查人员讲清，以便能准确判定事故发生的原因。

（5）发生重大设备事故后，现场指挥人员在做好紧急处理的情况下，应立即向实验室安全责任人汇报。

第 10 章　电离辐射安全与防护

辐射是以电磁波或粒子的形式发射能量的过程。自然界中的一切物体,只要温度在绝对零度以上,都会以电磁波和粒子的形式时刻不停地向外传送能量。辐射按照能量高低和电离物质能力分为电离辐射和非电离辐射。**电离辐射**是指能够引起原子电离的辐射。**非电离辐射**是指不能引起原子电离的辐射。下面主要讨论危害较大的电离辐射的安全与防护。

10.1　电离辐射源

电离辐射源按其来源可分为天然辐射源和人工辐射源两大类。天然辐射源是指自然界中本来存在的辐射源,包括来自大气层外的宇宙辐射、宇宙射线与大气作用产生的宇生放射性核素以及地壳物质中存在的原生放射性核素。生活在地球上的人类时刻都在通过吸入、食入天然放射性核素和外照射接受天然辐射。由于地壳地质结构、表面土壤岩石的特性、海拔高度和地磁纬度的差异,各地区的天然本底辐射水平也不尽相同。联合国原子辐射效应科学委员会(UNSCEAR)2000 年报告书指出全世界人均年有效剂量为 2.4 mSv(毫希沃特),其中氡及其子体造成的内照射剂量约占 50%。人工辐射源来自于人类的一些实践活动,主要的人工辐射源包括核爆产生的放射性核素、核反应堆生产的放射性核素、加速器生产的放射性核素以及加速的带电粒子、经过加工的天然放射性、X 射线装置和中子源。

10.1.1　放射性核素

物质是由分子组成的,分子是由原子组成的,而原子是由原子核和核外电子组成的。原子核由质子和中子组成,质子带正电,中子不带电。原子核虽小,却几乎集中了原子的全部质量。

具有相同的中子数和质子数,并且处于同样能级的同一类原子称为一种**核素**。人们通常把质量数为 A、质子数为 Z 的某种核素记为 $^A_Z X$，其中 X 为元素符号，质量数 A 为质子数 Z 和中子数 N 之和。由于质子数 Z 和元素符号 X 有一一对应关系，常常省略 Z，如 ^{12}C，^{60}Co 等。人类目前已经发现了 118 种元素，3 000 多种核素。其中 Z 相同而 N 不同的各核素互称同位素，如天然氢有三种同位素：^1H(氕)、^2H(氘)和 ^3H(氚)。

　　放射性核素是指原子核能够自发地发射出粒子的核素。在人类已发现的 3 000 多种核素中，只有 279 种是稳定核素，其他的都是放射性核素。自然界中放射性核素又分为天然放射性核素和人工放射性核素。天然放射性核素是指自然界本身存在的放射性核素，主要有三类：一类是三个天然放射系［铀系(^{238}U)、钍系(^{232}Th)和锕系(^{235}U)］中放射性核素；第二类是宇生的放射性核素(如 ^{14}C，^3H 等)；第三类是自然界中半衰期与地球年龄相当甚至更大的放射性核素(如 ^{40}K，^{87}Rb，^{176}Lu 等)。人工放射性核素是指通过人工核反应产生的放射性核素(如 ^{60}Co，^{89}Sr，^{192}Ir，^{241}Am 等)。

核素图

1. 衰变

　　放射性核素自发地发射出粒子而变为另一个核素的过程称为**衰变**。根据原子核放出的粒子种类可分为 α 衰变、β 衰变和 γ 跃迁等。原子核衰变的示意见图 10-1。

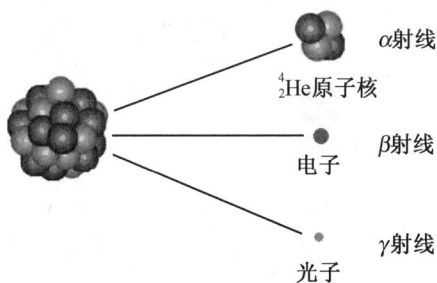

α射线
^4_2He原子核

β射线
电子

γ射线
光子

图 10-1　原子核衰变的示意

（1）α 衰变

　　放射性核素的原子核自发地发射出 α 粒子而变为另一种核素的过程称为 **α 衰变**。α 粒子是由两个质子和两个中子组成，带 2 个正电荷。α 粒子其实就是高速运动的氦原子核。一般来讲，只有质量数大于 140 的核素才有可能发生 α 衰变，如 ^{226}Ra，^{222}Rn，^{210}Po 等。

（2）β衰变

β⁻衰变、β⁺衰变和电子俘获（Electron Capture，EC）统称为**β衰变**。

β⁻衰变是指放射性核素的原子核发射出 β⁻ 粒子而变成质子数加1、质量数不变的新核素的过程。β⁻ 粒子就是高速运动的电子。β⁻ 粒子的能谱是一个连续谱，β⁻ 粒子的能量一般指最大能量。β 粒子能谱示意图见图 10-2。如 ^{14}C 的衰变方式为 β⁻ 衰变，β⁻ 粒子最大能量为0.155 MeV。

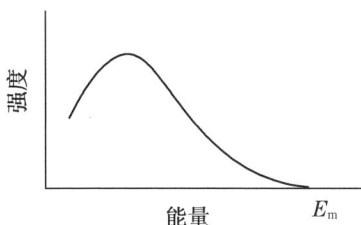

图 10-2　β粒子能谱示意

β⁺衰变是指放射性核素的原子核发射出 β⁺ 粒子而变成质子数减1、质量数不变的新核素的过程。β⁺ 粒子就是高速运动的正电子。β⁺ 粒子的能谱也是一个连续谱。

正电子只能存在极短时间，当它被物质阻止而失去动能时，将和物质中的自由电子结合而转化成电磁辐射，发射方向相反的两个光子，光子的能量均为 0.511 MeV，这一过程称为**正电子湮没**（Annihilation）。

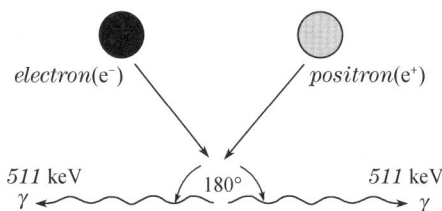

图 10-3　湮没辐射示意

电子俘获是放射性核素的原子核俘获它的一个核外电子（主要是内层轨道上的电子）而使核内一个质子转变成中子同时释放中微子的过程。电子俘获的一个继发过程是发射特征 X 射线和俄歇电子。如 ^{125}I 为 EC 衰变，每次衰变有 15～20 个俄歇电子释放出来，并发射27 keV 特征 X 射线。

（3）γ跃迁

各种类型的核衰变产生的子核或吸收能量的原子核往往处于激发态，激发态的原子核是不稳定的。原子核从激发态向较低能态或基态跃迁时发射 γ 光子的过程，称为**γ跃迁**。

在 γ 跃迁过程中，放射性核素的质量数和质子数都未发生改变，只是原子核的能量状态发生了改变。

2．衰变规律

放射性核素的原子数目是按照负指数规律衰减。

$$N = N_0 e^{-\lambda t}$$

式中：N 为 t 时刻放射性核素的原子数目；N_0 为初始时刻（$t=0$）放射性核素的原子数目；λ 为衰变常数；t 为衰变时间。

放射性核素在单位时间内衰变的原子数目称为它的放射性**活度**（Activity, A），常用单位为贝可（Becquerel, Bq）和居里（Curie, Ci）。$1\ \mathrm{Bq} = 1$ 衰变/s，$1\ \mathrm{Ci} = 3.7 \times 10^{10}\ \mathrm{Bq}$。

$$A = \frac{-\mathrm{d}N}{\mathrm{d}t} = \lambda N = A_0 e^{-\lambda t}$$

式中：A 为 t 时刻放射性核素的活度；A_0 为初始时刻（$t=0$）放射性核素的活度。

放射性核素的原子数目或活度衰变至原来的一半所需的时间称为半衰期（half life, $T_{1/2}$）。

$$T_{1/2} = 0.693/\lambda$$

10.1.2　X 射线装置

X 射线是高速电子与物质相互作用而产生的。这种过程常发生在 X 射线管和电子加速器。靶材料一般采用高原子序数的难熔金属（如钨、铂、金、钽等）。

X 射线的光谱分为两类：一类 X 射线的光谱是连续的，由韧致辐射（bremsstrahlung）产生，X 射线的最大能量即电子在加速电场中获得的全部能量；另一类 X 射线的光谱是线状的，由靶材料性质所决定。

X 射线装置只有加上高压后才会有 X 射线产生。对于高压大于 10 MV 的 X 射线装置，会产生感生放射性核素。

10.1.3　中子源

中子主要有三种来源：一是通过裂变反应产生；二是通过（α，n）中子源产生;三是通过加速器中子源产生。

1. 裂变中子源

反应堆内核燃料发生核裂变除释放能量之外,还会有中子释放出来。^{235}U 发生一次核裂变平均释放 2.4 个中子。^{235}U 在热中子的诱导下发生裂变反应见图 10-4。反应堆常用作中子活化分析。

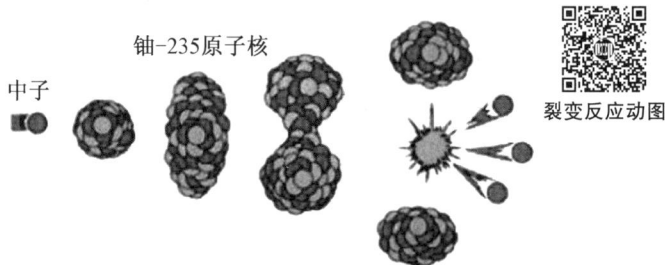

图 10-4 ^{235}U 的裂变示意

还有一类是自发裂变中子源,常用的核素是^{252}Cf。它是把^{239}Pu 放在反应堆中连续照射,进行中子俘获和 β 衰变而形成的。^{252}Cf 的半衰期为 2.64 a,α 衰变占 96.6%,自发裂变占 3.1%,平均每次自发裂变可发射 3.7 个中子,平均中子能量为 2.348 MeV,中子的产额为 2.35×10^{12} n/(s·g)。

2. (α,n)中子源

把 α 衰变放射性核素如^{226}Ra,^{241}Am,^{210}Po 等与铍(Be)或硼(B)以粉末状态混合在一起就可以制成同位素中子源。如^{241}Am-Be 中子源。

$$^9\text{Be} + \alpha \longrightarrow {}^{12}\text{C} + \text{n} + Q$$

中子的能量在 1 MeV~11.5 MeV,平均 5 MeV,中子的产率为 $(2.2\sim2.7) \times 10^6$ n/(s·Ci)。中子产生过程中,有 1.27 MeV、4.43 MeV 和 5.70 MeV γ 射线释放出来。

3. 加速器中子源

加速器中子源是利用加速器所加速的带电粒子去轰击某些靶核,可以引起发射中子的核反应。产生的中子是单能的。

常用的是中子发生器。它是利用直流电压加速氘核,打到氚靶,发生核反应,释放 14.1 MeV 单能中子。

$$\text{D} + \text{T} \longrightarrow {}^4\text{He} + \text{n} + Q$$

中子发射率为 $10^8 \sim 10^9$ n/s。

10.2　电离辐射的危害

10.2.1　辐射生物学基础

电离辐射作用于生物体引起生物分子的电离与激发是辐射生物效应的基础。生物体或细胞主要由生物大分子(如蛋白质、核酸、酶等)和水组成。电离辐射的能量直接沉积在生物大分子上,引起生物大分子的电离与激发,称为直接作用。直接作用可使 DNA 单链或双链断裂和解聚、酶的活性降低与丧失、细胞器和细胞膜的破坏等。电离辐射引发水分子的辐解,其辐解产物($H\cdot$,$\cdot OH$,$e_{水}^{-}$,H_2O_2等)作用于生物大分子,引起的物理和化学效应,称为间接作用。辐射会引起 DNA、RNA、染色体、蛋白质、细胞等结构和功能发生变化,从而导致随机性效应和确定性效应发生。

10.2.2　影响辐射生物学作用的因素

影响辐射生物学作用的因素主要有两类:一类是与辐射有关的物理因素;一类是与生物体有关的生物因素。

1. 物理因素

物理因素主要是指辐射类型、辐射能量、吸收剂量、剂量率、照射方式等。不同类型的辐射引起的生物学效应有所不同。α射线的电离密度大,γ射线穿透能力强。一次大剂量照射与相同剂量下分次照射产生的生物学效应是不同的。分次越多,间隔时间越长,生物学效应越小。在相同剂量条件下,剂量率越大,生物效应越显著。局部照射和全身照射带来的生物学效应也是不一样的,照射剂量相同,受照面积越大,产生的生物学效应就越大。

2. 生物因素

生物因素主要是指生物体对辐射的敏感性。不同生物种系的LD_{50}(50%死亡所需的吸收剂量)也不同,种系的演化程度越高,其对辐射的敏感性越高。如人的LD_{50}约为 $4.0\,Gy$,而大肠杆菌的LD_{50}约为 $56\,Gy$。生物个体不同的发育阶段,辐射敏感性也不相同。幼年的辐射敏感性要比成年高。不同细胞、组织和器官对辐射敏感性也不一样。人体的乳腺、肺、胃、结肠和骨髓对辐射比较敏感,其次为甲状腺、眼晶体、性腺等,最不敏感的为肌肉组织和结缔组织。

10.2.3 辐射生物学效应

电离辐射与人体相互作用会导致某些特有的生物学效应。国际辐射防护委员会(ICRP)出于辐射防护目的,把辐射诱发的生物学效应分为确定性效应(Deterministic Effects)和随机性效应(Stochastic Effects)。

1. 确定性效应

当受照剂量超过某一特定效应的阈剂量而发生的辐射效应称作确定性效应,为躯体效应。确定性效应的严重程度随受照剂量增加而增大。确定性效应表现有白细胞下降、呕吐、皮肤放射性烧伤、眼晶体白内障、再生障碍性贫血和不育等,最严重的确定性效应为死亡。

2. 随机性效应

只要受到电离辐射照射,就有可能发生,且发生的概率与受照剂量成正比而严重程度与剂量无关的辐射效应称为随机性效应。随机性效应表现在受照个体发生的癌症和生殖细胞受损遗传至下一代。在正常照射情况下,发生随机性效应的概率很低。

10.3 辐射防护

辐射防护的目的在于防止有害的确定性效应发生,并将随机性效应发生的概率限制在可以接受的水平。

10.3.1 辐射防护原则

为实现辐射防护目的,实践中应遵循辐射防护三个基本原则。

1. 实践正当性

对于一项实践,只有在考虑了社会、经济和其他有关因素之后,其对受照个人或社会所带来的利益足以弥补其可能引起的辐射危害时,该项实践才是正当的。对于不具有正当性的实践及该实践中的源,不应批准。

2. 防护与安全的最优化

对于来自一项实践中的任一特定源的照射,应使防护与安全最优化,使得在考虑了经济和社会因素之后,个人受照剂量的大小、受照人数以及受照射的可能性均保持在可合理达到的尽量低的水平,也称为 ALARA(As Low As Reasonably Achievable)原则。

3. 剂量限值

个人剂量限值是对医疗照射以外个人受到的正常照射加以限制,以保证来自各项得到批准的辐射实践的照射所致个人总有效剂量,和有关器官或组织的总当量剂量不超过国家标准中规定的剂量限值。有效剂量限值是控制随机性效应发生的概率;当量剂量限值是避免确定性效应发生。

年有效剂量是个人在一年内受到外照射引起的有效剂量和同一年内摄入放射性核素后产生的待积有效剂量之和。年有效剂量可按下式计算:

$$E_T = H_P(d) + \sum e_{j, ing} \times I_{j, ing} + \sum e_{j, inh} \times I_{j, inh}$$

式中:$H_P(d)$ 为该年内贯穿辐射所致外照射个人剂量当量,单位为毫希沃特(mSv);$e_{j, ing}$ 为个人单位食入量放射性核素 j 所致的待积有效剂量,单位为毫希沃特每贝可(mSv/Bq);$I_{j, ing}$ 为该年内个人的放射性核素 j 食入量,单位为贝可(Bq);$e_{j, inh}$ 为个人单位吸入量放射性核素 j 所致的待积有效剂量,单位为毫希沃特每贝可(mSv/Bq);$I_{j, inh}$ 为该年内个人的放射性核素 j 吸入量,单位为贝可(Bq)。

照射分为职业照射、医疗照射和公众照射。**职业照射**是指工作人员在工作时受到的照射。**医疗照射**是指为了诊断、治疗或医学实验的目的而受到的照射,受照人员可能是参加体检的正常人、病人、病人的陪护者及医学生物研究中的志愿人员。**公众照射**是指公众成员所受的辐射源的照射。职业照射和公众照射有剂量限值,医疗照射无剂量限值,但有指导水平。

(1) 职业照射个人剂量限值

对于成年人,连续 5 年的年平均有效剂量限值为 20 mSv,不可做任何追溯性平均;任何一年中的年有效剂量限值为 50 mSv;眼晶体的年当量剂量限值为 150 mSv;四肢(手和足)或皮肤的年当量剂量限值为 500 mSv。

对于年龄为 16~18 岁接受涉及辐射照射就业培训的徒工和年龄为 16~18 岁在学习过程中需要使用放射源的学生,年有效剂量限值为 6 mSv;眼晶体的年当量剂量限值为 50 mSv;四肢(手和足)或皮肤的年当量剂量限值为 150 mSv。

怀孕的女性工作人员应接受与公众成员相同的防护;孕妇和授乳妇女应避免受到内照射。

（2）公众照射个人剂量限值

实践对公众中有关关键人群组的成员,年有效剂量限值为 1 mSv；特殊情况下,如果 5 个连续年的年平均有效剂量不超过 1 mSv,则某一单一年份的有效剂量限值可提高到 5 mSv；眼晶体的年当量剂量限值为 15 mSv；皮肤的年当量剂量限值为 50 mSv。

（3）医疗照射指导水平

对于典型成年受检者,GB 18871—2002《电离辐射防护与辐射源安全基本标准》列出了各种常用的 X 射线摄影、X 射线 CT 检查、乳腺 X 射线摄影和 X 射线透视的剂量或剂量率指导水平,以及各种常用的核医学诊断的活度指导水平。

10.3.2　辐射防护方法

辐射源有密封放射源、非密封放射源和射线装置。放射工作人员在生产、销售和使用辐射源过程中,很难不受到辐射源的照射。照射分为外照射和内照射。**外照射**是指辐射源在体外对人体的照射；**内照射**是指进入人体内的放射性核素作为辐射源对人体的照射。为减少辐射源对人体的照射,最大程度减少射线引起的辐射危害,可采取相应的辐射防护措施。

1. 外照射防护措施

（1）时间防护　对于相同条件下的照射,人体受照剂量与照射时间成正比。缩短操作时间,可以减少受照剂量。对于一些事故应急情况下的操作,可以通过模拟操作、提高熟练程度、减少受照时间,从而达到减少受照剂量的目的。

（2）距离防护　对于点源,人员受到的外照射剂量与距离的平方成反比。对于非点源,近距离的情况比较复杂；对于距离较远的地点,受照剂量随着距离的增加而减少。对于放射源,尽量避免用手直接拿取,采用灵活可靠的长柄钳,可有效减少受照剂量。

（3）屏蔽防护　在人体与外照射源之间设置适当材料以减小剂量率,从而减少人员受照剂量,称为屏蔽防护。

屏蔽材料的选用应根据辐射类型、辐射能量和源的活度。对于 α 射线来讲,一张纸就可屏蔽它,因此在体外,α 射线基本上不会对人体造成危害。对于 β 射线,先用低原子序数的材料(如铝或有机玻璃)阻挡,减少轫致辐射,再在其后面用高原子序数的材料(如铁和铅)屏蔽激发的 X 射线。对于 X 射线和 γ 射线,采用原子序数高的材料(如铅)屏蔽效果更好,当然混凝土和水也可用于光子的屏蔽,只要增加屏蔽厚度即可。对于中子,采用富含氢原子的材料(如水、石蜡或聚乙烯)进行屏蔽;对于快中子,应首先采用较重的材料使快中子慢化。

2. 内照射的防护措施

非密封放射性物质会通过呼吸系统、消化系统和完整的皮肤及伤口进入人体造成内照射。因此内照射的防护,应采取各种有效措施,尽可能地隔断放射性物质进入人体的各种途径。内照射防护的一般措施有包容、隔离、净化、稀释。

(1)包容　指在操作过程中,将放射性物质密闭起来,如采用通风橱、手套箱等。操作强放射性物质时,应在密闭的热室内用机械手操作。对于工作人员,可采用穿戴工作服、工作帽、工作鞋、口罩、手套、气衣等,以阻止放射性物质进入体内。

(2)隔离　根据放射性核素的毒性、操作量和操作方式等,将开放型放射工作场所进行分级、分区管理。

(3)净化　采取物理或化学方法如吸附、过滤、除尘、吸附共沉淀、离子交换、蒸发、贮存衰变和去污等,降低空气、水中放射性物质浓度,降低物体表面和地面的放射性污染水平。

(4)稀释　指在合理控制下,利用干净空气或水使空气或水中的放射性浓度降低到控制水平以下。

在污染控制中,包容、隔离、净化是主要手段,稀释是一种消极手段。开放型放射工作场所应有良好的通风,释放到大气中的污染空气应高效过滤;产生的放射性废水要经过处理,达标方可排放;放射性固体废物和液体废物可分类收集与集中收集,放入暂存库,短寿命的放射性核素可通过物理衰变,达标后按一般废物进行处置,而长寿命的放射性核素应交给有资质单位回收处理。

10.3.3　辐射防护管理

1. 放射源分类和编码

根据放射源对人体健康和环境的潜在危害程度,从高到低将放射源分为Ⅰ类、Ⅱ类、Ⅲ类、Ⅳ类、Ⅴ类。Ⅴ类源的下限活度值为该种核素的豁免活度。

密封放射源的具体分类见环境保护总局公告第 62 号《放射源分类办法》()。

放射源分类办法

半衰期大于或等于 60 天的密封放射源实行身份管理,

每个放射源具有唯一编码,同一编码不得重复使用。放射源编码由 12 位数字和字母组成,第 1～2 位表示生产单位(或生产国),第 3～4 位为出厂年份,第 5～6 位为核素代码,第 7～11 位为产品序列号,第 12 位为出厂时放射源类别。如编码为 US03Co000014 放射源表示为 2003 年从美国进口的 1 枚序号为 0001 的 Co - 60 Ⅳ类放射源。

2. 非密封源工作场所分级

非密封源工作场所按放射性核素日等效最大操作量的大小分为甲、乙、丙三个等级。工作场所分级见表 10 - 1。

表 10 - 1　非密封源工作场所的分级

级别	日等效最大操作量/Bq
甲	$>4 \times 10^9$
乙	$2 \times 10^7 \sim 4 \times 10^9$
丙	豁免活度值以上$\sim 2 \times 10^7$

放射性核素的日等效操作量,等于放射性核素的实际日操作量与该核素毒性组别修正因子的积,除以与操作方式有关的修正因子所得的商。放射性核素毒性分组、放射性核素的毒性组别修正因子及操作方式有关的修正因子详见 GB 18871—2002《电离辐射防护与辐射源安全基本标准》附录 D。

为保证非密封源工作场所室内空气清洁,地面、台面和管道应易于去污,不同级别工作场所室内表面和装备有一定特殊要求,见表 10 - 2（▨）。

对于非密封源工作场所内通风柜的通风速率应不小于 1 m/s,排气口高度应高于本建筑物的屋脊,并设有净化过滤装置;洗涤用自来水的开关一般采用脚踏式、肘开式或光感应式。

· 表 10 - 2
· 表 10 - 3

3. 非密封源工作场所的表面污染控制

非密封放射性物质操作过程中,放射性核素会扩散、抛撒,污染工作场所和物品。工作人员应严格按照规定操作,保证工作场所的表面放射性污染控制在一定水平内。工作场所的放射性表面污染控制水平见表 10 - 3（▨）。

若发生放射性表面污染,视情况采取相应处理措施。

① 小量放射性物质洒落时应及时采取下述去污措施:液态放射性

物质,可用吸水纸清除。粉末状放射性物质,可用湿棉签和抹布等清除。清除时,按照由外到内原则;必要时可根据放射性物质的化学性质和污染表面性质,选用有效的去污剂作进一步去污,直至污染区达到污染控制水平以下。

② 发生严重污染事故时,要保持镇静,依据具体情况采取各种必要的紧急措施,防止污染扩散和减少危害。主要的紧急措施如下:立即通知在场的其他人员;迅速标出污染范围,以免其他人员误入;立即清洗放射性污染;污染的衣服,应脱掉留在污染区;污染区的人员在采取减少危害和防止污染扩散所应采取的必要措施后,应立即离开污染区;事件发生后,应尽快通知防护负责人和主管人员,防护人员应迅速提出全面处理事故的方案并协助主管人员组织实施;处理事故的人员应穿着适当的个体防护装备和携带必要的用具;污染区经去污、检测合格后,在防护人员的同意下方可重新开放。

4. 射线装置分类

根据射线装置对人体健康和环境可能造成危害的程度,从高到低将射线装置分为Ⅰ类、Ⅱ类、Ⅲ类。

射线装置分类详见环境保护部、国家卫生和计划生育委员会公告 2017 年第 66 号《射线装置分类办法》(　)。

射线装置
分类办法

5. 辐射工作场所的分区

为便于辐射防护管理和职业照射控制,辐射工作场所分为控制区和监督区。

控制区是指辐射工作场内需要或可能需要采取专门的防护手段和安全措施的区域,其目的是在正常工作条件下控制正常照射或防止污染扩展,并预防潜在照射或限制其程度。一般辐射工作场所采用实体边界划定控制区;采用实体边界不现实时,也可采用拉警戒绳或划警示线等方式。

监督区是指未被确定为控制区、通常不需要采取专门防护手段和安全措施,但要不断检查其职业照射条件的任何区域。

6. 辐射警示标识

放射工作场所、射线装置、源容器和放射性废物桶的显著位置应设置电离辐射的标志和警告标志。电离辐射的标志和警告标志见图 10 - 5 和图 10 - 6。

图 10‑5　电离辐射的标志

图 10‑6　电离辐射警告标志

除此之外,辐射工作场所有时还设置工作指示灯、声光报警装置、警戒绳或警戒线,提醒人们当心电离辐射,避免潜在事故发生。

7. 屏蔽

对于有实体屏蔽的放射源和射线装置,如辐射加工装置、探伤房、X诊断机房和加速器机房等,应选择适当材料(如混凝土、铅、铁、铅玻璃等)进行屏蔽,实体屏蔽的墙、窗、门应有足够的防护效果,屏蔽体外30 cm的辐射水平不应超过 2.5 μSv/h。

对于未有实体屏蔽的现场探伤,采用距离屏蔽,即辐射水平超过15 μSv/h区域设为控制区,辐射水平在 2.5～15 μSv/h 的区域一般设为监督区。

对于自屏蔽的加速器、X射线装置和含源设备等,屏蔽材料应有足够的防护效果,人体可达到的设备外表面 5 cm处的辐射水平不应超过 2.5 μSv/h。

对于含源检测仪表,如料位计、密度计、湿度计和核子秤等,含源检测仪表使用场所的防护控制要求扫码查看( )。

- 含密封源仪表的放射卫生防护要求
- 不同使用场所对检测仪表外围辐射的剂量控制要求

8. 安全联锁装置

为保证辐射源安全运行,预防潜在照射发生,有些辐射设施或设备如辐射加工场、探伤室、加速器治疗机房、γ刀治疗机房、Co‑60治疗机房、后装机机房和X射线荧光分析仪等,应设置安全联锁装置。

安全联锁装置一般有门机联锁、光电、拉线、紧急停机开关等。安全联锁装置是预防潜在照射的一个环节。为保证安全联锁装置有效运行,安全联锁装置的设计应考虑纵深防御原则、冗余性原则、多样性原则和独立性原则。任何个人不能人为地破坏安全联锁装置。

9. 防护器材

辐射工作单位应为放射工作人员配备适当的个体防护装备和监测设备。

外照射的个体防护装备有铅防护服、铅帽、铅眼镜、铅围脖、铅围裙、铅三角巾、铅手套、铅屏风、铅玻璃、中子防护服等；内照射的个体防护装备有隔离服、口罩、帽子、工作鞋、手套、气衣、气盔等。

常用的监测设备有个人剂量报警器、X和γ剂量率仪、中子当量率仪、表面污染仪等。

10. 辐射监测

辐射监测是指为了评估和控制辐射或放射性物质的照射，对剂量或污染所完成的测量及对测量结果所作的分析和解释。辐射监测按监测对象分为个人监测、工作场所监测和辐射环境监测。

个人监测是利用工作人员佩戴剂量计进行的测量，是对其体内或排泄物中放射性核素的种类和活度进行的测量，或是对工作人员皮肤污染水平进行测量，并对测量结果进行解释。

工作场所监测是对辐射工作场所及临近地区的辐射水平进行的辐射监测。根据辐射源不同，监测的对象有X射线、γ射线、中子辐射等外照射水平，工作场所空气中放射性核素浓度，工作场所α、β表面污染。

辐射环境监测是指在辐射源所在场所的边界以外环境中进行的辐射监测。为了评判辐射源运行后是否会对环境造成影响，应开展辐射环境本底调查。

辐射工作单位应根据本单位辐射源的实际，制定监测计划，定期开展工作场所辐射水平的自主监测，并委托有资质单位开展辐射防护的外部监测，监测周期一般每年1～2次。

11. 放射性废物管理

放射性废物是指含有放射性物质或被放射性物质污染的，其活度或活度浓度大于审管部门规定的清洁解控水平的，预期不会再利用的任何物理形态的废弃物。

清洁解控水平是由国家审管部门规定的，以放射性浓度、放射性比活度或总活度表示的特定值，当辐射源等于或低于这些值，可解除审管控制。

(1) 分类

放射性废物分为极短寿命放射性废物、极低水平放射性废物、低水平放射性废物、中水平放射性废物和高水平放射性废物等五类,其中极短寿命放射性废物和极低水平放射性废物属于低水平放射性废物范畴(详见环境保护部工业和信息化部国家国防科技工业局公告 2017 年第 65 号)( ) ;按其物理性状分为放射性气载废物、放射性液体废物和放射性固体废物三类。

放射性废物分类

（2）管理

辐射工作单位应确保在现实可行的条件下,使所产生的放射性废物的活度与体积达到并保持最小,并在符合国家有关法规与标准的前提下,通过分类收集、处理、整备、运输、贮存和处置等措施,确保放射性废物对工作人员与公众的健康及环境可能造成的危害降低到可以接受的水平,确保放射性废物对后代健康的预计影响不大于当前可以接受的水平,确保放射性废物不给后代增加不适当的负担。

放射性废物应根据废物中放射性核素的种类、含量、半衰期、浓度以及其他物理与化学性质的差别,分类收集和分别处理。

（3）使用少量非密封放射源产生放射性废物的管理

医院、学校和科研机构在诊断、治疗和科学研究中,需要使用少量非密封放射性物质,从而导致一些放射性废物产生。对于这些放射性废物,可采用以下管理。

使用放射性核素且其日等效最大操作量等于或大于 2×10^7 Bq 的辐射工作单位,应设置有放射性污水池以存放放射性废水直至符合排放要求时方可排放。放射性污水池应合理选址,池底和池壁应坚固、耐酸碱腐蚀和无渗透性,应有防泄漏措施。

产生放射性废液但可不设置放射性污水池的单位,应将仅含短半衰期核素的废液注入专用容器中,通常存放不少于 10 个半衰期并达到清洁解控水平后( ),经审管部门审核准许,可作普通废液处理。对含长半衰期核素的废液,应专门收集存放,交有资质单位回收处理。

可免于辐射防护监管的物料中放射性核素活度浓度

放射性废液不得排入普通下水道,除非经审管部门确认为满足每月排放的总活度不超过 10 ALI_{min}（ALI_{min} 是相应于职业照射的食入和吸入 ALI 值中较小者）和每一次排放的总活度不超过 1 ALI_{min} 条件的低放废液,方可直接排入流量大于 10 倍排放量的普通下水道,且每次排放后用不少于 3 倍排放量的水进行冲洗,并应对每次排放进行记录。

对注射器和碎玻璃器皿等含尖刺及棱角的放射性废物,应先装入硬纸盒或其他包装材料中,然后再装入专用塑料袋内,每袋废物的表面剂量率应不超过 0.1 mSv/h,重量不超过 20 kg。

含有放射性核素的动物尸体应防腐、干化、灰化或直接焚化。灰化后残渣按固体放射性废物处理。含有长半衰期核素的动物尸体,也可先固化,然后按固体放射性废物处理。

废物袋、废物桶及其他存放废物的容器必须安全可靠,在显著位置标有废物类型、核素种类、比活度水平和存放日期等说明。放射性废物暂存库应有足够防护和通风,出入口应设置电离辐射警告标志。

12. 放射工作人员管理

放射工作人员应当接受辐射安全与防护知识培训,开展职业健康检查和个人剂量监测。

（1）辐射安全与防护知识培训

辐射工作单位应当安排放射工作人员接受辐射安全培训,培训内容主要涉及相关的法律法规和辐射安全与防护相关基本知识;培训结束后进行考核,考核不合格的,不得上岗。除医疗机构外,取得辐射安全培训合格证书的放射工作人员,应当每 4 年接受一次再培训;医疗机构的放射工作人员两次培训的时间间隔应不超过 2 年（▨）。

- 放射性同位素与射线装置安全和防护管理办法
- 放射工作人员职业健康管理办法
- 职业性外照射个人监测规范

（2）职业健康检查

放射工作人员上岗前,应当进行上岗前的职业健康检查,符合放射工作人员健康标准的,方可参加相应的放射工作。放射工作单位应当组织上岗后的放射工作人员定期进行健康检查,两次健康检查间隔不应超过 2 年。放射工作人员脱离放射工作岗位时,放射工作单位应当对其进行离岗前的职业健康检查。对参加应急处理或者受到事故照射的放射工作人员,放射工作单位应当及时组织健康检查或者医疗救治,按照国家有关标准进行医学随访观察（▨）。

（3）个人剂量监测

个人剂量监测是辐射防护评价和辐射健康评价的基础。一般是测量个人在一段时间（一年或一个月）或一次性操作过程中所接受的 β、γ、X 射线或中子等外照射的剂量和内污染的放射性核素所造成的待积剂量。外照射剂量一般用佩戴在放射工作人员身上的设备或个人剂量计进行测量,内污染的放射性核素的测量一般采用全身计数器或分析排泄物中放射性物质的量来估算放射性核素所造成的待积剂量。

所有从事或涉及放射工作的个人,都应接受职业外照射个人剂量监测。外照射个人剂量常规监测周期一般为 1 个月,也可视具体情况延长或缩短,但最长不得超过 3 个月;任务相关监测和特殊监测应根据辐射监测实践的需要进行( )。

对于在控制区内工作并可能有放射性核素显著摄入的工作人员,应进行常规个人内照射监测;如有可能,对所有受到职业照射的人员均应进行个人监测。但如果经验证明,放射性核素年摄入量产生的待积有效剂量不可能超过 1 mSv 时,一般可不进行个人监测,但要进行工作场所监测。

辐射工作单位应为放射工作人员建立个人剂量档案和健康档案,个人剂量档案终生保存。

13. 管理制度

辐射工作单位应设有专门的辐射安全与环境保护管理机构,或至少有 1 名具有本科以上学历的技术人员专职负责本单位辐射安全与环境保护管理工作,并应根据本单位实际制定相关的管理制度。管理制度包括操作规程、岗位职责、安全保卫制度、辐射防护措施、台账管理制度、人员培训计划、职业健康管理制度和监测方案等。

辐射工作单位应当对本单位的放射性同位素与射线装置的安全和防护状况进行年度评估,并于每年 1 月 31 日前向辐射安全许可证原发证机关提交上一年度的评估报告。

放射性同位素与射线装置安全和防护条例

14. 辐射事故应急( )

(1)辐射事故分级

根据辐射事故的性质、严重程度、可控性和影响范围等因素,从重到轻将辐射事故分为特别重大辐射事故、重大辐射事故、较大辐射事故和一般辐射事故四个等级。

特别重大辐射事故,指Ⅰ类、Ⅱ类放射源丢失、被盗、失控造成大范围严重辐射污染后果,或者放射性同位素和射线装置失控导致 3 人以上(含 3 人)急性死亡。

重大辐射事故,指Ⅰ类、Ⅱ类放射源丢失、被盗、失控,或者放射性同位素和射线装置失控导致 2 人以下(含 2 人)急性死亡或者 10 人以上(含 10 人)急性重度放射病、局部器官残疾。

较大辐射事故,指Ⅲ类放射源丢失、被盗、失控,或者放射性同位素和射线装置失控导致 9 人以下(含 9 人)急性重度放射病、局部器官残疾。

一般辐射事故,指Ⅳ类、Ⅴ类放射源丢失、被盗、失控,或者放射性同位素和射线装置失控导致人员受到超过年剂量限值的照射。

(2) 辐射事故应急方案

辐射工作单位应当根据本单位实际情况制订切实可行的辐射事故应急方案。辐射事故应急方案一般包括以下内容:应急机构和职责分工;应急人员的组织、培训以及应急和救助的装备、资金、物资准备;应急响应措施;辐射事故报告、调查和处理。辐射工作单位应定期组织演练,以确保辐射事故应急制度更具备可操作性。

(3) 辐射事故应急

发生辐射事故后,辐射工作单位是辐射事故处理主体,应当立即启动辐射应急方案,采取应急措施,直到事故处理结束,并在 2 h 之内向当地环保部门、公安部门和卫生主管部门报告。环保部门、公安部门和卫生主管部门接到报告后,应当立即派人赶赴现场,进行现场调查,采取有效措施,控制并消除事故影响,同时将辐射事故信息报本级人民政府和上级主管部门。

事故应急时,应急人员受照剂量一般应不超过 50 mSv。

发生放射性核素内污染,应立即口服或注射促排药物和阻吸收药物,加速放射性核素的排泄,减少其在体内的滞留。碘化钾、普鲁士蓝、褐藻酸钠和氢氧化铝被确认为放射性碘、铯、锶的促排和阻吸收药物;811♯(三聚二甲基亚氨基二乙酸四氮异喹啉)药物对钍有较好的促排效果;口服或静脉注射 0.87% $NaHCO_3$ 溶液可增加尿铀的排出量。对一些没有特效促排药物的金属放射性核素,目前常常采用广谱螯合剂二乙烯三胺五乙酸(DTPA)钙盐和锌盐作为促排剂。

对于超剂量照射的人员,事故单位应当迅速安排受照人员接受医学检查或者在指定的医疗机构进行救治。

10.4　高等学校的辐射防护与安全管理

高等学校由于人才培养学科和研究领域不同,辐射源也各不相同。

目前我国高等学校辐射源基本涵盖了Ⅰ类、Ⅱ类、Ⅲ类、Ⅳ类、Ⅴ类密封放射源，Ⅰ类、Ⅱ类、Ⅲ类射线装置，以及非密封放射性物质。非密封源的放射工作场所有乙级和丙级。

根据国家法律、法规和相关标准规范的要求，高等学校的辐射防护与安全管理应开展以下工作：

（1）成立辐射防护与安全管理领导小组或任命专人负责本单位的辐射防护与安全管理工作。

（2）建立辐射防护管理制度和辐射事故应急预案，定期开展辐射事故应急演练；发生辐射事故时，辐射工作单位应立即启动辐射事故应急预案，迅速开展事故应急，并及时报告当地的环保、公安和卫生部门。

（3）申请辐射安全许可证，并根据相关规定及时变更、重新申请和延续辐射安全许可证。

（4）加强放射工作人员管理，开展辐射安全培训、职业健康检查和个人剂量监测，建立放射工作人员职业健康档案和个人剂量档案。个人剂量档案终身保存。对于进入辐射工作场所学习的学生，应进行辐射安全培训，并佩戴直读式个人剂量计或在教师指导下进行实习。

（5）为辐射工作场所配备足够有效的防护设施和辐射防护监测设备，为个人提供合适的个体防护装备。对于开放型放射工作场所，应根据使用的放射性核素，配备合适的去污剂和促排药物。

（6）定期开展辐射安全检查和自主监测，将结果记录存档，并每年委托有资质单位开展 $1 \sim 2$ 次辐射防护检测。

（7）建立密封放射源和射线装置台账，对于可移动的密封放射源和放射性物质，应设立放射源暂存库，双人双锁管理，并建立放射源出入库使用台账；对于不再使用的密封放射源，应返回原生产单位或原出口方，或送交有相应资质的放射性废物集中贮存单位贮存。

（8）非密封源放射工作场所产生的放射性废物应分类收集，集中暂存在放射性废物暂存库；短寿命的放射性核素废物放置不少于 10 个半衰期达到清洁解控水平，经审管部门审核准许，可作普通废物处理；其他放射性废物按有关要求进行处理。

（9）辐射工作单位应当对本单位的放射性同位素与射线装置的安全和防护状况进行年度评估，并于每年 1 月 31 日前向辐射安全许可证原发证机关提交上一年度的评估报告。

第11章 特种设备安全

根据国务院《特种设备安全监察条例》(国务院令第 549 号),特种设备是指涉及生命安全、危险性较大的锅炉、压力容器(含气瓶,下同)、压力管道、电梯、起重机械、客运索道、大型游乐设施和场(厂)内专用机动车辆。

11.1 特种设备基础知识

11.1.1 特种设备的种类

特种设备依据其主要工作特点,分为承压类特种设备和机电类特种设备。实验室常见的特种设备种类为:压力容器、起重机械等。

特种设备介绍

1. 承压类特种设备

承压类特种设备是指承载一定压力的密闭设备或管状设备,包括锅炉、压力容器(含气瓶)、压力管道。

(1) 锅炉,是指利用各种燃料、电或者其他能源,将所盛装的液体加热到一定的参数,并通过对外输出介质的形式提供热能的设备,其范围规定为设计正常水位容积大于或者等于 30 L,且额定蒸汽压力大于或者等于 0.1 MPa(表压)的承压蒸汽锅炉;出口水压大于或者等于 0.1 MPa(表压),且额定功率大于或者等于 0.1 MW 的承压热水锅炉;额定功率大于或者等于 0.1 MW 的有机热载体锅炉。

(2) 压力容器,是指盛装气体或者液体,承载一定压力的密闭设备,其范围规定为最高工作压力大于或者等于 0.1 MPa(表压)的气体、液化气体和最高工作温度高于或者等于标准沸点的液体、容积大于或者等于 30 L 且内直径(非圆形截面指截面内边界最大几何尺寸)大于或者等于 150 mm 的固定式容器和移动式容器;盛装公称工作压力大于或者等于 0.2 MPa(表压),且压力与容积的乘积大于或者等于

高校实验室安全通用教程

1.0 MPa·L 的气体、液化气体和标准沸点等于或者低于 60 ℃ 液体的气瓶；氧舱。

（3）压力管道，是指利用一定的压力，用于输送气体或者液体的管状设备，其范围规定为最高工作压力大于或者等于 0.1 MPa（表压），介质为气体、液化气体、蒸汽或者可燃、易爆、有毒、有腐蚀性、最高工作温度高于或者等于标准沸点的液体，且公称直径大于或者等于 50 mm 的管道。公称直径小于 150 mm，且其最高工作压力小于 1.6 MPa（表压）的输送无毒、不可燃、无腐蚀性气体的管道和设备本体所属管道除外。

2. 机电类特种设备

机电类特种设备是指必须由电力牵引或驱动的设备，包括电梯、起重机械、客运索道、大型游乐设施、场（厂）内专用机动车辆。

（1）电梯，是指动力驱动，利用沿刚性导轨运行的箱体或者沿固定线路运行的梯级（踏步），进行升降或者平行运送人、货物的机电设备，包括载人（货）电梯、自动扶梯、自动人行道等。非公共场所安装且供单一家庭使用的电梯除外。

（2）起重机械，是指用于垂直升降或者垂直升降并水平移动重物的机电设备，其范围规定为额定起重量大于或者等于 0.5 t 的升降机；额定起重量大于或者等于 3 t（或额定起重力矩大于或者等于 40 t·m 的塔式起重机，或生产率大于或者等于 300 t/h 的装卸桥），且提升高度大于或者等于 2 m 的起重机；层数大于或者等于 2 层的机械式停车设备。

（3）客运索道，是指动力驱动，利用柔性绳索牵引箱体等运载工具运送人员的机电设备，包括客运架空索道、客运缆车、客运拖牵索道等。非公用客运索道和专用于单位内部通勤的客运索道除外。

（4）大型游乐设施，是指用于经营目的，承载乘客游乐的设施，其范围规定为设计最大运行线速度大于或者等于 2 m/s，或者运行高度距地面高于或者等于 2 m 的载人大型游乐设施。用于体育运动、文艺演出和非经营活动的大型游乐设施除外。

（5）场（厂）内专用机动车辆，是指除道路交通、农用车辆以外仅在工厂厂区、旅游景区、游乐场所等特定区域使用的专用机动车辆。

11.1.2 压力容器基础知识

压力容器，一般泛指在工业生产中盛装用于完成反应、传质、传热、分离和储存等生产工艺过程的气体或液体，并能承载一定压力的密闭

· 194 ·

设备。它被广泛用于石油、化工、能源、冶金、机械、轻纺、医药、国防等工业领域。

1. 压力容器特点

(1) 结构特点

压力容器一般由筒体(又称壳体)、封头(又称端盖)、法兰、密封元件、开孔与接管(人孔、手孔、视镜孔、物料进出口接管)、附件(液位计、流量计、测温管、安全阀等)和支座等所组成。

(2) 固定式压力容器的特点

① 具有爆炸的危险性。

② 介质种类繁多,千差万别。易燃易爆介质一旦泄漏,可引起爆燃。有毒介质泄漏,能引起中毒。一些腐蚀性强的介质,会使容器很快发生腐蚀失效。

③ 不同容器的工作条件差别大。有的容器承受高温高压;有的容器在低温环境下工作;有的容器投入运行后要求连续运行。

④ 材料种类多。

(3) 移动式压力容器的特点

① 活动范围大,运行环境条件复杂,在运输和装卸过程中易受冲击、振动,有时还可能发生碰撞、倾翻。

② 介质绝大多数是易燃、易爆以及有毒等液化气体,一旦发生事故,造成的后果严重、社会影响大。

③ 活动场所不固定,监督管理难度大。

2. 压力容器的参数

压力容器的主要工艺参数为压力、温度、介质。此外,容积、直径、壁厚也是重要的特性指标。

(1) 压力

压力容器的压力可以来自两个方面,一是在容器外产生(增大)的,二是在容器内产生(增大)的。

最高工作压力,多指在正常操作情况下,容器顶部可能出现的最高压力。

设计压力,是指在相应设计温度下用以确定容器壳体厚度及其元件尺寸的压力,即标注在容器铭牌上的设计压力。压力容器的设计压力值不得低于最高工作压力。

(2) 温度

设计温度,是指容器在正常工作情况下,设定的元件的金属温度。

设计温度与设计压力一起作为设计载荷条件。当壳壁或元件金属的温度低于−20 ℃，按最低温度确定设计温度；除此之外，设计温度一律按最高温度选取。

试验温度，指的是压力试验时，壳体的金属温度。

实际工作温度，是相对设计温度而言的一个参数，是容器在实际工作情况下，元件的金属温度。

（3）介质

生产过程涉及的介质品种繁多，分类方法也有多种。按物质状态分类，有气体、液体、液化气体、单质和混合物等；按化学特性分类，则有可燃、易燃、惰性和助燃 4 种；按它们对人类毒害程度，又可分为极度危害（Ⅰ）、高度危害（Ⅱ）、中度危害（Ⅲ）、轻度危害（Ⅳ）4 级；按它们对容器材料的腐蚀性可分为强腐蚀性、弱腐蚀性和非腐蚀性。

3. 压力容器的分类

压力容器有众多分类方法，可以按压力等级分，按在生产中的作用分，按安装方式分，按制造许可分，按安全技术管理（基于危险性）分类等。

（1）按压力等级划分

按承压方式分类，压力容器可以分为内压容器和外压容器，内压容器按设计压力（p）可以划分为低压、中压、高压和超高压 4 个压力等级：

低压容器，$0.1\text{ MPa} \leqslant p < 1.6\text{ MPa}$；

中压容器，$1.6\text{ MPa} \leqslant p < 10.0\text{ MPa}$；

高压容器，$10.0\text{ MPa} \leqslant p < 100.0\text{ MPa}$；

超高压容器，$p \geqslant 100.0\text{ MPa}$。

外压容器中，当容器的内压力小于一个绝对大气压（约 0.1 MPa）时，又称为真空容器。

（2）按容器在生产中的作用划分

反应压力容器：主要是用于完成介质的物理、化学反应的压力容器，如各种反应器、反应釜、聚合釜、合成塔、变换炉、煤气发生炉等。

换热压力容器：主要是用于完成介质的热量交换的压力容器，如各种热交换器、冷却器、冷凝器、蒸发器等。

分离压力容器：主要是用于完成介质的流体压力平衡缓冲和气体净化分离的压力容器，如各种分离器、过滤器、集油器、洗涤器、吸收塔、干燥塔、汽提塔、分汽缸、除氧器等。

储存压力容器：主要是用于储存和盛装气体、液体、液化气体等介质的压力容器,如各种型式的储罐、缓冲罐、消毒锅、印染机、供缸、蒸锅等。

（3）按安装方式划分（▣）

（4）按制造许可划分（▣）

· 安装方式分类
· 制造许可分类

11.1.3　起重机械基础知识

起重机械是指用于垂直升降或者垂直升降并水平移动重物的机电设备。

1. 起重机械的特点（▣）

2. 起重机械分类（▣）

3. 起重机械安全正常工作的条件

（1）金属结构和机械零部件应具有足够的强度、刚性和抗屈曲能力。

（2）整机必须具有必要的抗倾覆稳定性。

（3）原动机具有满足作业性能要求的功率,制动装置提供必需的制动力矩。

· 起重机械的特点及分类
· 吊车事故
· 起重机脱钩事故
· 场（厂）内机动车辆工作特点、分类、正常工作条件
· 事故动画

11.1.4　场(厂)内机动车辆基础知识

场(厂)内机动车辆,是指除道路交通、农用车辆以外仅在工厂厂区、旅游景区、游乐场所等特定区域使用的专用机动车辆,包括机动工业车辆和非公路用旅游观光车辆。

1. 场(厂)内专用机动车辆工作特点（▣）

2. 场(厂)内专用机动车辆分类（▣）

3. 场(厂)内专用机动车辆正常工作条件（▣）

11.2　特种设备的管理及使用

11.2.1　特种设备使用要求

（1）特种设备使用单位应当使用符合安全技术规范要求的特种设备。

（2）所购置的特种设备,由设备制造单位负责安装和调试。如因

特殊情况无法负责安装、调试时,应由制造单位委托或同意的具有专业施工资质的单位负责安装和调试。在有爆炸危险的场合使用的特种设备,其安装和使用条件需符合防爆安全技术要求。

(3)使用单位不得自行设计、制造和使用自制的特种设备,也不得对原有的特种设备擅自进行改造或维修。

(4)特种设备投入使用前或者投入使用后 30 日内,应向直辖市或者设区的特种设备安全监督管理部门登记。登记标志应当置于或者附着于该特种设备的显著位置。

(5)未取得"特种设备使用登记证"的特种设备,不得擅自使用。

11.2.2 特种设备使用管理

(1)特种设备使用单位应对在用特种设备进行经常性日常维护保养,并定期自行检查,作出记录。在检查和日常维护保养时发现异常情况时,应当及时处理。

(2)特种设备使用单位应当对在用特种设备的安全附件、安全保护装置、测量调控装置及有关附属仪器仪表进行定期校验、检修,并作出记录。

(3)特种设备使用单位应当按照安全技术规范的定期检验要求,在安全检验合格有效期届满前 1 个月向特种设备检验检测机构提出定期检验要求。检验检测机构接到定期检验要求后,应当按照安全技术规范的要求及时进行安全性能检验和能效测试。未经定期检验或者检验不合格的特种设备,不得继续使用。

(4)特种设备出现故障或者发生异常情况,使用单位应当对其进行全面检查,消除事故隐患后,方可重新投入使用。

(5)特种设备存在严重事故隐患,无改造、维修价值,或者超过安全技术规范规定使用年限,特种设备使用单位应当及时予以报废,并应当向原登记的特种设备安全监督管理部门办理注销。

11.2.3 特种设备操作人员和档案管理

(1)特种设备操作、管理人员,必须取得特种设备作业人员资格证书,并在作业中严格遵守特种设备的操作规程和有关安全管理制度。

(2)各单位应建立特种设备安全使用操作规程、紧急救援预案,及时建立特种设备安全技术档案,其主要内容包括:

① 设备及部件出厂时的随机技术文件;

② 安装、维护、大修、改造的合同书及技术资料；

③ 登记卡、特种设备使用登记证、检验报告书；

④ 安全使用操作规程、运行记录和日常安全检查记录；

⑤ 故障及事故记录、紧急救援预案；

⑥ 操作人员情况登记。

11.3　压力容器的安全使用

11.3.1　压力容器的安全管理要求

1. 使用许可厂家的合格产品

压力容器实行设计文件鉴定制度，由国家市场监督管理总局核准的鉴定机构对压力容器设计文件中的安全性能和节能是否符合特种设备安全技术规范和有关规定进行审查。未经鉴定的设计文件，不得用于制造安装。制造单位，必须具备保证产品质量所必需的加工设备、技术力量、检验手段和管理水平，并取得《特种设备生产许可证》，才能生产相应种类的压力容器。购置、选用的压力容器应是许可厂家的合格产品，并有齐全的技术文件、产品质量合格证明书、监督检验证书和产品竣工图。从事压力容器安装、改造、维修的单位，必须取得《特种设备生产许可证》，方可在许可的范围内从事相应工作。

2. 登记建档

压力容器在正式使用前，必须到当地特种设备安全监察机构登记，经审查、批准、登记、建档、取得使用证方可使用。使用单位也应建立设备档案，保存设计、制造、安装、使用、修理、改造和检验等过程的技术资料。

3. 专责管理

使用压力容器的单位，应对设备进行专责管理。应设置安全管理机构，配备安全管理负责人和安全管理人员。使用石化与化工成套装置的单位，以及使用压力容器台数达到 50 台及以上的单位，应当设置专门的特种设备安全管理机构，配备专职安全管理人员，并且逐台落实安全责任人。

4. 建立制度

使用单位必须建立一套科学、完整、切实可行的管理制度。管理制度应该包括管理制度和操作规程两方面。

5. 持证上岗

压力容器安全管理负责人和安全管理人员,应当按照规定持有相应的特种设备管理人员证。操作人员必须严格执行压力容器安全管理制度,依照操作规程及其他法规操作运行。

6. 定期检验和日常检查

定期检验是指在设备的设计使用期限内,每隔一定的时间对压力容器承压部件和安全装置进行检测检查,或做必要的试验。使用单位应按照压力容器的检验周期,按时向取得国家市场监督管理总局核准资格的特种设备检验机构申请检验。

日常检查方面,压力容器的安全检查每月进行一次,检查内容主要有:安全附件、装卸附件、安全保护装置、测量调控装置、附属仪器仪表是否完好,各密封面有无泄漏,以及其他异常情况等。

11.3.2 压力容器的安全附件

1. 安全附件

(1) 安全阀

压力容器安全阀分全启式安全阀和微启式安全阀。根据安全阀的整体结构和加载方式可以分为静重式、杠杆式、弹簧式和先导式4种。安全阀如果出现故障,尤其是不能开启时,有可能会造成压力容器失效甚至爆炸的严重后果。安全阀的主要故障有以下几种:

① 泄漏。在压力容器正常工作压力下,阀瓣与阀座密封面之间发生超过允许程度的泄漏。

② 到规定压力时不开启。安全阀锈死、阀瓣与阀座黏住、杠杆被卡住等都会造成安全阀不开启;如果安全阀定压不准,也会造成到规定压力时不开启。

③ 不到规定压力时开启。安全阀定压不准,或者弹簧老化。

④ 排气后压力继续上升。选用的安全阀排量太小,或者排气管截面积太小,不能满足压力容器的安全泄放量要求。

⑤ 排放泄压后阀瓣不回座。阀杆、阀瓣安装位置不正或者被卡住。

(2) 爆破片

爆破片装置是一种非重闭式泄压装置,由进口静压使爆破片受压爆破而泄放出介质,以防止容器或系统内的压力超过预定的安全值。

爆破片又称为爆破膜或防爆膜,是一种断裂型安全泄放装置。与安全阀相比,它具有结构简单、泄压反应快、密封性能好、适应性强等特点。

(3) 爆破帽

爆破帽为一端封闭,中间有一薄弱层面的厚壁短管,爆破压力误差较小,泄放面积较小,多用于超高压容器。超压时其断裂的薄弱层面在开槽处。由于其工作时通常还有温度影响,因此,一般均选用热处理性能稳定,且随温度变化较小的高强度材料(如 34CrNi3Mo 等)制造,其破爆压力与材料强度之比一般为 0.2～0.5。

(4) 易熔塞

易熔塞属于"熔化型"("温度型")安全泄放装置,它的动作取决于容器壁的温度,主要用于中、低压的小型压力容器,在盛装液化气体的钢瓶中应用更为广泛。

(5) 紧急切断阀

紧急切断阀是一种特殊结构和特殊用途的阀门,它通常与截止阀串联安装在紧靠容器的介质出口管道上。其作用是在管道发生大量泄漏时紧急止漏,一般还具有过流闭止及超温闭止的性能,并能在近程和远程独立进行操作。紧急切断阀按操作方式的不同,可分为机械(或手动)牵引式、油压操纵式、气压操纵式和电动操纵式等多种,前两种目前在液化石油气槽车上应用非常广泛。

2. 安全附件装设要求

(1) 安全阀、爆破片的压力设定

安全阀的整定压力一般不大于该压力容器的设计压力。设计图样或者铭牌上标注有最高允许工作压力的,也可以采用最高允许工作压力确定安全阀的整定压力。

爆破片的爆破压力:压力容器上爆破片的设计爆破压力一般不大于该容器的设计压力,并且爆破片的最小爆破压力不得小于该容器的工作压力。

安全阀、爆破片的排放能力,应当大于或者等于压力容器的安全泄放量。排放能力和安全泄放量按照压力容器产品标准的有关规定进行计算。对于充装处于饱和状态或者过热状态的气液混合介质的压力容器,设计爆破片装置应当计算泄放口径,确保不产生空间爆炸。

(2) 安全阀与爆破片装置的组合

安全阀与爆破片装置并联组合时,爆破片的标定爆破压力不得超过容器的设计压力。安全阀的开启压力应略低于爆破片的标定爆破压力。

当安全阀进口和容器之间串联安装爆破片装置时,应满足下列条件:

① 安全阀和爆破片装置组合的泄放能力应满足要求。

② 爆破片破裂后的泄放面积应不小于安全阀进口面积,同时应保证爆破片破裂的碎片不影响安全阀的正常动作。

③ 爆破片装置与安全阀之间应装设压力表、旋塞、排气孔或报警指示器,以检查爆破片是否破裂或渗漏。

3. 压力容器仪表

(1) 压力表

压力表是指示容器内介质压力的仪表,是压力容器的重要安全装置。按其结构和作用原理,压力表可分为液柱式、弹性元件式、活塞式和电量式四大类。活塞式压力计通常作校验用标准仪表,液柱式压力计一般只用于测量很低的压力,压力容器广泛采用的是各种类型的弹性元件式压力计。

(2) 液位计

液位计又称液面计,是用来观察和测量容器内液体位置变化情况的仪表。特别是对于盛装液化气体的容器,液位计是一个必不可少的安全装置。

(3) 温度计

温度计是用来测量物质冷热程度的仪表,可用来测量压力容器介质的温度。对于需要控制壁温的容器,还必须装设测试壁温的温度计。

11.3.3 压力容器的安全维保( )

安全维保

11.3.4 压力容器的事故及预防

1. 压力容器事故特点

(1) 压力容器在运行中由于超压、过热而超出受压元件可以承受的压力,或腐蚀、磨损造成受压元件承受能力下降到不能承受正常压力的程度,发生爆炸、撕裂等事故。

(2) 压力容器发生爆炸事故后,不但事故设备被毁,而且还波及周围的设备、建筑和人群。爆炸直接产生的碎片能飞出数百米远,并能产生巨大的冲击波,其破坏力与杀伤力极大。

(3) 压力容器发生爆炸、撕裂等重大事故后,有毒物质的大量外溢会造成人畜中毒的恶性事故;而可燃性物质的大量泄漏,还会引起重大的火灾和二次爆炸事故,后果也十分严重。

2. 压力容器事故种类

(1) 压力容器爆炸

压力容器爆炸分为物理爆炸和化学爆炸。物理爆炸是容器内高压气体迅速膨胀并高速释放内在能量。化学爆炸是容器内的介质发生化学反应,释放能量生成高压、高温,其爆炸危害程度往往比物理爆炸严重( )。

压力容器
爆炸事故

压力容器爆炸的危害巨大,主要体现在以下方面:

① 冲击波及其破坏作用。冲击波超压会造成人员伤亡和建筑物的破坏。压力容器因严重超压而爆炸时,其爆炸能量远大于按工作压力估算的爆炸能量,破坏和伤害情况也严重得多。

② 爆破碎片的破坏作用。压力容器破裂爆炸时,高速喷出的气流可将壳体反向推出,有些壳体破裂成块或片向四周飞散。这些具有较高速度或较大质量的碎片,在飞出过程中具有较大的动能,会造成较大的危害。碎片还可能损坏附近的设备和管道,引起连续爆炸或火灾,造成更大危害。

③ 介质伤害。主要是有毒介质的毒害和高温蒸汽的烫伤。压力容器所盛装的液化气体中有很多是毒性介质,如液氨、液氯、二氧化硫、二氧化氮、氢氟酸等。盛装这些介质的容器破裂时,大量液体瞬间气化并向周围大气扩散,造成大面积的毒害,不但造成人员中毒,致死致病,而且严重破坏生态环境,危及中毒区的动植物。其他高温介质泄放气化会灼烫伤害现场人员。

④ 二次爆炸及燃烧危害。当容器所盛装的介质为可燃液化气体时,容器破裂爆炸在现场形成大量可燃蒸气,并迅即与空气混合形成可爆性混合气,在扩散中遇明火即形成二次爆炸。可燃液化气体容器的这种燃烧爆炸,常使现场附近变成一片火海,造成严重后果。

⑤ 压力容器快开门事故危害。快开门式压力容器开关盖频繁,在容器泄压未尽前或带压下打开端盖,以及端盖未完全闭合就升压,极易造成快开门式压力容器爆炸事故。

(2) 压力容器泄露

压力容器的元件开裂、穿孔、密封失效等造成容器内的介质泄漏的现象。

压力容器
泄露事故

压力容器的泄漏事故也会造成较大程度的伤害,主要体现在如下几个方面:

① 有毒介质伤害。压力容器盛装的是毒性介质时,这些介质会从容器破裂处泄漏,大量液体瞬间气化并扩散,会造成大面积的毒害,造成人员中毒,破坏生态环境。有毒介质由容器泄放气化后,体积增大100～250倍。所形成的毒害区的大小及毒害程度,取决于容器内有毒介质的质量、容器破裂前的介质温度和压力、介质毒性。

② 爆炸及燃烧危害。容器盛装的是可燃介质时,这些介质会从容器破裂处泄漏,液化气会瞬间气化,在现场形成大量可燃气体,并迅即与空气混合,达到爆炸极限时,遇明火即会造成空间爆炸。未达到爆炸极限,遇明火即会燃烧,此时的燃烧往往会造成周边的容器产生爆炸,进而造成严重的后果。

③ 高温灼烫伤。主要是高温介质泄放气化灼烫伤害现场人员,如高温蒸汽的烫伤等。

3. 压力容器事故发生原因

(1) 结构不合理、材质不符合要求、焊接质量不好、受压元件强度不够以及其他设计制造方面的原因。

(2) 安装不符合技术要求,安全附件规格不对、质量不好,以及其他安装、改造或修理方面的原因。

(3) 在运行中超压、超负荷、超温,违反劳动纪律、违章作业、超过检验期限没有进行定期检验、操作人员不懂技术,以及其他运行管理不善方面的原因。

4. 压力容器事故应急措施

(1) 压力容器发生超压超温时要马上切断进汽阀门;对于反应容器停止进料;对于无毒非易燃介质,要打开放空管排汽;对于有毒易燃易爆介质要打开放空管,将介质通过接管排至安全地点。

(2) 如果属超温引起的超压,除采取上述措施外,还要通过水喷淋冷却以降温。

(3) 压力容器发生泄漏时,要马上切断进料阀门及泄漏处前端阀门。

(4) 压力容器本体泄漏或第一道阀门泄漏时,要根据容器、介质不同使用专用堵漏技术和堵漏工具进行堵漏。

(5) 易燃易爆介质泄漏时,要对周边明火进行控制,切断电源,严禁一切用电设备运行,并防止静电产生。

5. 压力容器事故的预防

为防止压力容器发生爆炸、泄漏事故,应采取下列措施:

(1) 在设计上,应采用合理的结构,如采用全焊透结构,能自由膨胀等,避免应力集中、几何突变。针对设备使用工况,选用塑性、韧性较好的材料。强度计算及安全阀排量计算符合标准。

(2) 制造、修理、安装、改造时,加强焊接管理,提高焊接质量并按规范要求进行热处理和探伤;加强材料管理,避免采用有缺陷的材料或用错钢材、焊接材料。

(3) 在压力容器的使用过程中,加强管理,避免操作失误、超温、超压、超负荷运行、失检、失修、安全装置失灵等。

(4) 加强检验工作,及时发现缺陷并采取有效措施。

(5) 在压力容器的使用过程中,发生下列异常现象时,应立即采取紧急措施,停止容器的运行。

① 超温、超压、超负荷时,采取措施后仍不能得到有效控制;

② 容器主要受压元件发生裂纹、鼓包、变形等现象;

③ 安全附件失效;

④ 接管、紧固件损坏,难以保证安全运行;

⑤ 发生火灾、撞击等直接威胁压力容器安全运行的情况;

⑥ 充装过量;

⑦ 压力容器液位超过规定,采取措施仍不能得到有效控制;

⑧ 压力容器与管道发生严重振动,危及安全运行。

11.4　起重机械安全

起重机械是现代工业生产不可缺少的设备,被广泛地应用于多种物料的起重、运输、装卸、安装和人员输送等作业中,从而大大减轻了体力劳动强度,提高了劳动生产率。

11.4.1　起重机械的分类

我国的起重机械管理归口于国家市场监督管理总局,目前起重机械可大致分为:轻小型起重设备(叉车、起重葫芦等)、起重机(桥架型、臂架型、缆索型)、机械停车设备、升降机。

11.4.2 起重机械的主要零部件及吊索具

1. 制动器

制动器是保证起重机正常工作的重要部件。该部件已被列入国家质检总局颁布的特种设备制造许可目录中。在吊运作业中,制动器用以防止悬吊的物品或吊臂下落。制动器也用来使运转着的机构降低速度,最后停止运转。制动器也能防止起重机在风力或坡道分力作用下滑动。起重机的各个工作机构均应装设制动器,制动器分为常闭式和常开式两种型式。起重机上多数采用常闭式制动器。常闭式制动器在机构不工作期间是闭合的,只有通过松闸装置将制动器的摩擦副分开,机构才可运转。起重机上鞍多采用的块式制动器,构造简单,制造、安装、调整都较方便,其制动鼓轮与联轴器制作成一体。

2. 卷筒

卷筒的作用是在起升机构或牵引机构中用来卷绕钢丝绳,传递动力,并把旋转运动变为直线运动。卷筒按照绕绳层数,分单层绕和多层绕两种。

卷筒上的钢丝绳工作时不能放尽,卷筒上的余留部分除固定绳尾的圈数,至少还应缠绕 2~3 圈,以避免绳尾压板或楔套、楔块受力。

3. 滑轮

滑轮用来改变钢丝绳的方向,可作为导向滑轮,更多地是用来组成滑轮组。它是起重机起升机构的重要组成部分,省力滑轮组是最常用的滑轮组。电动与手动起重机的起升机构都是采用省力滑轮组,通过它可以用较小的绳索拉力吊起较重的货物。

4. 吊具

起重机必须通过吊具将起吊物品与起升机构联系起来,从而进行这些物品的装卸、吊运和安装等作业。吊具的种类繁多,如:吊钩、吊环、扎具、夹钳、托爪、承梁。

吊钩是起重机中应用最广泛的吊具,通常与动滑轮组合成吊钩组,与起升机构的挠性构件系在一起。吊钩断裂可能导致重大的人身及设备事故。

5. 钢丝绳

钢丝绳是起重机的重要零件之一。钢丝绳具有强度高、挠性好、自重轻、运行平稳、极少突然断裂等优点,因而广泛用于起重机的起升机构、变幅机构、牵引机构,也可用于旋转机构。钢丝绳还用作捆绑物体的索绳、桅杆起重机的张紧绳、缆索起重机和架空索道的承载索等。钢丝绳的损坏主要是在长期使用中，钢丝绳的钢丝或绳芯由于磨损与疲劳，逐步断折。应依据《起重机钢丝绳保养、维护检验和报废》(GB/T 5972)进行判定。

6. 索具

吊索是由一根链条或绳索通过端部配件把物品系在起重机械吊钩上的组合件。吊索出厂时，在单根吊索上都标定一个额定起重量，也称最大工作载荷或极限工作载荷。

11.4.3　起重机械安全装置

(1) 位置限制与调整装置(① 起升高度限制器；② 运行极限位置限制器；③ 缓冲器)。

(2) 防风防爬装置。

(3) 安全钩、防后倾装置和回转锁定装置。

(4) 超载保护装置：① 起重量限制器；② 力矩限制器。

(5) 防碰装置。

11.4.4　起重设备安全使用( )

起重设备
安全使用

11.5　压缩气瓶的安全使用

气瓶图片

11.5.1　高压气瓶的颜色和标志( )

表 11-1　高压气瓶的颜色

气瓶名称	表面涂料颜色	字样	字样颜色	横条颜色	气瓶名称	表面涂料颜色	字样	字样颜色	横条颜色
氧气瓶	天蓝	氧	黑	—	石油气体瓶	灰	石油气体	红	—
氢气瓶	深绿	氢	红	红	硫化氢气瓶	白	硫化氢	红	红
氮气瓶	黑	氮	黄	棕	二氧化硫气瓶	黑	二氧化硫	白	黄
氩气瓶	灰	氩	绿	—	二氧化碳气瓶	黑	二氧化碳	黄	—
压缩空气瓶	黑	压缩气体	白	—					

(续表)

气瓶名称	表面涂料颜色	字样	字样颜色	横条颜色	气瓶名称	表面涂料颜色	字样	字样颜色	横条颜色
光气瓶	草绿	光气	红	红	环丙烷气体	橙黄	环丙烷	黑	—
氨气瓶	黄	氨	黑	—	乙烯气体	紫	乙烯	红	—
氯气瓶	草绿	氯	白	白	乙炔气体	白	乙炔	红	—
氦气瓶	棕	氦	白	—	氟氯烷气瓶	铝白	氟氯烷	黑	—
氖气瓶	褐红	氖	白	—	气体可燃性气瓶	红	气体名称	白	—
丁烯气体	红	丁烯	黄	黑	其他非可燃性气瓶	黑	气体名称	黄	
氧化亚氮气体	灰	氧化亚氮	黑	—					

11.5.2 气瓶安装及使用方法

(1) 气瓶直立放稳(乙炔气瓶必须以钢索等固定,防止翻倒或滚动)。

(2) 清除瓶阀周围可能的油渍及危险品(注意:如瓶阀处有油或润滑油,则停止使用,并与供应商联系)。

(3) 站在气瓶的一侧,快速开闭瓶阀,以便清洁阀口(注意:不要正对瓶阀口,也不要开启时间太长,否则排气的反向压力会使气瓶翻倒)。

(4) 确认所使用的减压器调压范围及适用于何种气体。

(5) 清除减压器进气口的油渍及危险品(注意:如发现进气口处有油渍或润滑油,则停止使用并送到附近的维修站清理。特别是氧气瓶,绝对不可沾油)。

(6) 将减压器安装在相应的气瓶上,并用扳手锁紧(注意:如减压器带有浮子式流量计,则流量计必须处于直立状态)。

(7) 逆时针旋转调压把手,使调压弹簧处于自由状态,并关闭流量计调节旋钮(注意:打开瓶阀时,如调压把手没有完全旋松则瞬时压力有可能损坏膜片,从而导致减压器失效,严重时会造成人身伤害)。

(8) 站在减压器前,慢慢打开瓶阀,用专用设备检查减压器与瓶阀联接处是否有漏(注意:打开瓶阀不要正对或背对减压器,乙炔瓶阀应开到最小,并且要检验纯度,防止爆炸)。

(9) 按要求接上软管,并用扳手锁紧。

（10）由于软管内部可能存在灰尘、杂物或滑石粉，故使用前须进行吹尘处理，但在做软管吹气时，应保持良好的通风条件。

① 旋转调压把手，允许 0.03 MPa 的压力通过软管；

② 气体流通时间 10 秒左右；

③ 旋转调压把手或流量计旋钮，关闭出气口。

（11）在软管的另一端接上所需要的设备（焊炬、割炬或其他设备），并用扳手锁紧。

（12）调节减压器，到所需要的压力或流量。

（13）对二氧化碳减压器，使用时还需注意以下事项：

① 只限于与非虹吸式二氧化碳气瓶配用；

② 如减压器为电加热式，则须确认所使用的电压，注意不得用错，否则将有可能毁坏设备，引起电击伤，导致严重后果；

③ 如减压器为电加热式，使用前须预热 5～10 分钟。

务请注意：当开启气瓶上的阀时，切不可站在气体减压器的前面（即压力表的前面）。开启瓶阀时，调压把手必须处于完全旋松状态。

（14）旧瓶定期接受安全检验。超过钢瓶安全使用规定年限，须接受压力测试，合格后，才能继续使用。

11.5.3　压缩气体的安全管理

（1）气瓶验收时，查看瓶体防震圈和阀门安全帽是否完好、旋紧，瓶身有无缺陷损坏和钢瓶头部是否有粘油污等现象。

（2）严禁火种，隔绝热源，防止日光曝晒。

（3）气瓶应立放稳固整齐，阀门向上，不得倾靠墙壁。

（4）严禁氧气与乙炔气、油脂类、易燃物品混存，气瓶阀门和试压表绝对不许沾染油污、油脂，以防引起燃烧和爆炸。

（5）岗位人员和兼职安全员要熟练掌握灭火器材使用方法，每日上班应查看气瓶有无漏气和其他异常情况。

· 气瓶未固定倾倒事故
· 气瓶储存与使用安全要求

（6）使用人员不得将瓶内气体全部用完，必须按规定保持瓶内有一定的气压。

11.5.4　氧气、乙炔气瓶的安全使用

（1）运输、储存和使用气瓶时避免激烈震动和碰撞冲击，防止气瓶直接受热。

（2）严禁氧气瓶与乙炔瓶等易燃气瓶混装运输。

（3）氧气瓶、乙炔瓶与明火距离不少于 10 m，而气瓶间距离保持 5 m 以上。

（4）开启瓶阀时，用力要平稳，操作者应位于出气口侧以防受气体冲击，使用减压器时应检查气瓶丝口是否完好、紧固，防止高压冲掉；乙炔减压器的工作压力不应该大于 0.1 MPa。

（5）严禁将瓶内气体用尽，须留有余压以防空气倒灌和用于检查。

（6）必须按规定连接气带与气瓶，严禁乱接胶管，以防事故，且氧气、乙炔胶管长度以 20~30 m 为宜。

（7）焊割时发现回火或发现有倒吸声音，应立即关闭割炬上的乙炔阀门，再关闭氧气阀门，稍停后开启氧气阀门把焊割内灰尘吹掉，恢复正常使用。

（8）在输气胶管或减压器发生爆炸、燃烧时应立即关闭瓶阀。

（9）若发现瓶阀易烧塞或瓶体等部位有漏气时应立即停止作业，把气瓶转移到安全地点妥善处理且附近不得有火源。

（10）当气瓶瓶阀易烧塞或其他部位因漏气而着火时应用干粉、二氧化碳灭火器灭火，同时用水冷却瓶壁以防进一步发生危险。

（11）若发现瓶壁温度异常升高时，应立即停止使用，并用大量的冷水喷淋以防燃烧和爆炸事故。

（12）氧气、乙炔瓶在运输中严禁使用电动葫芦、塔吊等机械吊装运输，运输过程中必须先卸去减压器，氧气、乙炔瓶上必须自己戴防震圈，气瓶、气带严禁漏气。

（13）使用氧气、乙炔设备时应根据钢材厚度选择适当的割具，在切割材料中应把材料垫高 10 mm 左右，防止割烂下面材料。

（14）使用结束时，须将气瓶阀门关闭，收好气带，并将气瓶放回规定位置，整理好氧气设备，并清理和打扫使用场所。

（15）氧气、乙炔焊割作业老师必须取得焊割作业特种操作证，做到持证上岗。

11.5.5　气体减压阀的安全使用

气体钢瓶充气后，压力可达 150×101.3 kPa，使用时必须用气体减压阀。其构造如图 11-1 所示（ ）。其结构原理如图 11-2 所示（ ）。当顺时针方向旋转手柄 1 时，压缩主弹簧 2，作用力通过弹簧垫块 3、薄膜 4 和顶杆 5 使活门 9 打开,这时进口的高压气体(其压力由高压表 7 指示)由高压室经活门调节减压后进入低压室(其压力由低压表 10 指示)。当达到所需压力时,停止转动手柄,开启供气阀,将气体输到受气系统。

气体减压阀构造及工作原理

停止用气时,逆时针旋松手柄 1,使主弹簧 2 恢复原状,活门 9 由压缩弹簧 8 的作用而密闭。当调节压力超过一定允许值或减压阀出故障时,安全阀 6 会自动开启排气。

安装减压阀时,应先确定尺寸规格是否与钢瓶和工作系统的接头相符,用手拧满螺纹后,再用扳手上紧,防止漏气。若有漏气应再旋紧螺纹或更换皮垫。

如图 11-1(氧气压力表)所示,在打开钢瓶总阀 1 之前,首先必须仔细检查调压阀门 4 是否关好(手柄松开是关)。切不能在调压阀 4 处在开放状态(手柄顶紧是开)时,突然打开钢瓶总阀 1,否则会出事故。只有当手柄松开(处于关闭状态)时,才能开启钢瓶总阀 1,然后再慢慢打开调压阀门。

停止使用时,应先关钢瓶总阀 1,当压力表下降到零时,再关调压阀门(即松开手柄 4)。

减压器使用结束时请注意以下事项:

(1) 关闭气瓶阀。

(2) 开放气体出气口,排出减压器及管道内剩余气体。

(3) 剩余气体排完后,关闭出口阀门。

(4) 逆时针旋松调压把手,使调压弹簧处于自由状态。

(5) 片刻之后,检查减压器上的压力表是否归零,以检查气瓶阀是否完全关闭。

(6) 如需要的话,卸下减压器,并用保护套将减压器进出气口套好。

日常检查:

(1) 气体减压器中没有气体时,确认压力表指针回零。

(2) 在气体减压器中含有气体时,用肥皂水(或家用中性洗涤剂加 10 至 20 倍的水制成的液体)检查各螺纹及联接部位是否有泄漏。

(3) 供气后,确认可对气体流量(或压力)进行连续调节。

(4) 供气后,确认没有气体从安全阀中泄漏。

维护及修理:

如有下列情况发生,就需要更换零部件了,此时切不可自行拆装,请与经销商联系。

（1）气体减压器中含有气体时，气体从各螺纹联接处泄漏。

（2）气体减压器中含气体时，压力表指针不回零。

（3）供气后，流量（或压力）不能连续调节。

（4）供气后，压力表指针并不抬起。

（5）供气后，气体从安全阀中泄漏。

（6）压力表损坏（或流量计损坏）。

（7）调压把手处于旋松状态时有气体从减压器出气口排出。

务请注意：自行拆装气体减压器零部件，将会造成设备损坏，甚至严重的人身伤害。

11.5.6　常用气体钢瓶的安全使用（ ）

1. 氧气钢瓶的安全使用

2. 氢气钢瓶的安全使用

3. 氯气钢瓶的安全使用

4. 乙炔气钢瓶的安全使用

5. 氮气钢瓶的安全使用

6. 氩气钢瓶的安全使用

7. 二氧化碳钢瓶的安全使用

各类气体钢瓶
的安全使用

第12章 实验废弃物的安全处置

高校实验室多为相对独立的单位,特别是许多高校存在多校区办学的实际情况,实验室分布的区域相对分散,单个污染小,易于被忽视。实验室是一类典型的小型污染源,建设越多,污染越大。实验室废弃物如不进行及时、有效处理,随意大量地违规无序排放,不仅会直接危害实验室人员的身体健康,也会对大气、水体、土壤等周边环境产生污染,造成日趋严重的环境污染问题。为规范高校实验室危险废弃物的管理,教育部和国家环保总局曾经联合下发了"关于加强高等学校实验室排污管理的通知",要求各高校根据自身的实际情况,采取有力措施,加强实验室危险废物管理,防止污染环境,保障师生员工的身体健康与安全。

12.1 实验废弃物概述

12.1.1 国家危险废物名录

根据《国家危险废物名录》(2021年1月1日起施行)规定,具有下列情形之一的固体废物(包括液态废物),列入本名录:(一)具有毒性、腐蚀性、易燃性、反应性或者感染性一种或者几种危险特性的;(二)不排除具有危险特性,可能对生态环境或者人体健康造成有害影响,需要按照危险废物进行管理的。

列入本名录附录《危险废物豁免管理清单》中的危险废物,在所列的豁免环节,且满足相应的豁免条件时,可以按照豁免内容的规定实行豁免管理。危险废物与其他物质混合后的固体废物,以及危险废物利用处置后的固体废物的属性

· 国家危险废物名录
· 危险废物标志牌式样及设置要求

判定,按照国家规定的危险废物鉴别标准执行。对不明确是否具有危险特性的固体废物,应当按照国家规定的危险废物鉴别标准和鉴别方

法予以认定。

《国家危险废物名录》中有关术语的含义分别为:(一) 废物类别,是在《控制危险废物越境转移及其处置巴塞尔公约》划定的类别基础上,结合我国实际情况对危险废物进行的分类。(二) 行业来源,是指危险废物的产生行业。(三) 废物代码,是指危险废物的唯一代码,为8位数字。其中,第1~3位为危险废物产生行业代码(依据《国民经济行业分类(GB/T 4754—2017)》确定),第4~6位为危险废物顺序代码,第7~8位为危险废物类别代码。(四) 危险特性,是指对生态环境和人体健康具有有害影响的毒性(Toxicity,T)、腐蚀性(Corrosivity,C)、易燃性(Ignitability,I)、反应性(Reactivity,R)和感染性(Infectivity,In)。

12.1.2　实验废弃物及分类

实验废弃物是指在实验室内进行的教学、科研及其他各项活动中产生的,已失去使用价值的气态、固态、半固态及液态物质的总称,主要包括实验过程中产生的"三废"(废气、废液、固废)物质,实验用剧毒物品,精神类、麻醉类及其他药品残留物,实验动物尸体及器官组织,病原体,放射性物品,以及实验耗材、橱柜、电器、生活垃圾等各类废弃物。对实验废弃物实行科学、合理、有效的分类管理,直接关系到废弃物的收集和处理能否顺利进行,更是实现实验废弃物安全管理的内在要求。实验废弃物的成分和污染程度不同,分类形式也不同。根据其主要成分、物理形态、污染程度和基本性质,分类如下:

1. 化学实验废弃物

化学废弃物按物理形态可分为废气、废液和废渣三种,简称"**三废**"。

(1) 废气:是指气态废弃物,主要是指试剂和样品的挥发物、测试样品时产生的废气、实验过程中产生的有毒有害气体、泄漏和排空的气体等,如各种有机溶剂及浓盐酸、冰醋酸等的挥发物等。

(2) 废液:是指液态废弃物,主要指实验后的残留液、实验容器洗涤液、废弃的溶剂等。可分为含卤素有机废液(氯仿、四氯化碳、氯苯等)、一般有机废液(各种醇、醚、烷烃、芳香族化合物、润滑油、重油、灯油、松节油等)和一般无机废液三类。无机废液包括无机酸碱废液(硫酸、盐酸、氢氧化钠、氨水等),含重金属离子废液(铜、镉、汞、银、钡、铅等),含氟、含氰、含六价铬废液等。

（3）废渣：是指实验过程中所产生的各类危险化学类固态废物，主要包括固态、半固态的化学品和化学废物，原瓶存放的液态化学品，化学品的包装材料，废弃玻璃器皿，一次性手套、滴管等。

2. 生物实验废弃物

主要是指实验过程中使用过或培养产生的动植物的组织、器官、尸体、微生物（细菌、真菌和病毒等）、培养基，以及吸头、离心管、注射针头、手术刀片、载玻片等具有感染性、病理性、损伤性、药物性医疗废物。

3. 放射性废弃物

放射性废弃物指含有放射性物质或者被放射性物质污染，其放射性活度或比活度大于国家标准或审计部门规定的清洁解控水平，并且所引起的照射未被排除，又预期不会再利用的废弃物。按放射性废弃物的物理与化学形态，可将其分为放射性"三废"，即气载废气、液体废物和固体废物。

4. "电子垃圾"及其他废弃物

实验室"电子垃圾"，是指在实验室被废弃不再使用的电器或电子设备，主要包括电冰箱、空调、洗衣机、电视机等家用电器，废电池和计算机、通讯电子产品等电子科技的淘汰品。电子垃圾需要谨慎处理，在一些发展中国家，电子垃圾的现象十分严重，造成的环境污染威胁人类健康。

此外，还有机械加工类实验室产生的粉尘等，对于这些危险、有害因素，如不加以有效控制，将严重影响人的身体健康，危害我们赖以生存的生态环境。

12.1.3　实验废弃物的危害

1. 对人的危害

实验室泄漏或挥发的刺激性有毒气体，如常见的氯气、氨气、二氧化硫、三氧化硫及氮氧化物等，对人的眼睛和呼吸道黏膜有刺激作用；一氧化碳、硫化氢、氰化氢、甲烷、乙烷、乙烯等，这些气体还很容易造成人体缺氧，引起各种疾病，严重危害人体健康。

很多未经处理的病原体废弃物被直接丢弃，容易造成病原体侵害人体事故。微生物在实验室的特殊条件下可能造成基因突变，形成新生物种。若新生物种对人体的危害严重，而针对这种实验的废弃物处理不当，将会带来不可估量的后果。

很多腐蚀性、反应性或放射性废弃物收集时，如未加注意而产生误操作,很可能对人体造成腐蚀、灼伤以及意外照射等伤害,严重危害人的身体健康及生命安全。

2. 对环境的危害

(1) 污染土壤。实验室废弃物如果处置不当,任意堆放,有毒的废液、废渣很容易渗入土壤,杀害土壤中的微生物、破坏微生物与周围环境构成的生态系统,导致草木不生;还会破坏土壤的团粒结构和理化性质,致使土壤保水保肥能力降低,后果严重。

(2) 污染水体。实验室废弃物未收集,直排下水道,或露天存放,在雨水作用下流入水体、污水管网中,会造成水体的污染与破坏。若含有病原微生物的废弃物进入水体,就会迅速扩散,引发疾病的蔓延。

(3) 污染空气。废弃物如未能妥善收集和管理,在温度和水分作用下,将会发生挥发或分解,在风的吹动下扩散,污染大气环境。

3. 其他间接危害

因实验废弃物的管理不当,而引发污染、伤害,甚至各类安全事故、公共卫生事件的案例时有发生,造成财产损失、人员伤亡,影响社会稳定与和谐。

废弃物起
火事故

12.2 化学实验室废弃物管理与处置

化学实验室废弃物主要是指在实验过程中产生的废气、废液和废渣以及其他被抛弃不用或破损的实验耗材、仪器设备等。化学废弃物具有可燃、腐蚀、毒性等危险特性,对其处理一般遵循"减少产生、及时收集、集中存放、分类处理"等原则,处理方法应简单易操作,处理效率高且投资较少。

12.2.1 化学废弃物的危险特性

化学废弃物的危险特性主要包括可燃性、腐蚀性、反应性、传染性、放射性及浸出毒性、急性毒性等。

1. 可燃性

燃点较低的废弃物,或经摩擦或自发反应而易于发热,从而进行剧烈持续燃烧的废弃物具有可燃性。国家规定燃点低于 60 ℃的废弃物即具有可燃性。

2. 腐蚀性

含水废弃物的浸出液或不含水废弃物加入水后的浸出液,能使接触物质发生质变,就可以说该废弃物具有腐蚀性。按照相关规定,浸出液 pH≤2 或 pH≥12.5 的废弃物,或者温度≥55 ℃时,浸出液对规定牌号钢材的腐蚀速率大于 0.64 cm/a 的废弃物为具有腐蚀性。

3. 反应性

在无引发条件的情况下,由于本身不稳定而易发生剧烈变化。如遇水能反应形成爆炸性混合物,或产生有毒的气体、蒸气、烟雾或臭氧;在受热的条件下能爆炸;常温常压下即可发生爆炸等。此类废弃物则可认为具有反应性。

4. 传染性

各种化学品废弃物进入环境后,发生各种变化,不少物质变成环境激素,统称为“外因性内分泌干扰物质”,通过食物链又回到人体,扰乱人体内分泌功能,发生传染性疾病。

5. 放射性

核废物、污水处理废弃物、医疗废物等存在放射性物质成分,从放射化学的观点看,其总放射性、半衰期、比活度、核素构成、毒性等危险物质,对人类及自然界食物链造成威胁。

6. 毒性

危险化学品废弃物的毒性表现为以下三类:

(1) 浸出毒性。用规定方法对废弃物进行浸取,在浸取液中若有一种或一种以上有害成分,其浓度超过规定标准,就可认定具有毒性。

(2) 急性毒性。指一次投给实验动物加大剂量的毒性物质,在短时间内所出现的毒性。通常用半致死量表示。按照摄入毒物的方式不同,急性毒性又可分为口服毒性、吸入毒性和皮肤吸收毒性。

(3) 其他毒性。包括生物富集性、刺激性、遗传变异性、水生生物毒性及传染性等。

禁忌物配存表

12.2.2　化学废弃物的处理原则

实验室要严格遵守国家环境保护工作的有关规定,不随意排放废气、废液、废物,不得污染环境,在此前提下,还应遵循以下原则:

(1) 减少产生。有效控制废弃物的生成是处理废弃物的重要环节。因此,设计实验时要树立“绿色化学”的理念,尽可能采用毒性小、污染少、废弃物产生少的反应途径;实验药品、试剂要购买适合工作需求的包装量;多余的实验药品、试剂要实现实验室间的共用,减少废弃物的生成。

(2)及时收集。实验室产生的废弃物必须及时收集,形成"即生即收"的观念和制度,减少其扩散、污染的时间。有毒性的废弃物更应该及时处理,应遵循"即生即处"的原则。

(3)集中存放。在实验室内应该设立指定的废弃物收集区,集中存放实验室产生的废弃物。在收集区放置专用的容器,并贴有醒目专用标签,以便减少废弃物污染的范围。

(4)分类处理。由于实验室化学废弃物复杂多样,要依据废弃物的性质、形态特征进行分类,以便于对不同性质和形态的废弃物采用不同的方法进行定期安全处理。同时,不同废弃物间可能会发生化学反应或交叉污染,应分别处理,避免造成二次污染。

12.2.3 化学实验废弃物的分类收集

化学实验产生的废弃物,以及过期不再使用的危险化学品,不能随意丢弃或排放,也不得随意掩埋,必须严格按照规范程序将各类废弃物进行分类收集、存放和规范、妥善处理。收集容器的选用原则应该与废弃物的性质相匹配。废弃物有各自的性质,如有的废液酸碱腐蚀性大,此时的收集容器应强调防腐功能;有的固体危险废物是各种带水的残渣,此时也应强调防腐、防渗漏功能;有的废弃物应用密闭容器保存。收集容器上应标明废弃物名称、数量、产生时间、危害特性,以及应急处置措施等。

1. 气体废弃物

凡是产生危害性气体的实验都须在通风橱中进行,对产生大量有害气体的实验必须进行必要的废气吸收、净化处理,并采取防护措施。有毒气体产生量大的实验必须安装吸收处理装置,如 NO_2, SO_2, Cl_2, H_2S, HF 等,可先将其通过碱液吸收装置后排放;一氧化碳可通过燃烧转化为二氧化碳后排放。另外,可以用活性炭、活性氧化铝、硅胶、分子筛等固体吸附剂来吸附废气中的污染物。

钢瓶装的压缩气体(如液氯)拟废弃时,应向相关部门申报,请相关单位有资质专业人员进行处置,不得私自处理,不得转卖给废品回收站。

2. 液态废弃物

俗称"化学废液",可按含卤有机废液、一般有机废液和一般无机废液三类进行收集处置。

（1）收集一般化学废液时，应详细记录不同时间倒入废液收集桶内化学废液的主要化学成分。废液收集容器上必须清楚地贴上标签，标签上至少要标明废物名称、倒入的时间、数量、倾倒人的姓名和联系方式。倒入废液前应仔细查看该收集桶的记录，以确认倒入后不会与桶中已有的化学物质发生异常反应（如产生有毒挥发性气体、剧烈放热等）。如有可能发生异常反应，则应单独暂存于其他容器中，并贴上标签，做好记录。

废液标签

（2）一般化学废液收集桶中的废液不应超过容器最大容量的80%，桶上粘贴废液记录表。当废液收集到一定量时，联系相关单位，统一处理。

（3）实验室产生的不同种类的剧毒废液，能进行无害化处理的先进行无害化处理，无法处理的应分别暂存在单独的容器中并做详细的记录，不能将几种剧毒废液混装在一个容器中。积存到一定量时应及时联系相关单位进行统一处理。

（4）有机液体废弃物。不得将有机废溶剂、废试剂等直接倒入下水道进行排放，须按含卤有机废液、一般有机废液进行分类，分别存放于专门的有机废液桶中，联系相关单位进行统一处理。

（5）无机液体废弃物。不得将含重金属离子的无机废液直接通过下水道进行排放，须存放于专门的废液桶中，送有资质的单位进行统一处理。少量无机废酸液用碱中和达标后，可直接排放。

（6）一般化学废液的收集应使用专用塑料收集桶，桶口应密封良好，不能使用敞口或有破损的容器。收集废液后应随时盖紧盖子，存放于实验室阴凉并远离热源、火源的位置，不能放在易被碰倒的地方。

· 废液分类收集
· 专业人员统一
　收集

3.固体废弃物

（1）无害固体废弃物。实验室耗材、防护用品等废弃物不得随意丢弃于实验楼走廊内，必须经过消毒、洗涤、中和等特定的预处理程序，使其不再具有污染、腐蚀等危险特性后，再作为生活垃圾处理。

（2）有害固体废弃物。主要于化学实验中产生，或吸附某种有害化学物质后的吸附剂等。这些固体废物应及时装入容器，并做好详细记录，贴好标签，转送至学校专用的存放处，积存到一定量时，由学校及时联系相关单位进行统一处理。

（3）其他固体废弃物。实验后损伤性固体废弃物，如废空玻璃瓶、碎玻璃、注射器针头等，不得随意丢弃，应首先对其清洗、消毒或灭菌，装入锐器盒或牢固包装材料中，交由学校统一处理；过期或由于其他原因不再使用的废弃试剂，应首先进行无害化处理，尽量实现绿色排放；对于废弃剧毒试剂，还应醒目地标注，并单独按公安部门剧毒品处理规范，交由有资质单位统一处理。

12.2.4　常见化学废弃物的无害化处理方法

1. 废气的处理

实验室排出的废气量较少时，一般可由通风装置直接排出室外，但排气口必须高于附近屋顶 3 m。少数实验室若排放毒性大且量较多的气体，可参考工业废气处理办法，在排放废气之前，采用吸附、吸收、氧化、分解等方法进行预处理。例如氯化氢、二氧化硫等酸性气体可用稀碱液吸收，再通过通风柜排出。原子光谱分析仪的原子化器部分产生金属原子蒸气，必须有专用的通风设施把原子蒸气抽出室外。

2. 废液的处理

实验室产生最多的化学废弃物是废液，需先进行预处理或无害化处理，然后才能排放、收集，或者按照一般废液处理，交由相关资质的单位进行专业化处置。

3. 固废的处理

实验室产生的有害废渣通常量不多，但必须按规定进行处理。若为可燃性废渣，应及时联系有相关资质的单位处置；若为非可燃性废渣，应加漂白粉进行氯化消毒后，交由相应单位处置；一次性使用制品，如手套、帽子、口罩等，如有感染性、毒性，应先进行灭活、消毒、洗涤处理，后可按照生活垃圾处理；玻璃器材、注射器等，可先用 1～3 g/L 有效氯溶液浸泡 2～6 h，清洗后，重新使用或废弃；盛标本的玻璃、塑料、搪瓷容器，可煮沸 15 min，或用 1 g/L 有效氯漂白粉澄清液浸泡 2～6 h 消毒后，再用洗涤剂及流水刷洗、沥干；若曾用于微生物培养，可用压力蒸气灭菌后使用。

12.3　生物安全实验室废弃物管理与处置

生物安全实验室废弃物是指生物实验中产生或残留的对人体和环境有直接、间接或潜在危害的物质，包括感染性生物废弃物、非感染性生物废弃物、实验动物废弃物、各种锐器以及混合性废弃物等。在实验室生物安全管理的各个环节中,感染性废弃物的规范化处理是保障生物安全的关键环节,感染性废弃物必须严格按照《中华人民共和国传染病防治法》等相关规定进行处置。

12.3.1　生物实验室废弃物危险特性

生物实验室废弃物主要产生于医学、生命科学、公共卫生类院校及科研机构的实验室,多数带有生物活性物质,因此成为引起疾病传播和生物安全隐患的潜在原因。如工程菌因具有抗生素抗性而极易在环境中繁殖,致敏物及实验动物废弃物常会引起人类或动物的感染,可能会直接引起疾病的传播,甚至会产生前所未有的突发病例,带来无法应对的灾难。生物废弃物对自然界植物的影响也是巨大的,通过污染地下水源、土壤或直接干扰植物本身,可能会造成植物大面积死亡,引起某些种群植物的消逝灭绝,改变特定区域内的植物群落,造成自然界生态系统的改变,进而影响全球气候变化。转基因植物植株的不合理废弃,可能会引起外源基因漂移,造成超级杂草出现,同样存在引起特定区域内植物群落改变的危害。

医疗废物标签

12.3.2　生物实验室废弃物分类

国内相关组织对生物实验室废弃物的处理均制定了相关的法规及条例,如《中华人民共和国生物安全法》(2021 年 4 月 15 日起施行)、《中华人民共和国固体废物污染环境防治法》、《危险废物鉴别标准通则》(GB 5085.7—2019)、《危险废物鉴别技术规范》(HJ 298—2019)、《医疗废物管理条例》、《医疗废物集中处置技术规范(试行)》、《医疗废物专用包装物、容器标准和警告标识规定》等。在实际工作中,处理生物废弃物必须遵守有关规定,尤其是对感染性物质及其包装物应分别进行相应的处理。

1. 生物废弃物

生物废弃物按照其物质成分不同,主要分为以下几类。

(1)生物活性材料及其代谢物。常用的生物活性实验材料包括:动植物个体、器官、组织、细胞、原核微生物、真核微生物、非细胞结构的微生物,或上述生物材料的遗传修饰活性产物等。生物实验室培养的细胞和微生物的生长,需要良好的营养条件,而且实验培养的细菌常常在抗生素等药物存在的情况下也能够正常生长。如处理不当,这些养分含量高、药物浓度大并可能产生有毒代谢物的生物活性材料将对周围土壤环境河流等水域造成污染和威胁。生物实验室常以小鼠、大鼠、兔等动物为实验材料,实验过程中实验动物一般都要接种疫苗或病菌、注射抗体或药物等不同处理,实验完成后,动物尸体或被解剖的动物器官、动物排泄物等需及时妥善处置,否则有可能对其他动物或实验处理产生干扰和影响,甚至造成病菌或疾病的传播。生物实验室也常常需要对植物活性材料(包括种子)进行栽培,实验完成后应对相应的植物活性样本妥善处置,以免引起生物入侵或病虫害扩散等生态危害。

(2) 有毒害的化学试剂、分子试剂及其他废弃物。氰化物、溴化乙锭(EB)、二甲基亚砜(DMSO)、丙烯酰胺、甲酰胺等及其结合物,废弃的酸、碱溶液,有机溶剂,凝胶电泳,培养基(液),洗脱液,各种试剂盒,重金属等是生物实验中最主要的有毒和剧毒物品,这些物品不仅对人毒性高、危险性强,而且对环境的危害和影响极大。

(3) 实验器械与耗材。包括塑料制品如各种吸头、吸管、离心管、注射器、手套、培养皿及包装物等,多为易污染的一次性用品;玻璃制品包括各种培养皿、试管、吸管、玻片、盖片、常用容器、过滤器皿等各种易损易碎品;灭活金属物品最常见的是注射用针头、微量加样针针头、刀片、剪刀等各种锐利物品。上述用品是生物实验室日常必需品,用于直接吸取、盛放或接触各类试剂和实验材料,同时也是有毒有害物质和病原物的传播载体,并可能对人体造成直接的机械性伤害。

2. 生物废弃物

生物废弃物按性质不同,也可分为两大类:

第 1 类是源于人体或可感染人、植物、动物的组织和细胞,或被生物危害剂污染的废弃物,包括实验过程中被生物危害剂污染的培养皿、培养液、移液管、Tip 头、生物反应废液、废弃的实验动物、实验动物组织细胞和血液等,以及感染性培养物、大肠杆菌工程菌株、转基因植物细胞和植株等。

第 2 类生物废弃物也被称为类似废弃物,是指未被污染的动物组织细胞、细胞培养物、植物再生植株、培养皿等。生物实验室涉及的感染性废弃物主要为医学标本、患者血液和其他体液;实验室的菌毒株以及带有菌毒株污染的物品,如培养基等。

12.3.3 生物废弃物的消毒与灭菌

生物废弃物处理的首要原则是所有感染性材料必须在实验室内清

除污染、高压灭菌或焚烧。所有实验室物品,在处理潜在感染性微生物或动物组织后,在被丢弃前应考虑的主要问题有:是否已采取规定程序对这些物品进行了有效地清除污染或消毒? 如果没有,它们是否以规定的方式包裹,以便就地焚烧或运送到其他有焚烧设施的地方进行处理? 丢弃已清除污染的物品时,是否会对直接参与丢弃的人员,或在设施外可能接触到丢弃物的人员造成任何潜在的生物学或其他方面的危害? 所有这些步骤,都是为了去除污染,使病原体数量减少到致病水平以下。

对生物废弃物实行清洁、消毒、灭菌、灭活等程序是实验室生物安全的一个重要内容,其效果直接关系到生物废弃物安全管理水平、实验工作人员的健康及环境的安全。

1. 消毒灭菌的原则

(1) 明确消毒的主要对象。应具体分析引起感染的途径、涉及的媒介物及病原微生物的种类,有针对性地使用消毒剂。

(2) 采取适当的消毒方法。根据消毒对象选择简便、有效、不损坏物品、来源丰富、价格适中的消毒方法。

(3) 控制影响消毒效果的因素。许多因素会影响消毒剂的作用,而且各种消毒剂对这些因素的敏感性差异很大。所以依据具体的消毒对象选择合适的消毒剂。

(4) 消毒顺序。清洁区、半污染区和污染区应分别进行清洁、消毒处理;各区域按先上而下、先左后右的程序,依次进行消毒。

(5) 消毒剂量。受结核分枝杆菌、亲水性病毒与芽胞污染的环境与表面以及操作不同的病原微生物前的消毒,选用消毒剂量范围中的高浓度与长时间。受细胞、培养液、体液或血液等有机物污染,有效氯含量加大至 5 000 mg/L。

2. 消毒灭菌的常用方法

(1) 干热灭菌法;(2) 湿热灭菌法;(3) 化学消毒灭菌法。

12.3.4　常见生物废弃物的安全管理与处置

1. 生物活性废弃实验材料的管理与处置

生物活性实验材料特别是细胞和微生物,必须及时灭活和消毒处理。微生物培养过的琼脂平板应采用压力灭菌 30 min,趁热将琼脂倒弃处理,未经有效处理的固体废弃培养基不能作为日常生活垃圾处置;液体废弃物如菌液等,需用 15% 次氯酸钠消毒 30 min,稀释后排放,最大限度地减轻对周围土壤环境、河流等水域的影响;尿液、唾液、血液等样本加漂白粉搅拌 2～4 h 后,倒入化粪池或厕所,或进行焚烧处理。

同时,无论在动物房或实验室,凡废弃的实验动物尸体或器官,必须及时按要求进行消毒,并用专用塑料袋密封后冷冻储存,统一送相关单位集中焚烧处理,禁止随意丢弃动物尸体与器官;严禁随意堆放动物排泄物,与动物有关的垃圾必须存放在指定的医疗废物专用袋内,并及时用过氧乙酸消毒处理后方可运离实验室。

高级别生物安全实验室的污染物和废弃物排放的首要原则,是必须在实验室内对所有的废弃物进行净化、高压灭菌或焚烧,确保感染性生物因子的"零排放"。

2. 有毒试剂及其废弃物的管理

明确专人负责,用专用容器将重金属、氰化物、溴化乙锭(EB)及其结合物等各种有毒害的试剂进行分级、分类收集,专人管理,定期回收,统一处理。严禁随意掩埋、倾倒、丢弃有害废液和废物。特别值得注意的是有些废液不能互相混合,比如过氧化物与有机物,氰化物、硫化物、次氯酸盐与酸等。要配备完好无损、不会被废液腐蚀的容器进行收集。对有异味或挥发性的废液或废物要严防挥发性气体泄露,并应尽快进行处理。

3. 实验器械与耗材的管理

生物实验中的一次性制品,如手套、帽子、工作服、口罩、吸头、吸管、离心管、注射器、包装等,使用后放入污物袋内集中烧毁;可重复利用的玻璃器材如玻片、吸管、玻璃瓶等,可以用 1 000～3 000 mg/L 有效氯溶液浸泡 2～6 h,然后清洗重新使用,或者废弃;盛标本的玻璃、塑料、搪瓷容器煮沸 15 min 或者用 1 000 mg/L 有效氯漂白粉澄清液浸泡 2～6 h,消毒后可清洗重新使用;无法回收利用的器材,尤其是废弃的锐器(如污染的一次性针头、碎玻璃等),因容易致人损伤,通过锐器盒等耐扎容器分类收集后,送学校统一存放处,交由有资质单位集中处理。

医疗废物收
集包装物

12.4 放射性实验室废弃物管理与处置

放射性废物是含有放射性核素或为放射性核素所污染,其放射性核素的浓度或比活度大于监管机构确定的清洁解控水平,并且预计不再使用的物质。放射性废物以各种各样的形式存在,其物理和化学特性、放射性浓度或活度、半衰期和生物毒性可能差别很大。

在放射性废物管理方面,我国已发布不少标准,如《中华人民共和国核安全法》(2018)、《放射性废物分类》(2018)、《放射性废物安全监督管理规定》(HAF 401)、《核科学技术术语第 8 部分:放射性废物管理》(GB/T 4960.8—2008)等。

12.4.1　放射性废物危害特性

放射性物质能放射出穿透力很强,人类感觉器官不能觉察到的射线。这些射线对人体健康的损害与接触放射性物质的剂量有关,与大剂量放射性物质接触时能严重损害人体健康。我国 2007 年 3 月起实施的《放射性核素与射线装置安全评定管理办法》明确规定了放射性物质的安全管理要求和指标。随着放射性物质与仪器在实验应用方面的发展,实验室放射性废弃物产量迅速增加,因此,控制和防止实验室放射性废弃物污染,是保护实验室人员与环境的一个重要方面。

在大剂量地照射下,放射性物质对人体和动物存在着某种损害作用。放射物产生的电离辐射能杀死生物体的细胞,妨碍正常细胞的分裂和再生,并引起细胞内遗传信息的突变。人体受到射线过量照射所引起的疾病称为放射性病,分急性和慢性两种。急性放射性损伤可在短时间内致人死亡。慢性放射性损伤可致受辐射人在数年或数十年后,可能出现白血病、恶性肿瘤、白内障、生长发育迟缓、生育能力降低等远期躯体效应,还可能出现胎儿性别比例变化、先天畸形、流产、死产等遗传效应。

12.4.2　放射性废弃物的分类

关于放射性废弃物的分类与部分安全技术管理,本书在 10.3.3 章节中已有介绍,这里不再赘述。

值得一提的是,放射性废弃物中的放射性物质,采用一般的物理、化学及生物学方法都不能将其消灭或破坏,只有通过放射性核素的自身衰变才能使放射性衰减到一定水平。而许多放射性元素的半衰期很长,并且衰变的产物又是新的放射性元素,所以放射性废弃物与其他废弃物相比在处理和处置上有许多不同之处,必须由专业机构、专业人员通过专业方法进行规范处理。

· 放射性废物分类
· 核废料固化
· 核废料处置库封存流程

12.4.3　废旧放射源的管理

现在不用、将来也不准备使用的放射源称为**废放射源**(简称废源)。加强放射源安全管理必须从源头抓起,实行生产、销售、使用许可制度。首先要查清放射源的基本情况,清理和建立放射源的档案记录;建立放射源的备案、注册、许可证分级监管制度;建立放射源数据库;对废源进行集中收贮,把无主源控制管理起来,防止发生事故和防止坏人恶意使用废源。

对于放射源应该建立记录和档案,其内容包括:(1)放射性核素种类;(2)起始放射性活度/测定时间;(3)物理化学形态:(4)放射源大小和形状;(5)屏蔽状况;(6)表面剂量率和测定方法;(7)供货者;(8)使用情况/负责人;(9)泄漏情况。

废源的处理与处置通常按半衰期长短采取如下策略:

(1)半衰期很短的源→衰变贮存→运输→一般填埋处置;

(2)半衰期较短的源→整备→运输→近地表处置;

(3)半衰期长的源→整备→贮存→运输→深地质处理。

12.5　电子实验废弃物的处置

电子废弃物俗称"电子垃圾",是指实验室中被废弃不再使用的电器、电子设备或各类电子器件等,主要包括电冰箱、空调、洗衣机、电视机等电器,以及计算机、电路板等电子科技的淘汰品。"电子垃圾"需要科学处理,以免造成环境污染,威胁人体健康。

电子废弃物成分复杂,不少电子产品含有毒化学物质,其中半数以上的材料对人体有害,甚至是剧毒的。电子废弃物被填埋或焚烧时,其中的重金属深入土壤,进入河流和地下水,将会造成当地土壤和地下水的污染,直接或间接对当地居民的生存环境及其他生物造成损伤;有机物经过焚烧,释放出大量有害气体,对自然环境和人体都造成危害。

电子废弃物种类繁多,类型复杂,各种构建的成分和含量相差很大,回收利用存在一定的难度,其主要的处理技术可以概括地分为机械物理处理、化学处理和微生物处理。

1. 机械物理处理

根据废电路板中各成分物理性质的不同而实现回收的一种手段,

主要包括拆卸、破碎、分选等方法。破碎是将废电路板中的金属尽可能单体分离,以提高分选效率。分选是利用电子废弃物中材料的磁性、密度等物理特性的不同,以实现不同成分的分离。密度分选和磁电分选是常用的两种分选方式。

2. 化学处理

化学处理技术的基本原理是利用电子废弃物中各种化学成分的不同稳定性,提取不同的物质。化学处理技术是一种广泛应用于电子废弃物处理的成熟方法,可分为火法冶金、湿法冶金等工艺。

3. 微生物处理

利用微生物浸取金等贵金属,是在 20 世纪 80 年代开始研究的提取低含量物料中贵金属的新技术。利用微生物的活动使得金等贵金属合金中其他非贵金属氧化成为可溶物而进入溶液,使贵金属裸露出来以便于回收。生物技术提取金等贵金属具有工艺简单、费用低、操作简便、回收率高、环境污染小等优点,虽然所需的浸取时间较长,目前的回收技术也不完全成熟,但该回收理念符合当今经济和环保双赢的时代要求,具有较好的发展前景。

关键词索引

参考文献

文献补充

[1] 路建美,黄志斌.高等学校实验室环境健康与安全[M].南京:南京大学出版社,2013.

[2] 黄志斌,唐亚文.高等学校化学化工实验室安全教程[M].南京:南京大学出版社,2015.

[3] 黄志斌,霍跃进.高校后勤安全管理[M].南京:南京大学出版社,2016.

[4] 敖天其,廖林川.实验室安全与环境保护[M].成都:四川大学出版社,2015.

[5] 崔政斌,张卓.机械安全技术(第三版)[M].北京:化学工业出版社,2020.

[6] 王强,张才.高校实验室安全准入教育[M].南京:南京大学出版社,2019.

[7] 张培红.防火防爆[M].沈阳:东北大学出版社,2011.

[8] 刘彦伟,朱兆华,徐丙根.化工安全技术[M].北京:化学工业出版社,2012.

[9] 郑春龙.台湾地区推进高校实验室安全管理研究[J].实验技术与管理,2011,28(11):164-168.

[10] 郑晓东,赵月琴.新加坡大学实验室管理及实验队伍建设情况调研[J].实验技术与管理,2011,28(9):168-171.

[11] 廖秀萍,刘屿.加拿大国家研究所实验室安全与环保管理及启示[J].实验室研究与探索,2011,30(9):170-173.

[12] 张志强.日本高校实验室安全与环境保护考察及启示[J].实验技术与管理,2010,27(7):164-167.

[13] 《中华人民共和国危险化学品安全法》.2021.

[14] 《职业性外照射个人监测规范》[S].中华人民共和国国家职业卫生标准.GBZ 128—2019.

[15] 苏州工业园区高等学校实验室安全工作导则(试行)》,苏州工业园区科教创新区制定发布.2020.